湖南省社会科学院2019年度智库专项课题"乡村振兴背景下中国农业转型发展的实现条件与政策供给研究"（编号：19ZHA02）

转型中的中国与农业的转型环境

曹前满 著

中国社会科学出版社

图书在版编目（CIP）数据

转型中的中国与农业的转型环境 / 曹前满著 .—北京：中国社会科学出版社，2019.9

ISBN 978-7-5203-5064-8

Ⅰ.①转… Ⅱ.①曹… Ⅲ.①农业经济—转型经济—中国 ②农业发展—研究—中国 Ⅳ.①F323

中国版本图书馆CIP数据核字（2019）第201431号

出 版 人	赵剑英
责任编辑	田　文
特约编辑	杜书英
责任校对	冯英爽
责任印制	王　超

出　　版	中国社会科学出版社
社　　址	北京鼓楼西大街甲158号
邮　　编	100720
网　　址	http://www.csspw.cn
发 行 部	010-84083685
门 市 部	010-84029450
经　　销	新华书店及其他书店
印　　刷	北京君升印刷有限公司
装　　订	廊坊市广阳区广增装订厂
版　　次	2019年9月第1版
印　　次	2019年9月第1次印刷
开　　本	710×1000　1/16
印　　张	15.5
字　　数	224千字
定　　价	76.00元

凡购买中国社会科学出版社图书，如有质量问题请与本社营销中心联系调换
电话：010-84083683
版权所有　侵权必究

前　　言

中国经济社会转型有其特殊的体制和背景环境，有特定的路径依赖和特殊的发展规律，没有现成的直接经验模式可用。农业问题在中国是个多层面的结构问题，因背景环境变迁，时常有新问题叠加其中，相关支持政策应对的问题均有所侧重，因而，从政策效果来看，尤显政策支持体系上的矛盾与混乱。

农业转型发展是一个系统工程，首先需要农业科技的支撑，更主要的还是适应工业经济的发展，工业拓展了人类的需求空间，同时也因为工业技术和需求的不平衡改变着整个价值体系，引起资源配置作适应性调整，即表现为工业化、城镇化与农业现代化的社会结构性变迁。在特定时代背景下，农业资源配置关系到需求的供给结构、农业内部种植结构和整个产业的劳动配置。资源优化配置离不开竞争性市场环境，在特定组织形式下，还需社会服务体系的跟进。在开放系统条件下，会遇到更为复杂的影响因素。农业是经济社会大系统中的一个子系统，在特定的价值体系下，需要通过市场达到资源配置趋向平衡，平衡不是终极目标，需要处理好局部与整体的关系，必要时还需打破平衡，产生有序化动力。推进技术支撑的农业现代化，还需要培育新型主体引领现代农业的发展。

本书围绕我国农业发展中面临的价值与效率的困惑、经济与社会转型的结构困境、行政区功能区化的地域分割困扰，从最基本的，也是最核心的价值理论，深入影响价值体系的结构理论，再从主体行为理论剖析我国农业转型发展的困境，着重梳理农业经济发展的进路与发展瓶颈，剖析农业经济发展演进逻辑，破解农业供给侧问题的产生机理，寻找国家粮食安全与农民问题的解决路径，探讨农业价值重塑、效率实现与价值实现瓶颈，厘清地域经济与区域经济的功能—结构关系，经济结构与社会结构统合关系；弄清新型农业经营主体分化趋向与行为取向及约束规制，构筑以农业绿色转型带动的地域块状发展的理论框架，提供支持适应地域特质性与弱质性县域的，引导农业绿色转型的支持体系的施策建议。

第一章 经济领域的价值体系与中国的经济社会转型。基于不平衡与不充分的发展结构、价值理论的"效用价值"与"劳动价值"分歧，揭示转型发展问题上的价值导向迷茫。第二章 经济生态的优化与高收入国家的实现条件。基于经济各个发展阶段特殊的运行逻辑支撑与发展"陷阱"形态，分析价值标准与价值体系，生产、消费与收入的经济生态，探讨消费与收入的增加空间。第三章 开放条件下困扰中国农业转型发展的问题实质。基于全球化分工下的价值体系及价值体系的比附特征，分析农业部门的社会功能，及其在各国社会转型中的特殊性与价值重塑关系，揭示粮食自由贸易化逻辑缺陷。第四章 现代化进程中劳动价格与粮食价格上涨逻辑。直面当前经济领域生产成本趋升的问题，探讨了现代农业价值取向与价值重塑。第五章 多重结构困扰的农业转型与农业价值重塑。基于农业问题的多重结构性与"外部性"与社会分化关系，分析事关农业效率的结构困局，探讨农民增收、资本收益与国民福利孰重孰轻，要素配置平衡的意义。第六章 区域经济板块融合中的县域经济的平衡发展与绿色转型。基于地域经济向城市经济形态的演化，经济极化与功能分区化，以及新常态约束的新时代节点，探讨传统县域经济的发展取向。第七章 农业转型中的经营主体变迁逻辑与成长环境。基于农业的社会功能，剖析农业发展的时代内容与独特的路径依赖，揭示农业的现代化发展具有趋势性、必要性、渐进性，强调在政策层面上的导向性、原则性和限制性。第八章 国家农业政策体系的演进与叠加。着重围绕背景环境变迁，梳理近年来中国"三农"宏观政策变化。

目 录

第一章 经济领域的价值体系与中国的经济社会转型……………（1）
  一 价值标准与经济领域中的价值体系理论的分歧………（2）
    （一）价值认知中的劳动价值与效用价值的产生渊源……（2）
    （二）劳动价值与效用价值的分歧所在………………………（4）
  二 价值理论根基的一般均衡理论与现实运用……………（6）
    （一）两种价值理论（价值标准）构建的逻辑根基………（6）
    （二）两种标准对社会财富的衡量与认定方式……………（9）
    （三）两种理论的现代追求取向……………………………（10）
  三 我国转型发展中的理论困境……………………………（13）
    （一）效用价值滑向劳动价值的后果………………………（13）
    （二）价值比附成为衡量价值的现实形式…………………（16）
    （三）开放经济背景下需要更加关注平衡发展……………（19）

第二章 经济生态的优化与高收入国家的实现条件……………（22）
  一 衡量国民收入的价值体系——价值标准与效率………（24）
    （一）区域内部统一市场体系下的技术效率对价值的
         决定……………………………………………………（24）
    （二）全球要素配置受限下价值比附的价值体系存在
         条件……………………………………………………（26）
  二 健康的经济运行结构——生产、消费与收入……………（27）
    （一）国民收入分配形态与去向……………………………（27）

(二)消费与生产、服务关系的再构建 …………………… (29)
三 高收入国家实现条件——消费与增加收入空间 ……… (31)
(一)农业生产价值的可重塑性 …………………………… (31)
(二)局限于制造业生产的产能扩张 ……………………… (33)
(三)拓展价值比附的服务产业化 ………………………… (34)
四 高收入带来的困惑——消费取向与财富集聚 ………… (35)
(一)摆脱高收入实现对高消费的物质生产依赖 ………… (36)
(二)抑制高租金与食利阶层急剧膨胀 …………………… (37)
(三)摆脱隐藏不被察觉的不公平土壤 …………………… (39)

第三章 开放条件下困扰中国农业转型发展的问题实质 ……… (42)
一 全球价值体系与局部市场平衡的可能与条件 ………… (44)
(一)全球价值体系的实质、形成与局限性 ……………… (44)
(二)局部市场对全球价值体系适应 ……………………… (46)
二 资源价格国际化对国家农业发展的影响形式 ………… (48)
(一)主导资源价格国际化力量与粮食贸易 ……………… (48)
(二)地域资源国际化的利益转移及对粮食生产影响 …… (52)
三 农业生产的结构平衡与国际贸易关系 ………………… (55)
(一)农业生产的结构平衡之必要性 ……………………… (55)
(二)全球化国际粮食价格的波动性缘由 ………………… (57)
(三)稳定粮食生产价格国家承担的风险 ………………… (61)
四 适应中国转型需要的农业发展的政策取向 …………… (64)
(一)把控农业生产的供给平衡与社会结构转型 ………… (64)
(二)在全球化资源配置中重塑农业价值体系 …………… (66)

第四章 现代化进程中劳动价格与粮食价格上涨逻辑 ………… (69)
一 价格体系变动中被忽略的劳动价格与粮食价格的
地位 ……………………………………………………… (71)
(一)湮没于成本与供需结构下的价格体系波动 ………… (71)

（二）忽略劳资博弈结构的工资—物价螺旋上涨机理 …… (73)
二　工业化进程中结构惯性锁定的劳动与粮食价格
　　体系 ……………………………………………………… (74)
　　（一）劳动与粮食的价格体系的结构成因与解构 ……… (74)
　　（二）劳动配置平衡化中技术效率扰动的劳动价格的
　　　　　物价效应 ………………………………………… (75)
　　（三）劳动价格对物价体系影响的实现形式 …………… (78)
三　"现代化"的配置效率制约下劳动价格与粮食价格 …… (79)
　　（一）劳动配置效率制约下的价值与价格体系 ………… (79)
　　（二）背离技术效率的劳动配置平衡格局下的物价 …… (80)
　　（三）技术创新结构与节奏影响下的劳动价格与物价 … (81)
四　"现代化"转型中价值导向约束下的劳动价格与粮食
　　价格 ……………………………………………………… (82)
　　（一）现代农业价值取向下的劳动价格与粮食价格 …… (82)
　　（二）绿色价值取向匡正下的劳动价值与粮食价格 …… (83)
五　基本结论 ……………………………………………………… (84)

第五章　多重结构困扰的农业转型与农业价值重塑 …………… (86)

一　破解发展农业的结构困局在于澄清农业效率之争 …… (88)
　　（一）农业的效率争论起因与效率解析 ………………… (88)
　　（二）经营主体视角下农业效率与效益的指向 ………… (91)
二　农民增收、资本收益与国民福利孰重孰轻是发展农业之
　　中心议题 ………………………………………………… (96)
　　（一）农民收入分解与劳动回报关系 …………………… (96)
　　（二）资本进入农业的盈利空间 ………………………… (98)
　　（三）发展农业与国民福利改善关系 …………………… (99)
三　统一价值体系下要素配置平衡是理解农业转型之
　　核心要义 ………………………………………………… (102)
　　（一）要素配置平衡与农民问题剖解关系 ……………… (103)

(二)匡正价值取向与开启价值重塑之路 …………… (106)

第六章　区域经济板块融合中的县域经济的平衡发展与绿色转型 ……… (109)
　一　县域经济处境与转型困境——共同时代背景与分化的地域空间 …………………………………………………… (112)
　　(一)路径的依赖与新常态的局限 ………………………… (112)
　　(二)功能分化与板块结构的困扰 ………………………… (113)
　　(三)新旧动能转换与环境规制的约束 …………………… (114)
　二　县域经济转型要解决的问题——剖解结构约束与阻截产业链环节的价值下沉 …………………………………… (118)
　　(一)从价值体系层面辩证看待经济发展的数量与质量 ………………………………………………………… (118)
　　(二)理顺板块中的结构关系与矫正多重的结构失衡 …… (119)
　　(三)活化地域资源与优化经济生态 ……………………… (121)
　三　县域经济转型要有核心抓手——平衡、融合与价值重塑 ……………………………………………………… (124)
　　(一)架设平衡发展桥梁,实行融合发展举措 …………… (124)
　　(二)新常态适应新时代,改变驱动方式与追求发展质量 ……………………………………………………… (126)
　　(三)重塑价值体系,导入高收入实现的策略 …………… (127)

第七章　农业转型中的经营主体变迁逻辑与成长环境 ………… (130)
　一　社会结构转型逻辑下的农业发展环境——治理背景与时代主题 …………………………………………………… (132)
　　(一)城市经济崛起与城乡分治下的农业 ………………… (132)
　　(二)市场化与全球化进程中的农业 ……………………… (134)
　　(三)乡村社会变迁与振兴战略下的农业 ………………… (136)

二　经济运行逻辑下的农业发展环境——平衡化与平衡
　　突破 …………………………………………………… (138)
　　（一）农业的规模与效益关系的适用条件 ………… (138)
　　（二）技术与资源约束下的农业主体演变 ………… (140)
　　（三）平衡趋势下的主体行为取向 …………………… (144)
三　制度演进逻辑下的农业发展环境——制度目标与
　　结构锁定 ……………………………………………… (148)
　　（一）土地制度的合理性与导向性 …………………… (148)
　　（二）经营制度的合理性与导向性 …………………… (150)

第八章　国家农业政策体系的演进与叠加 ……………… (155)
一　党代会报告中关于农业发展政策基调 ……………… (155)
二　党的十六大以来中央一号文件的农业政策主题 …… (160)
三　农业政策内容的变迁 ………………………………… (171)
　　（一）增收方式与补贴、农业支持与粮食生产投入 … (171)
　　（二）基础建设、现代化推进、技术支持与服务体系 … (179)
　　（三）粮食价格与市场调控、流通体系与供给结构 … (194)
　　（四）产权与经营体制、产业化与规模化及经营主体
　　　　　培育 ………………………………………………… (204)
　　（五）发展质量、生态文明与特色化融合发展 ……… (215)

参考文献 ………………………………………………………… (227)

后　记 ………………………………………………………… (235)

第一章　经济领域的价值体系与中国的经济社会转型

经济运行常遇到多重结构问题的困扰，呈现为发展不平衡与不充分的局面，结构问题可谓经济发展规律使然，实质上是价值体系之所以然。价值理论在于解释与规范劳动与财富关系，而相关价值争论却无关乎我们的经济社会转型。由于价值理论存在"效用价值"与"劳动价值"的分歧，理论体系满足于理论自身的辩护，导致指导性的缺失，故在转型发展问题上存在价值导向的迷茫。

价值本身是个哲学范畴的概念，是客体对于主体（人）的需求满足，需求无非是满足基本生存需求与追求生活质量的需求，也可分为物质的和精神的。哲学层面的价值必然具有主观性判断，在政治社会生活领域，价值则是基于伦理学或政治学的核心理念衍生出的，具有明显导向性和特定目的性的一组行为规范。作为经济领域的价值，亦不例外，但在经济领域它有其特殊的内涵，是经济理论最基本、最核心的概念。

价值取向决定制度设计，当前学界关于"价值体系"的研究局限于价值观层面的宏大的社会制度建构，然而我们的社会如何实现公平、正义，还需要建立在经济社会结构不断优化的基础之上，而这方面鲜有论及。

在经济领域，我们鲜有论及价值体系，更多讨论价值规律，又多见于马克思主义视角下的劳动价值规律，更多地谈市场规律，在谈市场规律时，我们的话语直接切入到西方主流的效用价值体系的语境。

价值规律为市场规律或价格规律替代或涵盖，更多关注产业、产品的价值链地位。

无论是基于实用主义的效用价值，还是伦理学层面的劳动价值理论，通过深入研究，发现有共同的渊源和内在的统一性，都是制度构建的重要基础。基于此，我们有必要进一步梳理价值标准与经济领域中的价值体系理论的分歧；价值理论根基的一般均衡理论与现实运用，探讨价值理论之自洽性；以及分析我国转型发展中的理论困境。

一 价值标准与经济领域中的价值体系理论的分歧

（一）价值认知中的劳动价值与效用价值的产生渊源

价值是相对于人类而言的，表现为"有用性"，体现"物"的自然属性。那么，"有用性"是否可以计量呢？从个体层面看，对"有用性"的判定确实存在着差异，即对"我"有用或有意义即有价值，对"我"没有用或没有意义即没有价值，故有人认为，这是主观心理的评价，实不可计量，然而有无价值取决于获取的难度上，即所谓稀缺程度，单就"获取"而言，体现为人的"劳动"，因而从劳动量视角看，显然是可度量的。

价值计量的必要性体现在交换中，商品交换的最初形态是物—物交换，从物品获取或商品生产过程中所用劳动量或从效用角度可替代劳动量，衍生为朴素的价值标准和衡量的比例体系。随着交换的频繁，自然需要一种物品充当"一般等价物"的货币。在自由择业的条件下，物品交换是以劳动时间作为衡量的重要指标，若不同商品具有的自然属性存在性能上的差异，诸如生物的食物热量差异、材料的物理硬度等性能"效用"差异，购买者会通过比较其效用与获取难度上的"劳动量"，即效用替代上的贵贱之分，进而将"效用"概念应用延伸至生产物品的工具或条件上，形成诸如土地使用上的级差地租、工具（包括资本）使用费用。特别是在驱使自然力对人力替换上，生产物品的工具效用更加显著。

从价值理论发展看，17世纪下半叶，英国古典经济学创始人威廉·配第最早提出劳动价值论，在《赋税论》中首次阐述了劳动时间决定商品价值的思想。古典经济学家亚当·斯密在《国民财富的性质和来源》一书中进一步提出"劳动是一切财富的源泉"之著名论断。后来，马克思进一步区分"交换价值"与"使用价值"，即使用价值不一定具有交换价值。交换价值就是商品的价值，只因商品凝结着人类劳动。效用价值概念最早由法国经济学家孔迪亚克在1778年出版的《谈商业与政府关系》一书中提出，他认为，效用是价值的源泉，把效用界定为消费者基于商品消费所获得的满足感而赋予商品的主观属性。

由此，也就产生两种价值的理论分歧。其实"效用"无非是计量上所反映出的一种替代比例，追求量化结果，脱离不开劳动，最终还是以"劳动"量为商品交易的根本尺度。单就"劳动价值"而论，在小范围的地域性市场中，个体层面的活劳动确实存在生产技能上的差异，但频繁的市场交易会形成一种折中的等价比，即一般均衡，代表社会平均劳动的等价体系。价值度量实质上就是商品交换中基于"劳动量"的一种商品比例关系，进而货币化为各种价值符号。地域间因自然禀赋条件的差异，存在商品类别上的差异，还存在同类商品在生产上的劳动量差异，这为跨地域交易带来可能，进而带动商业活动的繁荣。由于自然禀赋与生产条件不同，表现在土壤特性、气候条件差异上，因市场交易的存在，促进生产适地化或因地制宜。

商业的繁荣进一步带动了劳动分工和组织化的社会生产。随着人们对自然力的驾驭和运用，有了机器，我们姑且称其为技术，即为一种以自然力取代人力的方式，生产的商品仍遵循原有的物—物交换逻辑，由此，谁掌握了新式的高效机械或机器，谁就能获得更多的收入。由于现代产权制度是对人身依附关系的奴隶制和封建制私有制的传承式演进，是延续占有土地、工具等生产资料的资本化财富制度，社会演化为资产阶级与劳动阶级。资产所有者把机器效率视为资本的贡献，资本之间的市场化利润角逐构成实质性的竞争性市场，促使资本优化配置，社会利润趋向平均化，即所谓社会生产的平衡。社会资本的运行总是趋向"利润平均化"，即所谓的效用递减规律，而技术却总是在不断地打破这种平衡、破坏这种有序。从资本的视角来看，劳动只是一般工具，价值源自资本的创造，因而代表资本主义的经济学研究者们，基于实用主义世界观，抽象出"效用价值论"，阐释经济运行规律，并按照此逻辑规范经济活动，即赋予"资本运行逻辑"或资本主义经济现象以"合理性"解释。马克思称之为"异化劳动"。这种异化劳动就是基于产权制度框架，呈现为技术突破原有的价值系统的参照系，但还是以旧有的"合理性"即实体的劳动成果作参照。

微观个体视角下的价值，具有主观性价值判断，有心理学层面的个体偏好，而宏观层面的价值具有明显的社会性，也成为主观判断的一个重要依据。作为日常语境中使用的词汇，用在严格概念界定上，把价值概念区分为"使用价值"与"交换价值"后，又认定"使用价值"就是"效用价值"，"交换价值"就是"劳动价值"，这种界定显然是不严谨的。在传统经济中，效用价值涵盖了劳动价值，效用价值也只是相关使用价值比较方面的可替代性。概念的含混方便了资本的需要，可以在二者中随意取舍。

（二）劳动价值与效用价值的分歧所在

作为经济理论的基础概念，劳动价值论与效用价值论的分歧所代表的是唯物主义与主观唯心主义两种不同哲学背景，分属不同意识形态阵地，且互不认可，故论战不休，但同时又面对共同的现实世界，却从不同立场、侧面解答价值问题。相关研究或将效用价值纳入劳动价值范畴，或将二者对立起来。

哲学思想与立场的不同会导致理论研究偏好大异其趣，主观价值论的边际效用价值理论的出现是受到欧洲近代唯心主义哲学传统的深刻影响。效用价值论者以客体对于主体的有用性为价值本质，

第一章 经济领域的价值体系与中国的经济社会转型

拒不承认"劳动创造价值",如17世纪英国资产阶级经济学家尼古拉斯·巴尔本在其《贸易论》中就提出,价值不是由劳动决定的,而是由效用决定的。价值理论构建在于揭示价值规律,然而,劳动价值论揭示了资本与劳动的关系,唤起了阶级觉醒,受其传播影响,世界工人运动频繁爆发。为缓和阶级矛盾、维护资本主义社会的稳定,资产阶级迫切需要一种与劳动完全无关的价值理论,效用价值论便成为其理论武器。奥地利的庞巴维克为了宣扬他的边际效用价值论,对马克思的劳动价值论进行了大肆攻击,他认为,只有物品的使用价值、物的效用才能决定两件商品的交换比例。"价值论"成为政治经济制度上的辩护工具。

在当代中国,学界也掀起过对两种价值论的热议,有学者认为,马克思的劳动价值论是价值形成理论,而西方经济学的效用价值论则是使用价值的形成和度量理论①。也有学者指出,劳动价值论是从人与人之间的关系中抽象出来的理论,价值决定过程是一个寻找社会关系调节中心的社会过程,而效用价值论是从人与物之间的关系中抽象出来的理论,价值的决定过程实际是对物的有用性的评价,从而调节人与自然关系的过程②。

经济活动是人类在分工合作中创造财富的活动。经济规律其实是在一定的产权制度下按照市场规则进行的自由交易活动。经济研究是在社会复杂个体行为活动中,寻找具有共性的规律。马克思的"劳动价值论"倾向于追求简单概念演绎,以揭示复杂社会逻辑关系,一定程度上忽略丰富的现实生活细节;而效用价值论者的"效用价值论",包罗一切的复杂性问题,侧重运用数理逻辑,寻求模糊的边际效用函数表现或解答。其对"效用"函数的"解读"往往缺乏逻辑的严谨性,诸如效用价值论者由心理学派从主观享乐、欲望满足程度

---

① 杨俊青、王淑娟:《马克思劳动价值论与西方经济学效用价值论的根本分歧》,《山西财经大学学报》2001年第6期。
② 刘骏民、李宝伟:《劳动价值论与效用价值论的比较——兼论劳动价值论的发展》,《南开经济研究》2001年第5期。

来谈价值量，发展至从市场供求关系角度，即稀缺度、功能差异度，表达边际效用价值。"效用价值论"后起于"劳动价值论"，适应"历史使命"之需要，明显具有功利主义目的，但抛开意识形态而论，说"效用价值"就是指"使用价值"这也是片面的或不准确的界定，进而说"效用"不能计量①，也是不正确的，或"劳动价值"只能适合定性分析，而"效用价值"适合定量分析，也是不全面的。"劳动价值论"的根基是"社会必要劳动时间"，是一种抽象应对复杂的具体活劳动，还须求助于市场，而"效用价值论"个体层面的心理影响最终也是由市场供求决定（市场均衡），因而是否能找到确保公平的市场平衡，也正成为二者的难题。

  理论在面对现实环境方面，一端是微观主体层面，明显具有个体主观心理因素作用，当其扩展开来，过渡到另一端，即市场决定层面，明显具有客观性的决定因素，就不是简单的个体的数量加和，性质已发生改变。"效用价值论"者受制于主观唯心主义哲学思维的束缚，并持有意识形态的偏见，我们不能因此选择"劳动价值论"，而唾弃"效用价值论"，或者认为这两种理论不可调和，不可能统一起来，形成新的商品价值理论②。作为在中国体制环境下，并受马克思主义训练的学者而言，显然在理论阐述上不敢轻易抛弃马克思主义的劳动价值论，但又为迎合现代西方经济学和现实经济运行规则需要，将二者牵强整合在一起，潜在赋予价值理论"二项性"标准，进而也就不构成直接的矛盾。

二 价值理论根基的一般均衡理论与现实运用

（一）两种价值理论（价值标准）构建的逻辑根基

  劳动价值和效用价值都是源自衡量商品或物品交换的比例关系。

---

① 罗英：《劳动价值论和效用价值论之比较》，《当代经济研究》2004年第11期。
② 余陶生、胡爽平：《评"劳动价值论与效用价值的统一"论》，《经济评论》2007年第3期。

❖ 第一章 经济领域的价值体系与中国的经济社会转型 ❖

其分歧点学界已有所界定,劳动价值论侧重物品的社会性,即从人与人的角度对物进行比较,而效用价值论则从物与人的角度对物进行比较,前者需要考察劳动的有效性,即基于一般均衡的社会必要劳动时间,后者则基于人的获取难度,常被界定为稀缺性,即取而代之需要花多少代价或成本。后者在鉴定诸如艺术作品效用,看似心理学上主观价值判定,其背后有其客观现实性基础,最终通过市场力量而趋向于一般均衡,所谓的稀缺程度对应主观心理估价,反映的效用实质是可替代性,即实现目标对象所需花费的劳动,效用递减规律无非源自于可替代品生产效率的提升。

效用价值论由最初反映在商品生产上的劳动量,扩展到体现商品性能或功能的差异性,即在使用上对劳动的替代程度,乃至延伸至资本、要素、劳动使用的效用上,效用价值论应用更加宽泛。最终,由英国经济学家马歇尔在综合生产费用价值理论、边际效用价值理论和供求价值理论的基础上创建新古典经济学的均衡价值理论体系。效用在微观主体层面确实存在主观心理的(唯心)估价成分,难免存在价值虚高,由此,抽象出现实世界不存在的社会平均———一般均衡,一般均衡理论则成为基于效用价值论构建的西方主流经济学的内核。

科学技术改变人类参与劳动的方式,效应价值论把科学技术视为一种准独立的生产力,一种独立的价值创造来源。具体表现在把机器人格化,同时又将工人机器化,人与机器被置于竞争关系下,转移资本与劳动之间的实质性矛盾。直觉上,似乎劳动力被劳动机器所取代,曾引发过工人们破坏机器的局面。劳动价值论则用生产商品所耗费的劳动时间来度量社会财富。马克思主义者从"机器"需要人的操作和"机器"是技术工人智力劳动创造生产出来的角度,来理解机器生产,即生产机器的技术工人创造的价值,以折旧形式转移到商品中去。从马克思的劳动价值论和剩余价值论来看,机械手、机器人永远是不变资本,是不可能创造价值的。"机器总是全部地进入劳动过程,始终只是部分的进入价值增值过程。它加进的价值,决不会大于它由于磨损而平均丧失的价值。因此，机器的价值和机器定期转给产品的价值部分，有很大的差别。"① 效用价值论者——事实上的资本，也是将机器作为成本通过折旧转移到商品中去，但又不局限于此，还设法通过加快折旧和技术垄断，贡献出更大的效用价值。

价值实质上就是体现在商品交换上的一种比例关系，若将某一商品抽象化为"货币"，就有了我们今天的衡量的尺度。马克思的分析侧重点在于揭示劳动的社会关系，强调商品的劳动时间。据此理论可知，若生产商品的效率是同步变化的，那么，物—物交易的比例则是不变的。在劳动价值论视域下，价值体系应技术效率引起不同部门产品价值不平衡变动，就需要劳动配置的再平衡，进而达到价值体系的适应性调整。同一货币计量体系下，有"效用价值论"和"劳动价值论"两种不同的表征与解释，如同"地心说"与"日心说"的关系，对于地球人起居生活而言，选择"地心说"与选择"日心说"并不构成丝毫影响。作为政治意识形态的存在，难免会相互攻击，有意加以扭曲。更何况经济活动是人类社会活动的特有现象，经济规律总是在一定的制度规范下运行，制度或规范是人为设计的框架，经济逻辑只是在其框架内展现出其特定的规律。人们最初制造工具的目的是希望通过使用工具免除由身体劳动带来的辛苦，然而机器掌握在资本所有者手中，目的则是通过特定的市场交易规则就能获取更多"利润"，即资本主义剩余价值。如马克思所说，"手推磨产生的是封建主的社会，蒸汽磨产生的是工业资本家的社会"②。只有将机器与特定的生产方式联系起来，才能看到机器的本质，也才能弄清楚使用机器的目的何在。"机器是要使商品便宜，是要缩短工人为自己花费的工作日部分，以便延长他无偿地给予资本家的工作日部分。机器是生产剩余价值的手段。"③ "对资本说来，只有在机器的价值和它所代替

---

① 马克思：《资本论》（第1卷），人民出版社1975年版，第424—425页。
② 《马克思恩格斯选集》（第1卷），人民出版社1995年版，第142页。
③ 马克思：《资本论》（第1卷），人民出版社2004年版，第427页。

的劳动力的价值之间存在差额的情况下,机器才会被使用。"①

(二) 两种标准对社会财富的衡量与认定方式

经济活动创造的社会财富总量亦即社会价值总量,即各种商品或服务的数量,现实世界效用总量和耗费的劳动总量表达的是同一个社会财富总量的值,社会财富的总量既可用效用的总量来计量,也可用耗费的劳动总量来表示,用效用价值衡量其实就是按市场价格统计所发生的数值,而用劳动价值的表征并不是算总工作日,而是基于现实财富分配的实现值加总。

劳动价值理论体系是通过概念抽象和纯粹逻辑推演形成。马克思把商品的价值看作人类劳动的凝结,商品的价值量理所当然要用它所包含的人类劳动的量来计量。由于劳动在个体间存在着差异,因而,马克思在《资本论》中广泛运用经济均衡思想分析问题,他的均衡理论主要体现在社会必要劳动时间、平均利润率的形成以及社会总资本再生产理论中。进而提出决定商品价值量的劳动时间,不是个别生产者生产商品实际耗费的劳动时间,而是社会必要劳动时间,"社会必要劳动时间是在现有的社会正常的生产条件下,在社会平均的劳动熟练程度和劳动强度下制造某种使用价值所需要的劳动时间"②。由此,基于一般均衡,构建起劳动价值论的价值体系,"商品按照它们的价值来交换或出售时理所当然的,是商品平衡的自然规律"③。显然这种一般均衡只是抽象概念,作为衡量标准,求助于理想市场假设,难免有其现实困难。因而,与其说是用劳动衡量价值,不如说是用劳动来解说价值平衡。"如果供求一致……商品就按照自己的市场价值出售。"④ 布阿吉尔贝尔认为,社会生产各部门是相互联系、相互制约的,保持着适当的比例关系,各类商品最终按劳动耗费决定的

---

① 马克思:《资本论》(第1卷),人民出版社2004年版,第451页。
② 马克思:《资本论》(第1卷),人民出版社1975年版,第52页。
③ 马克思:《资本论》(第3卷),人民出版社1975年版,第209页。
④ 马克思:《资本论》(第1卷),人民出版社1975年版,第211页。

"真正价值"进行交换,而按"真正价值"相交换必定要在完全竞争市场格局下。

只有当"劳动价值"体系受技术效率扰动,才突显"效用价值"体系存在之必要性。作为效用价值论的理论根基——一般均衡理论,其假设前提为,经济运行体系中各类市场是完全竞争或接近完全竞争的市场,当商品市场和劳动力市场出现暂时的供求失衡时,可通过价格和工资迅速地调整,保证市场连续出清,从而使经济具有瓦尔拉斯一般均衡的性质。这种均衡建立在对自由市场的迷信,虽然认可市场存在局部扭曲,但通过市场上价格波动取得市场的供求平衡,在整体上的价值量上是一种均衡。其实质是要否定资本主义的基本矛盾,否定经济危机发生的可能性,是一种为资本主义制度辩护的工具[①]。商品生产上的技能差异,体现为效率的不同,通过公平交易可以达到发挥特定技术效用。然而,随着技术的不断革新,机器不断地代替人的直接形式的劳动,劳动进入高度组织化,体现出劳动无差别性,进而有人认为劳动时间就不再是财富的尺度。只要产品有功能或性能差异,生产中有劳动时间或成本(变相劳动)存在,就需要价值衡量标准,只是"效用价值"与"劳动价值"标准等价与否。

(三)两种理论的现代追求取向

不同的理论应对共同的现实世界,必然会产生矛盾与迷茫,如今在共同的全球市场下,局限于两种分歧的价值理论导向下的市场主体,即便都拥有真理的一面,也会陷入不利的处境。

只有认清两种价值理论本质所在,才不至于难以举旗,或只能投其所需,选择劳动价值论而舍弃效用价值论,而需要效用论时,则全身进入效用价值论语境中,只是不冠以"效用价值"之名。劳动价值论研究侧重商品的交换价值,把劳动视为价值之所在,采用定性分析法,从交换价值中抽象出价值,先讲价值再论价格等。"效用"概

---

① 吴遵杰、陈勇:《一般均衡理论批判》,《政治经济学评论》2016年第1期。

念使用范畴由物品（劳动产品）效用延伸至生产物品的工具或条件上来，在工具层面上，劳动的人和参与生产的资本同为工具，这是适应产权所有制的制度需要。效用价值论研究侧重于商品的使用价值变化，采用量化分析法，分析财富的效用及边际效用，把劳动仅仅视为成本。效用价值论认为，商品的原始价格是由生产费用决定的，市场价格是由供求关系决定的，即由供给曲线与需求曲线相交，决定商品的均衡价格。[①]

两种价值理论都用以解释财富获取与分配，劳动价值论侧重解释财富分配比例，突出分配领域的公平正义问题，突出同工同酬，疏于重视财富增殖的制度构建，强调科技为第一生产力作用，把科技作为共享的工具，以增加国民福利。效用价值论侧重赚钱效应，善于从市场不平衡中把握机遇，由产品功能上的替代度，延伸至资本的技术含量对劳动的替代度。

马克思的不变价值体系，并不适用于价值计量，特别是在面对技术创新引起生产力提高，价值量计量依赖技术扩散的均衡化过程中形成的社会价值，在适应现代市场制度时，往往将其置于一边，或仅局限在政治经济学说教。效用价值计量也只是更多倚重于微观经济主体的价格行为，在价值规律上只能求之于均衡市场的解说，即演变为均衡价值理论（即均衡价格理论），而现实中并不存在理想的均衡化市场，同时效用价值论应用的泛化，演进为描述资本赚钱效应的分析工具，仅满足于对现实市场现象的数理统计分析，以数理逻辑形式，简单化和窄化人类经济行为。均衡价格理论又建立在需求曲线和供给曲线之上，价格表面上由供求双方决定，实际上它是由买方单独决定的，而在需求方面，由于价格与其他影响需求的因素直接有关，这就使得价格与需求量之间不可能有确切对应的关系；另外，市场中不可能有独立的供给曲线，供给量与价格之间的对应关系只能反映在"需

[①] 许有伦：《劳动价值论与效用价值论的辩证关系——与卫兴华、晏智杰教授交流》，《经济评论》2006年第3期。

求曲线"上。因而，现代经济学的均衡分析逻辑是混乱的。①

对于价值理论的把握需要借助于对宏观经济数据的抽象，价值理论更多地在于对现象事后的解说与澄清，在微观经济领域，则表现为价格行为。在价格体系中，价格波动来自供需结构背后由技术效率决定的，体现为劳动成本的价值体系波动。伴随技术创新节奏，微观经济主体的价格行为纷繁复杂，并非一定遵循什么价值规律，而是应主体价格行为，最终呈现为价值体系作适应性调整。由此，便有了反映物价总体上涨的通货膨胀理论，即由居民消费价格上升指数代表通胀情况。学界习惯从"实证"分析视角探讨国际国内货币政策与我国物价水平关系，探讨工资与物价之间螺旋上涨"规律"，或基于统计数据分析劳动价格与物价波动关系，基本结论倾向于调控价格或控制成本以及成本转移对策，较少探究引起价格波动的结构转型关系。从货币供给角度看，学界认定价格上涨需要货币作支撑，把物价波动归因于货币供给过剩，或以货币供给对价格冲击的滞后性来解释，谨慎的研究者指出，货币供给是内生性的，中央银行是根据经济发展所需要的货币量投放货币，发现 M0、M1、M2 均对我国物价水平没有影响②。学界提出，预期自我实现机制的解释，即物价的心理预期成为市场行为导向，推动通胀预期，造成价格上涨。"预期"是基于一种价格趋势的判定，即实际通胀惯性。

抛开两种价值理论的实质性分歧不论，价值体系实质上是生产资料或商品之间的交换比例，由于创新在各领域的不同步，商品总量是在增加，价格具有"棘轮效应"，必然带来货币总量需求，因而，需要区分价值适应调整与通货膨胀关系，切实应对和把握。工资上调对物价上涨影响呈一定比率，这实质上是劳动与资本博弈的结果，自雇佣劳动经营者成为二者的平衡器，主要通过物价体系调整得以实现，面对劳动成本上涨，生产企业尽可能将劳动成本转移出去，若单纯看

---

① 李卫华：《均衡价格理论剖析》，《科学经济社会》2012 年第 3 期。
② 陈彦斌、唐诗磊等：《货币供应量能预测中国通货膨胀吗?》，《经济理论与经济管理》2009 年第 2 期。

作通胀,则只看到"工资—物价螺旋上升",看不到或忽视劳动价值回归的现实与必要。

三 我国转型发展中的理论困境

(一)效用价值滑向劳动价值的后果

1. 劳动价值与效用价值概念的分异

物—物交换是商品交换的最初形态,依据从物品获取或商品生产所用劳动量或从效用角度的物品使用可替代劳动量,衍生出朴素的价值标准,形成相互间交换比例。进而频繁交换,自然形成一种物品充当"一般等价物"的货币。然而,近代以来,首先是分工、专业化对生产效率的提高,其次是技术进步带动效率的改善,物品数量大大增多。经济活动的货币化为计量价值量提供方便,货币的符号化则给经济活动带来极大便利,但也带来货币价值的不确定性。

由于技术更替的频繁与技术效率的不平衡加大,使得价值体系中衡量尺度的依据可分解为生产物品的劳动与物品使用的可替代劳动两种尺度。在传统经济中,源自物品使用的效用价值涵盖劳动价值,正因为效用概念具有宽泛性内涵,而在概念日常使用时就较为含混,方便了资本代言者的需要,在二者中作其取舍。在完全竞争的市场中,诸如商品使用价值如同效用价值一样,具有边际递减的性质,实质乃是从效用价值端过渡到劳动价值端。

效用价值与劳动价值自身并不冲突。分工是提高效率的有效途径,属于生产组织方式带来的效率,对资本而言,劳动效率包括劳动强度的增加,技术则是另一种改善劳动效率的途径,特别是化石能源或自然力的有效应用。效率不对称的提高就是发挥了"效用",部门或行业同步提高则只表现为财富总量增多(以不变价格计量),按劳动计量则价值量维持不变。

物—物交换的时代,效用与劳动处于等价地位。技术或生产组织管理打破了原有的价值系统的平衡,并使劳动价值失去比较的参照系，在价值衡量上沿袭旧有的物—物交换的效用标准。随着技术的快速发展，效用与劳动趋向分化，在资本主导的生产体系中，资本主宰劳动，商品交易更多体现为"效用"价值，这种效用价值体系，最终演变形成一种异化劳动，所谓异化劳动也就是如上所述的，是技术打破原有的价值系统的参照系，但还是以旧有的"合理性"即实体的劳动成果作参照。"技术的目的"乃是人的目的，把它放在社会系统中来看，技术呈现为效用价值，打破了原有的价值系统的平衡，使得劳动价值参照系失灵，最终使拼命干活的人愈加贫穷，由此冲击着传统的"勤劳致富"劳动价值观。

在不变技术的前提下，各要素配置保持充分流动性，劳动产品的价值理应回归以劳动价值来衡量，然而，技术总是打破原有价值系统的平衡。另外，现实的经济运行充满着垄断和要素市场化配置上的制约，并非按照哲学高度上的劳动价值论运行。当今，在市场经济与产权制度下，经济活动主体牢牢把持着技术或垄断，从而获得更多超额利润。不同部门之间存在技术效率差异，由于物价比附，使得效率提高不大的部门处于劣势地位。另外，劳动价值因结构扭曲，往往却将其视为无效劳动，即当作是正常、合理的"价值"值。

价值相对人类而言，任何有用或使用价值都是相对于人类及其长远发展，因而，价值不局限于生产领域或生产领域的服务配套，我们不应把生活性服务仅看作食利阶级行为，不创造价值。

2. 中心与外围关系下的价值体系隐忧

价值表现为一种比例关系，也就是价值体系，价值体系是在一体化市场背景下产生的，那么，探讨全球价值问题，就得审视价值体系的构成情况。中国一直处在追赶发展中，经济社会也一直处于转型中，结构问题重重，因此，平衡发展也就异常重要，基于市场力量的平衡更加必要。由于我们对市场平衡理解存在片面性，站在"劳动价值"论立场，迷恋于世界范围的"社会必要劳动时间"，长期以来为了追逐以技术代表的价值链高端，企图达到与所谓的世界市场平衡，寻求与世界市场的接轨，我们放弃许多，甚至鄙视一些福利性生产，把传统日用品生产与市场拱手让给国际垄断资本，最后，以所谓的国际品牌充斥和控制着国内的日用品或基本生活必需品市场。

劳动价值论坚定认为，财富是劳动的创造，由此，便产生对人口老龄化和出生率下降的担忧，便有了从价值创造角度渲染要放开人口政策。在国际竞争中，我们承认生产力水平低，把廉价劳动力看作优势。与此同时，面对现实的市场，劳动价值论似乎显得失效，实用主义价值观和财富理论充斥着人们的头脑，把物价上涨视为财富升值的途径。

贸易自由化者基于相信可以最合理地利用资源，全球化则是赞成贸易自由化的升级版，有利于资源要素在全球优化配置，而这些可参与全球化配置的要素其实仅局限在资本、技术等几个领域，并非存在自由流通的全球化市场。由于技术创新格局的不平衡，各国受其自身特殊的制度或体制、经济或产业结构，城镇化或社会结构的影响，形成各自价值体系，在特定背景下的市场结构下，依据特定的主导产业的生产力，及其在全球价值链中的地位，形成各部门经济的价值比附关系。发达国家通过掌控价值链的几个关键领域的决定性控制权，并且有意控制世界价值体系。

在国际贸易中，发达国家主导着贸易规则的制定，通过技术垄断，掌控市场定价权，依据"效用价值"导向，加强产业梯度转移，最终造成发展中国家形成一种路径依赖，贸易平衡让他国在所谓"低端市场"为其提供福利性生产。在农业领域，发达国家凭借规模化、技术优势和高补贴，发展对资本而言的高效、高收益产业。而发展中国家处于艰难的转型中，主要精力放在制造业，无暇顾及农业，农业处于分散经营格局下，加上人口的再生产抵消城镇化效应，受制于规模制约，实行精耕细作，农民收入难以提高。美国可以通过价格优势，与发展中国家同等价格竞争。由此，发达国家与发展中国家处于不同的价值体系，即便是相同的粮食价格，也会对发展中国家的市场平衡和结构转型构成重大制约。美国庞大的经济实力，支持着其农业生产总值不及 GDP 的 1%，而我国需要应对 GDP 和就业高占比的农业，必然在补贴支持上承受巨大压力，虽然农业比重由1995年的20%，逐步降到2005年的12.4%、2016年的8.6%，农业劳动就业人口占28.3%（2015年数据）。在全面支持农业上遇到力不从心的难题。

发达国家因战略所需，推进着全球化进程，在发展中国家还没有搞清其资本"逻辑"时，便高呼贸易自由化，甚至以强权方式推进商品倾销，或以垄断价格控制国际市场，而当国际形势发生变化，则又试图重修贸易规则制度，甚至推进"逆全球化"行动。

（二）价值比附成为衡量价值的现实形式

从总量层面讲，国家创造的价值总量，即国民收入，指物质生产部门劳动者在一定时期所创造的价值，也可表述为一国生产要素所有者在一定时期内提供生产要素所得的报酬，即工资、利息、租金和利润等的总和。反映国民收入的两个主要统计指标是本地生产总值（GDP）及本地居民生产总值（GNP）。在国民经济的统计上采用生产产品或服务的增加值。增加值总量是以实现价格给予量化，认为总量上是均衡的。反映价格波动的价格指数成为判定通货膨胀的一项指标。

价值体系乃是各类物品或服务之间交换数量的比例体系，是实际交换中的依据。衡量国民收入水平必须有其价值标准，而构成价值体系基础的核心概念有"效用价值"与"劳动价值"，如前所述，"效用价值"内含"劳动价值"，效用价值呈现边际递减规律。在竞争的市场中，商品的效用价值或边际效用递减规律实质是从高效用价值端过渡到劳动价值端。由于效用价值概念的泛化使用，效用价值更多地取决于资本对市场的把控，从不平衡市场获取资本回报，即表现为资本对财富增值的角逐。因而，效用价值体系显得非常混乱。由于基于一般平衡的假设，无碍对价值总量的计量，"效用价值"体系明显满足于经济行为的事后解说，除去通货膨胀率即各类商品物价变动指数。按照马克思主义理论观点，价值来自生产部门的创造，商业、服务业不创造价值，商业资本获利只是生产部门的剩余价值转移。故不影响价值统计，也表明商业、服务业是再生产体系的不可或缺的部分。

因而，效用价值体系最根本的导向性是资源配置平衡，即按照资本盈利效用，调整服务部门与生产部门间的资源配置。当部门资本效用降低并接近0值时，表明存在结构问题很突出，由于市场介入者充斥着自雇佣经营者，这时市场依赖劳动价值发挥作用，即同等劳动获得同等劳动回报，私人经营收入等同劳动收入。由此，构成三大产业部门间劳动配置格局下的"效用"价值比附关系。正由于效率的可改变性，使得价值体系中衡量尺度的依据可分解为物品的效用与生产物品的劳动两种尺度。

现代经济发展乃是生产力不断进步的过程，由于技术创新与技术扩散的节奏在不同部门间的不平衡，在资源配置由市场决定的条件下，引起价值体系的不断调整，主要通过资本配置引起利润趋向平均化，首先是通过部门产品效用动态变化达到生产上的替代，而不同部门产品若不存在产品替代，则通过劳动配置上的调整或劳动替代，实现价值平衡。

产业的更新换代是以新的产业形态存在，或新产品通过其效用价值处于价值链高端，因而，一些传统产业或行业即使生产效率有逐步提高迹象，但终归沦为价值低端，看似理所当然，其实不然，伴随技术效用在相关部门的减弱趋势，必须适应价格棘轮效应（只上不下），就需要满足起码的劳动价值，设法调整资源配置，以提高行业价值比附。

现实的价值体系调整就是一种价值比附的过程。在价值比附中，农业部门处于被动格局，由于长期被动地适应经济社会变迁，其价值调整通过劳动配置平衡化，依据务农与务工收入平衡，调整农业生产方式，粮食价格仅体现为劳动价值量，当劳动配置平衡受阻或社会转型延滞，则形成长周期的价值扭曲。居民收入主要来自工资性收入或经营性收入，二者因存在可选择性而趋向一致，资本主导的集约型生产具有效率优势，但其财富分配涉及资本所有者、经营者、劳动者等，显然个体经营（个体生产或服务业者）成为资本与劳动博弈的平衡调节器。因而，很明显部门或行业间的商品价值存在就高与从低的迹象，依照物—物交换的原则，实质是"效用"对比，充分竞争的同类商品具有价值从低，依据社会低效率部分的成本定价，该领域充斥着依靠劳动价值生存的劳动者或个体经营者，即出现符合边际收益递减规律，价值由效用端过渡到劳动端，非充分竞争的新产品，更多地依据产品的效用，生产中的开发成本快速回收与转嫁。

社会生产力变迁过程主要呈现为部门间的技术效率起伏波动，这种不平衡需要价值体系作适应性调整，价值体系的再平衡需要社会结构同步调整，否则便难免造成价值体系扭曲。在城市土地赋予使用价值，表现为级差地租，土地使用需要付费，并以成本的形式转嫁到商品中；而在农业集体土地产权耕地由家庭经营者分散经营，生产中效用价值滑向劳动价值，农业生产中的价值反映在粮食价格上，表现为劳动价值，农业土地几乎呈现为无偿使用，抛开土地耕种条件差异，农民收益由土地耕种规模决定。

价值体系只是中性概念，反映的是相互交换商品之间的相对数量的比例关系体系，这是"资本逻辑"上的合理性，而非伦理层面的合理性，对于结构的扭曲与不平等难以测度。效用递减规律可以用于解释劳动低回报，意味着赋予劳动价值扭曲是"自然"属性。我们相信并寄希望于市场自然会趋向平衡，由于技术创新在不断演进发展，另外，现实世界总是存在资本的垄断行为，通过固化的结构、特定的路径依赖，永远难以接近理想的平衡状态。

显然，加快结构转型是对价值体系的一般均衡的需要。当下，我们的价值体系是将两种价值理论割裂的混用，根据解释的需要采取选择性运用，在理论上对我们转型发展缺乏建设性指导意义。因而，我们需要把握效用价值规律与本质，关注劳动的价值比附，依据市场平衡，调整生产结构，改变不平衡价值体系。同时，把握效用递减规律，平衡部门生产，通过劳动自身的稀缺，重塑价值体系。

(三) 开放经济背景下需要更加关注平衡发展

地域资源禀赋存在差异，技术创新存在地域不均衡，在资本推动下，区域间的生产分工与协作不断加强。全球化有利于资本寻求外部市场释放产能，成为摆脱暂时的生产过剩困扰的有效手段。资本与政治的联姻，国家则成为资本扩张、垄断的庇护者，特别是为资本国际化提供庇护。当今的全球化是资本倡导的贸易自由化或资本投资自由化，其前提基础是各经济体的利益平衡，目的乃是资本在全球不平衡发展中谋取收益，并非所有资源要素都能自由参与全球化配置。科技创新是当今经济发展的动力源，产权制度则是对从事技术创新者的利益保障，认可技术的垄断实现不对称竞争，以及通过技术实现价格垄断，达到收益。处于全球价值链高端的产业成为全球体系中国家价值的"标杆"，并在全球布局中获得超额利润，由此，带给国家增收，也在一定程度上带给企业员工工资福利，在贸易平衡的追求中，进口大量处于价值链低端的商品，降低了本国居民的生活成本。制造业价值链条上的高端，是依据要素竞争中的效用程度的价值定位，未免存在着价值虚高。而服务业与农业方面创造的价值，则按照统一市场体系下的"效用"价值比附，国际价值体系则依据制造业价值链上的国际分工，由此，形成高收入国家与低收入国家两种形态。

世界经济处于由技术效率决定的不同的价值体系，而在国际交换中的国际价格一言以蔽之为"需求结构"下的合理价格动态，这种"合理性"掩盖了价值扭曲的事实。在早期的世界贸易中，对于优势方是"贸易立国"，对于劣势方可谓是"被殖民统治"，由此冲击着经济体的核心利益。处理经济体内部与外部关系，则是当今国际贸易关系或世界贸易制度的争议焦点，诸如小则倾销与反倾销，大则全球化与反全球化。在当今全球化背景下，发展中国家在工业化追赶中，不乏因此陷入"中等收入陷阱"。

中国的结构转型是产业在技术逻辑下的价值平衡突破和市场逻辑下的价值平衡化过程，亦即劳动配置的再平衡过程。物价上涨合理性则在于价值回归，价值回归过程也将引起整个物价体系作适应性调整。因而，物价变动须放在结构转型背景下，正视劳动价值平衡，关注结构转型中的价值体系重塑过程中劳动配置平衡的物价效应及机理。

我们通常把整体物价上涨称为通胀。在整体物价上涨背景下，具体物价上涨原因显得复杂难辨，可以从货币供应量、供求结构、生产与流通成本、国际价格传导等方面找原因。物价受多重结构影响，部门间存在显著的效率非同步性，因而，生产部门间的平衡，与其说是让传统农业部门达到现代部门的效率，不如说是劳动配置平衡条件下的工资平衡。市场结构的根本性变化主要是由于产品创新引起的需求结构改变和技术效率引起的价值非平衡扰动，产生价格调整需要。在宏观经济层面我们称为"通货膨胀"，在微观经济层面均体现为成本上涨。通胀过程解释为工资追赶物价水平的"工资—物价螺旋上升"，价格螺旋式上涨可谓是资本与劳动博弈僵持的结果，即一种平衡结构下自我实现的循环，在劳动配置平衡化过程中，劳动价格调整呈现强物价效应。物价对工资的影响取决于消费结构中该商品的比重大小，以及消费取向的变化，具体商品特别是新产品的定价更多依据营销策略需要，总是存在着新产品质量提升与对旧产品替代的变化，简单将其纳入商品类别的物价指数难免产生对价格上涨的误读。工资—物价螺旋上涨机理只是解释了劳资间的博弈，反映的是通胀原理，但未能对结构变迁中劳动价值回归及其物价效应以充分而有力的解释。"预期通胀"则成为市场主体竞相提高物价的"合理"理由。还有基于通货膨胀与经济增长的相关性分析，把通胀作为政策工具。

工业化进程中存在结构惯性锁定，这种锁定制约了市场对价格体系的调整能力的发挥。通常劳动成本变动对物价总水平的影响取决于劳动生产率是否同步。我国工业化初期的资本积累意味着对消费的抑制，体现为当前消费与未来消费的关系，抑制消费品生产便形成资本品与消费品的结构，自然形成工农产品间价格差。在受控状态下的社会生产系统中，生产效率提高创造的价值通过积累这一吸纳体系所调节。在对外开放与发展市场经济的进程中，因内外不平衡的技术效率

第一章 经济领域的价值体系与中国的经济社会转型

和内部不平衡的资源配置，形成不平衡的区域结构。因参与全球化分工，经济生态表现为生产地与消费地的分离，生产与消费的结构处于内外不同技术效率下的价值体系中，所谓的平衡局限于贸易额的平衡，由于国内累积的社会结构矛盾（即劳动配置不平衡），所以能维持长期低工资。廉价劳动意味着消费与积累或财富集聚的不对称。由于生产与消费的"平衡"建立在不同系统层面，增量的劳动投入与增量的产品输出抵消，造成生产效率与收入关联性弱。国内的二元结构问题的实质是传统的农业部门与现代的工业部门的劳动资源配置不平衡问题，在对外开放过程中，外需打破了本地域市场结构趋向平衡的节奏和轨迹，有效维持了低工资，因内需不足，工业产能扩张依赖外需，也造成部分生产部门的技术效率的提升成本大于劳动成本的局面。广义工业化是社会结构转型过程，而我们更侧重于狭义的工业化追求，即低成本工业化，使得生产与消费、城与乡，乃至区域间结构关联性弱化，未能有效推进农村居民城镇化，由此导致两部类生产的要素配置不平衡。在国内—国外和工业—农业的两重结构中，存在两重劳动价值的扭曲，在劳动市场化配置过程中，整体劳动价值回归依赖工农业劳动配置平衡，满足劳动与资本对社会财富分配博弈的条件，最终需依赖农村劳动收入改善，即依赖"三农"问题的解决，实质就是劳动价格与劳动配置问题。

因此，我们在开放发展方面，应对不平衡和不平等的世界结构，关键点仍然在于发展生产力与保护生产力。在不平衡的世界发展格局中，落后国家寻求发展须学习和借鉴发达国家的先进科技和经验，是实现工业追赶发展的重要捷径。另外，全球要素配置是处于受限的，价值比附的价值体系是其存在条件。因而，不能受自由贸易信条所蒙蔽，正视国家或地区间存在着不完全的平衡关系，从发展生产力与保护生产力原则基础上，从效用价值影响下的国家价值体系角度，把握全球化方式与节奏，参与世界贸易规则的制定与调整。从价值体系层面把控福利性生产，正确看待国际价格的依据，特别防止粮食进出口的平衡原则演变为对外依赖的路径化。

第二章 经济生态的优化与高收入国家的实现条件

  高收入阶段代表的是"丰裕经济",经济学鼻祖——亚当·斯密在《国富论》中揭示了劳动分工与效率、生产力以及国家富裕关系。当代美国经济学家斯蒂格利茨在《不平等的代价》一书中剖析了资本主义惯性缺陷,反思西方主流经济学家关于市场失灵、政府失灵、体制不平等、竞争不公平等问题的研究,揭示了美国繁荣的脆弱性以及掠夺行为难以避免。法国经济学家托马斯·皮凯蒂在《21世纪资本论》一书中研究了不平等现象,他指出最富有的那批人不是因为劳动创造了财富,只是因为他们本来就富有,由于资本回报率倾向于高于经济增长率,贫富不均是资本主义固有的东西。我国尚处于中等收入水平,"中等收入陷阱"成关注焦点。中国学者蔡昉(2008)指出,收入陷阱为一种均衡状态,粗放型增长机制无法应对两大夹击的"陷阱效应"[1]。就高收入阶段呈现出的种种乱象,有学者指出现在全球经济最大难题不是如何扩大财富生产,而是已有的财富如何合理分配[2]。判定出路在转型发展和制度创新[3]。其他研究,有指出市场化不足与中国贫富差距扩大的原因,以及金融资本、食利者意识与劳动

---

  [1] 张德荣:《"中等收入陷阱"发生机理与中国经济增长的阶段性动力》,《经济研究》2013年第9期。
  [2] 胡培兆:《中等收入"陷阱"与高收入"黑洞"》,《经济学动态》2012年第11期。
  [3] 孔泾源:《"中等收入陷阱"的国际背景、成因举证与中国对策》,《改革》2011年第10期。

第二章 经济生态的优化与高收入国家的实现条件

观念等。

经济发展的各个阶段有其特殊的运行逻辑支撑,因而经济从一个阶段跨入另一阶段,必然会遇到经济运行上对新模式和新机理的不适应之困惑。若对这种运行逻辑的把握不足,就会陷入所谓的"陷阱"。衡量国民收入水平必须依据基于效率的价值标准与价值体系。健康的经济运行结构在于优化基于生产、消费与收入的经济生态。高收入国家实现条件在于消费与收入的增加空间,同时还需要规避高收入带来的困惑,处理好消费取向与财富集聚之间的关系。

目前,我国处于新的转型发展期,"新常态"下的结构问题重重,国内研究导向坠入"中低收入陷阱",对于高收入国家陷阱研究却处于感性认识层面,揭示发达国家的矛盾、国内收入差距或不平等,研究未延伸至构建高收入国家负面影响层面,尚未正视高收入与高消费关系。相关产业研究已关注劳动成本与价值链延伸,未从封闭经济体与开放经济体层面剖析价值体系中的效率与价值链关系,未探讨拓展总量空间的路径,未从宏观经济层面论述跨入高收入阶段的特殊经济运行机理,如研究居民收入倍增往往局限于城乡居民收入与投资、职工收入与企业成本层面的关系[①]。健康的经济生态不仅要处理好生产、分配、消费的结构问题,还要在地域经济与全球化经济格局下,探究技术主导的效率与价值体系问题。因此,本章有必要揭示高收入阶段的经济运行规律,弄清基于经济主体行为取向的高收入实现的支撑条件,以及封闭与开放系统下的价值链位移与三产间价值比附关系,高收入国家的实现条件与经济生态优化路径,等等。基于高收入本质意义上的经济结构与社会结构统合,区块经济的功能—结构关系,破解农业部门的多重结构之困,把控"外部性"引导价值重塑。理顺价值体系中的技术效率与价值链关系,应对新常态,从生产与消费及投资结构探讨总量(三产)如何做大。

---

① 黄祖辉:《居民收入倍增的难点与现实路径》,《改革》2012 年第 11 期。

一 衡量国民收入的价值体系——价值标准与效率

衡量国民收入水平必须有其价值标准，而构成价值体系基础的核心概念——效用价值与劳动价值——存在效用价值的边际递减规律，即从效用价值端滑向劳动价值端，构成三大产业部门间劳动配置格局下的"效用"价值比附关系。在国内统一市场体系下，需要应对技术效率与价值体系的平衡关系，其价值体系由资本所有者、自我雇佣者、工资或资薪获得者参与博弈形成。而国际价值体系则依据制造业价值链上的国际分工，决定收入高低的国家形态。全球要素配置是受限的，因而国民收入的国际比较中存在着一定的可比性与局限性问题。

（一）区域内部统一市场体系下的技术效率对价值的决定

商品交换的最初形态是物—物交换，从物品获取或商品生产过程中所用劳动量或从效用角度可替代劳动量，衍生出朴素的价值标准。随着交换的频繁，自然需要一种物品充当"一般等价物"的货币。然而，近代以来，首先是分工、专业化对生产效率的提高，其次是技术进步带动效率的改善，让一个国家更加富裕，即体现为供人们生活之需的物品数量增多。经济活动的货币化为计量价值量提供了方便，取代金本位的"虚拟化价值"的货币，特别是纸币化或符号化，给经济活动带来极大便利，但也使得货币的价值具有不确定性。价格水平的适度通货膨胀可以同时满足冲突双方对货币收入的需求，从而扮演社会润滑剂和安慰剂的角色[①]。正是由于效率的可改变性，使得价值体系中衡量尺度的依据可分解为物品的效用与生产物品的劳动两种尺度。在传统经济中，效用即使用价值，效用

[①] ［美］布朗芬伯伦纳：《收入分配理论》，方敏译，华夏出版社2009年版，第16页。

❖ 第二章 经济生态的优化与高收入国家的实现条件 ❖

价值涵盖劳动价值，概念的含混方便了资本的需要，在二者中作取舍。在竞争的市场中，诸如商品使用价值如同效用价值一样，具有边际递减的性质，实质是从效用价值端过渡到劳动价值端。传统的马克思主义政治经济学把效用与劳动价值论中的价值对立起来而予以批判。分工是提高效率的有效途径，属于生产组织方式带来的效率，对资本而言的劳动效率，包括劳动强度的增加；技术则是另一种改善劳动效率的途径，特别是化石能源或自然力的有效应用。技术最初由技术拥有者从局部开始影响经济系统。从社会系统层面来看，技术或生产组织管理打破了原有的价值系统的平衡，并使劳动价值失去参照系。在价值衡量的混沌时代，旧有的物—物交换的效用标准被沿用，通常这种效用与劳动是等价地位。随着技术的快速发展，效用与劳动趋向分化，在以资本为主导的生产体系中，资本主宰劳动，在商品交易中价值更多体现为"效用"，这种效用价值体系，最终演变形成一种异化劳动，异化劳动就是如上所述的是技术打破原有的价值系统的参照系，但还是以旧有的"合理性"即实体的劳动成果作参照。

在不变技术的前提下，若能保持各要素充分流动性，劳动产品的价值理应回归以劳动价值来衡量。然而，技术总是打破原有价值系统的平衡，并使劳动价值失去参照系。现实的经济运行充满着垄断和要素制约，并非按照哲学高度上的马克思劳动价值论在运行。当今，在市场经济的产权制度下，经济活动主体牢牢把持着对技术的垄断，从而获得更多超额利润。不同部门之间存在技术效率差异，由于物价比附，使得效率提高不大的部门处于劣势地位。

在价值比附中，农业部门处于被动格局，通过劳动配置平衡化，依据务农与务工收入平衡，调整农业生产方式，使得农业的粮食价格仅体现劳动价值量，当劳动配置平衡受阻，则在长周期中形成价值扭曲。居民收入主要来自工资性收入或经营性收入，二者因可选择而趋向一致，资本主导的集约型生产具有效率优势，但其财富分配涉及资本所有者、经营者、劳动者等，显然个体经营（个体生产或服务业者）成为资本与劳动博弈的平衡调节器。因而，很明显部门或行业间的商品价值存在就高与从低的迹象，依照物—物交换的原则，实质是"效用"对比，充分竞争的同类商品具有价值从低倾向，依据社会低效率部分的成本定价，该领域充斥着依靠劳动价值生存的劳动者或个体经营者，符合边际收益递减规律，价值由效用端滑向劳动端。非充分竞争的新产品，更多地依据产品的功能效用定价，生产中的开发成本能得到快速回收与转嫁。

（二）全球要素配置受限下价值比附的价值体系存在条件

在当今全球化背景下，发展中国家在工业化追赶中，不乏陷入世界银行称之为"中等收入陷阱"的先例，这也引起了我国政界和学界高度关注。由此，免不了要进行国民收入的国际比较。问题关键在于各国国民收入是否具备可比性，依据的标准是否合理，存在哪些局限性和不确定因素。不同国家或地区的国民收入会经常被进行比较，除直接比较外，通常为增加其可比性，还计算人均的国民收入。现代国家都有表征自己的价值体系的货币，在国际贸易中需要找到共同货币价值的根基，构建货币体系，这个根基就是同类物品的"效用"。而不同地区的国民收入通常会以本地货币计算，需要以当期的汇率先作转换，为避免因汇率的扭曲可能，采纳购买力平价作转换。在早期的世界贸易中，对于优势方是"贸易立国"，对于劣势方则是"被殖民统治"，由此冲击着经济体的核心利益。处理经济体内部与外部关系，则是当今国际贸易关系或世界贸易制度的争议焦点，诸如小则倾销与反倾销，大则全球化与反全球化，甚至发动贸易战。

当今的全球化是资本倡导的贸易自由化或资本投资自由化，基础是各经济体的利益平衡，目的乃是资本在全球不平衡发展中谋取收益，并非所有资源要素都能自由参与全球化配置。科技创新是当今经济发展的动力源，产权制度则是对从事技术创新者的利益保障，认可技术的垄断实现不对称竞争，甚至通过技术实现价格垄断达到收益。在当今激励创新的时代，知识产权制度给予这种垄断以合理化，甚至是美化，即所谓达到"价值链"高端。在全球化时代，处于价值链高端的产业，成为全球价值的重要"标杆"，所属企业在全球布局中获得垄断利润，由此，带给国家增收，同时，也在一定程度上带给企业员工更多工资福利。在贸易平衡的追求中，进口大量处于价值链低端的商品，会降低本国居民的生活成本，往往企业收入不代表劳动阶层的收益，更多的是企业上层获益。制造业价值链条上的高端，是依据要素竞争的价值定位或效用程度，未免存在着价值虚高。由于服务业与农业方面创造的价值，按照统一市场体系下的"效用"价值比附，资本所有者、自我雇佣者、工资或资薪获得者经过市场博弈达到平衡，即确定基于劳动成本的"价值"，而国际价值体系则依据制造业价值链上的国际分工，由此，形成高收入国家与低收入国家形态。因而，在国际贸易中涉及经济体的核心利益，这种价值比附的价值体系合理性与否，成为经济体处理内部与外部关系的依据。

二 健康的经济运行结构——生产、消费与收入

现代经济运行的基础是分工协作，各部门在分工协作中确定或实现其价值。工业化过程是工业积累过程，从国民收入分配形态来看，是财富分配中消费与积累的关系，体现为工业积累或资本的财产所得与劳动所得份额关系。经济可持续发展由投资与消费的合理比重决定，而在各个阶段的再生产中，供给侧与需求侧地位有所侧重。在整个经济体系中，表现为消费与积累、生产性劳动与非生产劳动、制造业与服务业等多重关系，通过由"效用价值"与"劳动价值"关系构成的价值体系，决定三大产业部门的价值定位与收入分配，这也成为再构建消费与生产、服务关系，平衡部门间劳动创造价值的依据。

（一）国民收入分配形态与去向

现代社会是分工协作的社会，通过商品交换达到价值实现，商品

则凝结着劳动者的抽象劳动。在频繁交易中,形成我们约定俗成的价值标准和交易规则,经过规范化形成市场制度,基于此,我们才可以获取或计量我们的财富或收入。国民收入指物质生产部门劳动者在一定时期所创造的价值,也可表述为一国生产要素所有者在一定时期内提供生产要素所得的报酬,即工资、利息、租金和利润等的总和。反映国民收入的两个主要统计数字是本地生产总值(GDP)及本地居民生产总值(GNP)。

我国的工业化过程实质上是一个工业积累的过程,积累的多寡表现为扩大再生产的投入和基础设施建设投入,财富分配反映为消费与积累关系,加快积累就得压缩消费。而在逐步的市场化改革后,经济主体呈现多元化,国家一定程度上寄希望于富人(资本)的投资,搞活经济,做大经济蛋糕,工业积累表现为资本的盈利或利润,即沉淀为资本的社会财富集聚。经济活动是一个再生产的过程,需要一定比例积累用于扩大再生产与公共服务的生产,积累途径可以通过国家税收、企业利润和居民工资储蓄化来实现。在经济增长过程中,被认为不断上升的增长率将降低劳动所得相对于财产所得的份额,而不断上升的劳动所得份额将减缓经济发展的速度。财富分配按照资本主导技术的"效用"价值,通过市场主体博弈决定,以何种比例有利于经济社会发展没有定论。

当前我国农业领域国民收入主要体现为农民收入,其统计是在全国各乡(镇)开展抽样调查的基础上取得的。农民实物计价,以农民在市场出售农产品的价格(打折扣10%—15%)。因而扭曲的市场价格必定影响收入的统计结果。市场价格由两部分组成,收购价与市场购买价,农村是个混合经济成分,有自足自给的经济成分也有务工收入,不能全面纳入统计。

第三产业创造的国民收入统计按照经济活动发生的增加值统计。产业的发展由自足自给农业经济逐步分工演化出手工业和商业经济,劳动也就可分为生产劳动与非生产劳动。依据马克思主义的政治经济学,商业是生产体系的组成部分,商业利润的最终来源只能是产业工人所创造的剩余价值,"商人资本既不创造价值,也不创造剩余价值",商业雇佣劳动只实现价值而不创造价值。非生产劳动中有商业活动和消费性、服务性劳动,在我们的制度环境下,特别注重生产劳动过程,把商业看作整个生产过程的一部分。

近年来,学界强调要加大对生产性服务业的关注,突出实行生产要素参与收入分配的制度,基层劳动者和经营管理者的收入体现为工资或薪酬,随着个人收入的储蓄化,资产性收入也在增长。特别是高收入阶层,在满足有限衣食住行的需求后,便有了资产管理的需要,推动保值增长欲求。

(二) 消费与生产、服务关系的再构建

国民收入的最终去向是消费和投资,推进经济再生产。投资与消费需要合理的比重,这样才有利于经济可持续发展,这个比重是变动的,有的时期需要突出供给侧地位,有的时期需要突出需求侧地位。经济活动就是生产—再生产的过程,工业化则是不断扩大再生产的过程。扩大再生产的消费与积累的关系,在工业化早期,如经济社会学的创始人韦伯在《新教伦理与资本主义精神》(1905)一书中得出这样一条结论,禁欲主义也就是节俭是资本主义发展的重要因素。生产与消费构成一个经济循环,健康的经济生态是大量生产必须依靠大量消费,在资本主义工业化后期,如德国社会学家桑巴特在《奢侈与资本主义》(1913)一书中认为,资本主义恰是奢侈的产物。构建生产与消费结构关系,涉及财富分配方式。生产什么决定消费,正确处理生产与消费之间关系,便有了倡导"适度消费",强调生产对消费的决定作用和消费对生产的反作用。在当代社会,生产不局限于工业和农业的物质产品生产,还有精神文化的生产,因而,精神文化生产与消费对于提升经济社会发展空间具有重要意义。

马克思认为,生产劳动就是生产商品的劳动,并把生产性劳动从直接"生产工人"的劳动扩展到"总体工人"的劳动,把商业中的商品

包装、运输、仓储、保管等劳动也纳入生产劳动范畴[①]。非生产劳动则是生产个人服务的劳动,我们把服务业归为第三产业,因而不能把全部第三产业纳入生产性领域,但以往消费性服务则被视为资产阶级服务,服务消费者被视为"食利阶级"。生产与服务的关系密切,因而通常从产业分化时序来理解。服务业发展是在制造业充分发展之后,首先经历制造与商业运输业同步繁荣,到生产性服务业剥离,再到制造业与服务化融合。人类社会在经历了农业经济时代和工业经济时代之后,正迈向服务经济时代。为此,需要正视制造业与服务业的关系,正视服务经济的发展空间。从一些发达国家来看,21世纪初,服务业增加值在GDP中的比重,美国为76.3%,英国为72.6%,德国为72.5%,法国为69.7%,日本为71.5%,意大利为69.5%,加拿大为66.1%(2001年数据),虽然发达国家提出再工业化,这个比例还在上升,2016年美国第三产业比重为79.08%,第一产业比重降至0.88%(参见表2-1)。现阶段,消费不仅仅是衣食住行生活的物质消费,以及借助物质载体的精神文化消费,还有一个重要领域是服务消费,服务于消费和服务被消费。农业、工业比重下降,由制造业以及支持制造业的价值链高端,支撑着整个价值体系架构。

表2-1　　　　　美国GDP与国民收入分配　　　　　单位:十亿美元

	2013	2014	2015	2016	GDP占比(%)
GDP	66766	69572.4	72146.6	74276.4	
政府收入	8892.2	9109	9351.9	9566.3	12.88
农业	887.3	812.7	700.8	639.7	0.86
第一产业比重(%)	1.53	1.34	1.12	0.99	
采矿	1803.5	1930.9	1311.1	1058.3	1.42
建筑	2483.1	2688.2	2928.6	3136.1	4.22
制造	8140.7	8397.7	8681.1	8700.9	11.71

---

① 宁阳:《马克思生产劳动理论与现代服务经济发展》,《毛泽东邓小平理论研究》2014年第4期。

续表

	2013	2014	2015	2016	GDP占比（%）
第二产比重（%）	21.47	21.53	20.58	19.93	
批发、零售与运输	9829.5	10246.9	10770.2	10991.7	14.8
金融、租赁	13175.3	13984	14625.5	15269.5	7.3+13.3
公共事业	1076.7	1132.4	1137.4	1152.5	1.55
信息	3166	3172.7	3359.7	3543.8	4.77
专业技术服务	7861.5	8259.7	8829.2	9234.6	12.43
教育健康和社会援助	5489.7	5673.2	6004.6	6304.1	8.49
艺术娱乐	656.7	693.7	743.2	791.6	1.07
住宿餐饮	1850.3	1946.9	2096.8	2205.9	2.97
政府以外其他服务	1453.8	1524.7	1606.6	1681.7	2.26
第三产比重（%）	76.99	77.13	78.31	79.08	

数据来源：https://www.bea.gov/index.htm。

三 高收入国家实现条件——消费与增加收入空间

"效用价值"与"劳动价值"的关系或规律决定价值体系，价值链环节中的劳动比重与价值比附关系直接决定收入总量。在工业化中期阶段，社会创造的价值主要取决于制造业生产的产能扩张，对于封闭经济体的经济运行在于生产与消费平衡，效率与价值关系的侧重点在效率层面，而在经济开放中，技术创新则决定产业价值链地位，但制造业产能扩张受到国际贸易平衡约束。农业受制于经济社会多重结构制约，其创造的价值与形态更多体现为农业的外部性，农业生产价值有待重塑。经济发展的各阶段的驱动力发生变迁，创新驱动阶段会促使高价值链向服务经济端位移，提高服务的价值比附，消费升级更加拓展服务经济的市场空间。

（一）农业生产价值的可重塑性

中华人民共和国成立初期，我国农业试图走以合作化到集体经济的现代农业发展道路，受技术局限的生产组织创新归于失败后，沉寂于家庭联产承包责任制下小农经济状态多年。这种经济体现为二元经济格局，农村因吸纳就业弹性大和自身人口的再生产，填补了工业化或城镇化的效应。小农经济社会实质是社会未完全分工化的产业综合体，处于经济发展水平较低阶段，产业分化程度低，很多生活服务通过自我完成，在商品经济环境下形成相对独立和封闭的地域市场，满足地域内的需求以至达到一种供需平衡。经济运行主要依赖于物质的生产与消费，在农业领域或农村地区的自足自给，其生产更多地为自我消费而非交换，单纯的农业经济其交换或交易价值体现效用价值与劳动价值的重合。

伴随现代产业部门的崛起，"效用"价值被凸显。在现代发达市场经济背景下，农业因社会结构性问题，劳动配置制约劳动价格或粮食价格，农业产品至多达到劳动价值水平，农业体现为外部性，有益于降低社会生活成本，由此构成乘数效应，一定程度上抑制产业工人（包括服务劳动）工资水平，进而降低了总体国民收入水平。农业创造的价值按照扭曲市场价格（或市场收购价）计算，其收入必然很低。农业生产效率提升依赖于技术效率和基础设施改善，在供需结构平衡下，效率改善并不能带来更高的收益。在劳动配置平衡下，通过农业劳动收益与产业工人工资收入平衡，使得粮食价格再调整，但在这种平衡格局下，农业资本进入边际效率是零。农产品价格低是问题的一个方面，当今农业生产技术相对成熟，问题是闲置劳动力大量存在。农业效率改善有利于经济社会结构转型，效率改善也必须与经济社会转型同步推进，有效转移农村富余劳动力，进而为非农产业发展提供空间。农业在发达国家的增加值在 GDP 中的比重不足 1%，国家给予农业高补贴政策，由此来加快推进农业现代化进程。我国农业增加值占 GDP 的比例由 2006 年的 10.63% 下降至 2015 年的 8.83%，而农业劳动力占比由 2006 年的 42.6% 下降至 28.3%。农业劳动生产率与二、三产业劳动生产率比值由 2006 年 16.02% 提高至 2015 年的 24.55%（参见表 2-2）。因而，加快农业现代化被认为是我国跨入高收入国家行列的必由之路。在现行农业经营格局下，农业基础设施投入的不足，不适应现代农业发展形势。在当今全球化格局下，我国粮食价格受制于国际高效农业的价格压制，唯有绿色农业可以获得相对较高的价值实现。

表2-2 中国三次产业就业与增加值关系

年份	2006	2008	2010	2011	2013	2015
人均国内生产总值（元）	16738	24121	30876	36403	43852	50251
农业就业占比（%）	42.6	39.6	36.70	34.8	31.4	28.3
农业增加值占比（%）	10.63	10.25	9.53	9.43	9.30	8.83
农与非农产业效率比（%）	16.02	17.42	18.17	19.52	22.39	24.55

数据来源：根据中国统计信息网数据整理。

（二）局限于制造业生产的产能扩张

国民收入分配决定消费与再生产关系，如何优化分配仍是有争议的研究主题。在一个封闭的经济体中，需要生产与消费的平衡，消费不单单是由富人和穷人构成的居民个体层面的生活消费，还包括公共领域的基础设施建设。高收入依赖于产品价值（或价格）水平和产品数量，而产品价格是变动的，特别是受通货影响，有时甚至是扭曲的。因此，对于价格上涨我们需要鉴定是价值回归、合理性"效用"价值水平，还是单纯通货膨胀，但在统计上或许被或略。价值计量需要有个参照体系，而在整体效率水平提高的情况下，按照劳动价值理论看，价值总量（即劳动量）并未根本性增大。从生产与消费结构看，若以不变价格计量的话，增加国民收入，就是大量生产和大量消费。往往因为经济结构过于简单和收入分配的不平衡，导致消费群体的分化，即产生边际消费倾向，高收入者消费需求弱化，低收入者消费能力有限。单从生产领域看，若制造业处于价值链低端，服务业价值按照劳动价值比附，比重不大，扩大国民收入的途径只能依赖制造业产能扩张。扩大生产不仅仅需要劳动投入,还需要提高技术效率。技术创新从两个方面改变生产:一是效率层面,二是价值层面,单单局限于生产高效率化,会导致产能迅速过剩。生产性扩张可以成就一个"世界工厂",但同时也是制造业风险的集聚,即产业转型压力和环境压力。由此,需要处理好效率与成本、成本与基本福利生产、效率与工时之间的关系。生产高效化的重要性还在于劳动从生产中制造业中解放出来,拓展服务领域的价值份额,不断提高服务业在 GDP 中的比重。另外,生产不得不借助于技术创新,开拓新产品,或依赖全球化,通过全球产业发展的不平衡,即产业价值链上的低高端互补。局限于全球化制造业产能扩张,必然受制于国际贸易平衡的约束。全球化依据资本运作上的合理性,最终引起的经济社会结构的新矛盾,由此,引起学界和政界新的争议。

(三) 拓展价值比附的服务产业化

在经济发展的不同阶段,驱动经济增长的因素也各不相同,分别为要素驱动、资本或投资驱动、效率驱动或创新驱动以及服务驱动。要素驱动提高增量资源参与,资本或投资驱动提高资源配置效率,效率驱动压缩成本扩大供给。这些反映在第一产业和第二产业领域,则很容易引发需求饱和或产能过剩。创新驱动则有利于实现价值向高端位移。当今,制造业已发生新的革命,制造业领域再度分化,衍生出生产性服务业和制造业服务化倾向。进而使得部分服务业价值比附水平高于制造业。如今,服务业已不再局限于产业资本实现的批发、零售以及运输业的商业活动,即所谓的商业资本分割产业工人创造的剩余价值。

从消费的角度看,随着消费升级,消费不再局限于物质消费,精神生活及生活领域的服务消费不断拓展。不同收入群体其消费水平、消费倾向、消费行为上有着不同的特点。"用"的消费趋于饱和,比重逐年下降,发展性消费增加,享受性消费成为热点。高收入群体的平均消费倾向缓慢平稳下降,但对于高收入群体来说,并不缺乏支付能力，而是由于没有新的消费热点，从而降低了他们的消费意愿。而在收入不断增长的过程中，高收入群体一旦消费倾向降低，他们储蓄和投资愿望就会加强①。生活领域很大部分服务有待市场化，借助部分物质载体或工具的专业化服务能力得到加强，让人们从自我生活服务中解放。伴随产业分化的同时，也发生价值链的转移，首先是商品批发与零售服务从传统制造业中分离，获取的是与工业资本相当的社会利润，在现代经济中，凸显知识经济的分量，制造业日趋服务化，制造业内部又将创新设计部门独立出来，形成新的生产型服务业，追求价值链的高端化，获取超额利润。由此带来制造业的价值地位转到高端服务业上，进而提高服务业劳动价值。服务业创造的价值是按照制造业的劳动价值比附，因而制造业在全球价值体系中（制造业价值链）的地位构成乘数效应。服务经济创造的价值取决于服务业比重与制造业价值链地位的乘数效应。

四　高收入带来的困惑——消费取向与财富集聚

高收入的支撑是高消费，但消费不局限于物质产品的消费或消耗，而是推进生活服务化，让休闲、娱乐等均创造"价值"，摆脱高收入实现对高消费的物质生产依赖。在开放型经济格局下，高收入建立在全球价值链与高收益关系的基础上，需要解决制造业中高效率而又不无损害价值量的问题。通常高收入是人均化的经济指标，因而高收入潜藏着多种危机，需要应对价值虚高问题与泡沫经济关系，经济发展停滞则容易导致收入和财富积累的马太效应，即资本与劳动的博弈不对称问题。从低收入阶段到高收入阶段的过渡面临经济运行逻辑转换与适应性问题，诸如生活方式的固化，集中体现于高低收入群体的消费倾向、投资化倾向、储蓄化倾向。

---

① 胡晓春：《我国高收入群体消费结构探析》，《西北师大学报》（社会科学版）2010年第5期。

（一）摆脱高收入实现对高消费的物质生产依赖

高收入意味着居民生活水平的根本性提高，生活变得更加美好，从经济运转结构看，高收入须有高消费作支撑。从经济体层面看，在于满足需求、提高效率，让生产、生活都能得到解放。农业效率提高为制造业提供发展空间，制造业效率提高为服务业发展提供发展空间。从开放的全球化层面看，产业只有处于价值链高端，才能在全球参与中获得高收益。在指标上，通常将一国的人均 GDP 与美国人均 GDP 之比值介于 20%—55% 区间的国家认定为中等收入国家，比值低于 20% 与高于 55% 的国家分别认定为低收入国家与高收入国家。高收入国家基本上都是处于全球的技术前沿，经济增长高度依赖于技术进步与人力资本的积累，而科技研究与新技术开发具有高成本、高风险以及偶然性的特征，因此永续的高速经济增长对于高收入国家而言并不现实。

高收入是依据一种价值衡量标准，据此形成价值体系，最具参照价值的无非是制造业产品，最重要的是解决制造业中高效率而又不损害价值量的问题，因此，发达国家通过技术优势，占据制造业价值链高端，从而以较少的投入带来较高的增加值。另外，就是让闲置要素运转起来，推进生活服务化，使休闲、娱乐均创造"价值"，即做大服务业、实现充分就业。本来由自己服务，变成由别人提供服务，且很大程度上是交换服务。如今，发达国家的服务业增加值占比远远高于制造业，如美国的三产增加值占 79.08%。由此，令我们学界或政界感到疑惑，这是不是经济在空转！日本第二次世界大战后，创造经济赶超奇迹，借助"创新性模仿能力"，以"贸易立国"应对全球性需求，达到技术效率推动的产能扩张和技术创新（高精尖产业自主研发能力）推动产业价值链向高端位移，从而以较少的投入获得较大的总产值，实现经济高速增长，由此成就一个世界工厂。伴随高增长，股价和地价出现轮番暴涨，即进入所谓泡沫经济时代。另外，这种国际贸易结构的不平衡，必然引起美国的关注，由此，导致"广场协议"的签署。制造业产品具有技术生命周期,因外部竞争者的创新环境和创新格局也在发生改变,便引起创新对经济增长的贡献度下降、技术红利锐减,受自身资源局限,大进大出格局难以为继。泡沫破灭后,日本经济直面资本的全球化自由布局浪潮而长期低迷,由此,引出"结构派"和"通货派"之争,乃至有"制造业毁灭日本"之说。

因此,必须契合经济发展各阶段的人类需求本质,摆脱对物质消费的局限性,通过服务消费,拓展消费空间;并通过制造业的服务链剥离,促使价值链向服务链领域位移,提升服务的价值比附达到经济总量提升,同时,也应该重视提高服务业的生产率。最终,达到优化经济结构,摆脱农业生产和制造业过剩问题,即"效用价值"滑向"劳动价值"乃至价值扭曲。

(二) 抑制高租金与食利阶层急剧膨胀

高收入阶段代表的是"丰裕经济",从低收入阶段进入高收入阶段,其经济运转模式也在切换,因而存在着适应性问题,诸如生活方式的固化,使得高收入者具有投资化倾向,低收入者具有储蓄化倾向。高收入也许只是符号,高收入意味劳动价格高,相对于企业来说就是劳动成本提高,需要将高成本转移出去。同时,高收入阶段,生活服务产业化,服务价格依据制造业的劳动价值比附,进而使经济总量获得根本性抬高。一些高收入国家则是被人均化了的指标,换言之,是高收入群体与低收入群体两极分化,事实上高收入群体消费是有限的,同时低收入群体消费更是受局限的。美国经济按照"赢家通吃"规则运行,使得占美国人口1%的富人控制了该国40%的财富,占10%最富裕阶层控制该国71%的财富[1]。目前中国尚未进入高收入国家,但贫富差距正在不断扩大,2010年基尼系数为0.48,而美国密歇根大学发布报告指出,中国2010年的基尼系数为0.55,位居全

---

[1] 《两极分化动摇美国人逐梦信心》,《人民日报》2014年6月17日第3版。

球贫富差距最大的国家之列①。2015年年末，中国大众富裕阶层将达1528万人，私人可投资资产总额将达到114.5万亿元，富裕阶层在急剧膨胀。

  当进入高收入阶段，基本衣食住行问题解决后，往往从表面上看不出居民间的收入或贫富差距，诸如在一些高收入国家为了激发消费，扩大对穷人的消费信贷，以便为各类"资本"提供运作空间。高收入阶段很容易助长一批"食利阶层"。在以往的《政治经济学》书中，将食利者阶层称为"不劳而获者"，与按劳分配是根本对立的。在当今中国，适应市场经济发展需要，资产、财产性收入得到肯定，由于制度建设欠缺，寻租行为普遍存在，违法成本较低，肆意侵害居民利益的行为普遍存在。在货币贬值的背景下，房屋便成为重要的保值投资产品，适应这种财富积累需求或储蓄性需求，"投资者"把房产作为一种财富来积累，以拥有房产来坐拥财富增值，拥有房产，也就积累了财富。金融投机行为所带来的巨额财富的增加，造成"食利者阶层"膨胀，金融资本的财富积累产生赚钱的效应，诱使资本放弃或者弱化实体经济②，通过操控证券市场，赚取巨额财富，这种投机行为起到了不良的社会示范效应，挑战传统的劳动观念或价值观念。

  市场力量通过效用价值与劳动价值关系或规律，能激发要素活力。这也是均衡化的力量，矫正价值的过度扭曲，但市场规则总是在制度范围内发挥作用。因此，重要的是构建公平的市场制度，以及对违法行为的打击。公平的市场制度，必须能审视未来（共同富裕目标）、经济运行的深层机理，适应投资与需求、积累与消费、效率与价值的结构关系。应正视高收入阶段"食利阶层"问题，抑制金融资本的财富集聚效应，纠正低成本工业化、高成本城镇化的路径问题。

---

① 李佐军：《贫富差距何以扩大》，《中国经济时报》2014年7月24日第5版。
② 赵司空：《金融资本、食利者意识与劳动观念的回归》，《探索与争鸣》2015年第8期。

（三）摆脱隐藏不被察觉的不公平土壤

我国尚处于中等收入水平，"中等收入陷阱"为学界和政界所关注。按照蔡昉的说法，收入陷阱为一种均衡状态，即在一个促进人均收入提高的因素发挥作用之后，由于这个因素具有某种程度的不可持续性，其他制约因素又会将其作用抵消，把人均收入拉回到原来的（生存）水平上面①。反映中等收入国家既无法在劳动力成本方面与低收入国家竞争，又无法在科技研发上与高收入国家抗衡②，原有的粗放型增长机制无法应对由这两大不利因素夹击而形成的"陷阱效应"③，从而导致经济增长出现大幅波动或陷入停滞。

高收入国家依赖于高效率的支持，或高价值链的根基。高收入国家应有的含义，不能依据当今高收入国家普遍存在的不合理、不平等现象而视为高收入阶段应有的常态。当下的中国，一方面通过资本市场造富，并寄予富人能有效带动经济增长期望；另一方面是地方政府对投资饥渴，利用垄断土地供应的优势，压缩商住用地的供应面积，通过抬高商住用地价格来获取高额的土地出让金，以商住用地的高收益来补贴工业用地的低收益，间接地给予企业补贴，降低了企业的固定投资成本④。显然，地方政府把土地成本转嫁至城市住房成本，由此抬高生活成本，即实行所谓的低成本工业化高成本城镇化路径。另外，中国贫富差距扩大的主要原因是市场化不足，富裕阶层很多是通过房地产和财富基金投资致富的，具有权力介入、官商勾结等特点，土地出让、矿产开发、工程建设是官商勾结的"重

---

① 蔡昉：《中国经济如何跨越"低中等收入陷阱"？》，《中国社会科学院研究生院学报》2008 年第 1 期。

② Eeckhout J., Jovanovic B., "Occupational Choice and Development", *Journal of Economic Theory*, 2012, 147 (2), pp. 657—683.

③ 张德荣：《"中等收入陷阱"发生机理与中国经济增长的阶段性动力》，《经济研究》2013 年第 9 期。

④ 胡草、范红忠：《高房价抑制新企业进入了吗？——来自于中国工业企业的经验证据》，《华东师范大学学报》（哲学社会科学版）2017 年第 1 期。

灾区"①。高收入阶段潜藏着多种危机，高收入国家仍然存在诸如就业问题，通常认为是全球化和技术造成发达国家劳动力市场的两极分化，但它们都不是从天上掉下来的抽象市场力量，其实，它们是被其政策塑造的。很大程度上全球化是大公司和其他特殊利益集团从自身利益出发进行管理的，应对全球化威胁，甚至使得工人的境况变得更糟糕，在面对资方时处于不利的谈判地位②。依赖高薪阶层抬高人均收入水平的方式，徒有高收入国家虚名，只会增进社会矛盾。当前高收入国家存在的吞噬巨大财富的"黑洞"才是全球经济最大的危害。现在全球经济最大难题不是如何扩大财富生产，而是已有的财富如何合理分配，增进各国人民乃至全人类的共享福祉③。

　　价值链高端难免存在虚高，美国吹起科技泡沫经济，但这种泡沫（如网络科技）含有很多"知识"和"高技术"分量，借助科技泡沫，金融部门快速发展，推进金融衍生品创新，所获得的利润由20世纪70年代，仅为非金融部门所获得利润的1/5，到了20世纪末，这一比例上升到了70%。金融行业的利润由20世纪60年代的不到国内总利润的2%，到21世纪初，其"创造"的利润占40%左右。日本由技术模仿—创新让日本成为世界制造中心，并迅速完成工业化，进入高收入阶段，在地价和股价之暴涨带来的"泡沫经济"繁荣。美国的科技泡沫促进了对技术产品的大量投资和企业合并活动，实现了以信息产业为核心的产业结构调整和升级，而日本的房地产泡沫则缺乏技术创新后劲，泡沫破灭后，经济持续低迷。

　　经济高速增长模式切换至低速增长模式，原先的经济运转方式和支撑逻辑将被打破，难免会出现诸多不适应。进入高收入阶段后，可谓"丰裕经济"，即便经济"零增长"也理应不构成对高收入的冲

---

① 肖巍：《市场化不足是中国贫富差距扩大的主要原因》，《社会科学报》2015年3月26日第3版。
② [美] 斯蒂格利茨：《不平等的代价》，张子源译，机械工业出版社2013年版，第250页。
③ 胡培兆：《中等收入"陷阱"与高收入"黑洞"》，《经济学动态》2012年第11期。

击，然而，经济运行的基础仍旧是高增长的支撑逻辑。由此凸显出经济发展停滞与收入分配恶化之间互为因果和互相强化的关系。在经济增长减速的情况下，关注点切换至激发经济活力上，对于分配不平等问题的争议便淡出学界和公众的视野。一旦经济的蛋糕不能继续做大，经济增长的分享程度日益弱化，在缺乏良好、有效制度的条件下，资本不愿意投资，政府部门则依托资本或富人的刺激计划的利益输送，换取经济动力。根据政治经济学的逻辑，即富人具有更强的谈判能力，获得较大的蛋糕份额，就会导致收入和财富积累的马太效应，收入差距不断扩大。

因此，首先必须重视市场的力量，构建共享发展的经济秩序。必须正视高收入阶段的劳动收入与投资回报、工业积累与财富集聚关系。伴随经济进入高收入阶段，必须强调政策的精准发力，减少杠杆性刺激与利益输送的造富行动，过度对资本的投入寄托。必须认识到与资本相博弈的不仅仅是劳动，还有自我雇佣并参与众创活动的小微企业，有利于打破资本与劳动博弈的不对称，因而优化众创环境，重视小微企业对于经济优化功能的作用至关重要。

第三章　开放条件下困扰中国农业转型发展的问题实质

粮食是重要的战略物资，粮食价格变化直接影响国计民生，粮食价格变动的物价效应还对整个宏观经济运行、经济社会发展产生重大影响。民以食为天，自古以来，中国的各朝各代均把粮食生产放在重要位置上，作为社会稳定的基础。中华人民共和国成立后的工业化追赶中，仍不忘农业的稳定与发展。

资本主导的全球化事实上增加了粮食价格波动与粮食安全风险，确保"中国人的饭碗端在自己手上"成为我们新的时代课题。这表明把粮食安全寄托全球市场之不可信，也预示着在粮食安全保障上必须有所创新。

资本在效用价值导向下主导着全球化生产分工，而产业关键领域或环节在全球产业分工中所处的价值链地位决定全球价值体系，各经济体依据本国资源特点及配置结构，形成各部门间的价值比附，即形成本国的价值体系。农业部门因各国地理气候、土壤条件以及人地关系之不同，进而生产成本及其成本结构也各不相同，另外，农业部门还承载着重要的社会功能，各国因社会转型特点或价值体系重塑的需要，农业发展战略有所差异，实行不同水平的保护性粮食补贴政策，而且各自的意义和性质也不同。

各类型国家因地域资源和技术水平上的差异，构成各自的不同价值比附的体系，而这种价值体系反映为一种特定的资源要素配置，也就是产业结构与社会结构状况，一旦放开市场壁垒，或实行自由贸易化，必将对国家价值体系构成冲击，影响农业生产结构并左右社会转型节奏。贸易自由化规则是依据资本"逻辑"的制度设定，显然，世界粮食生产不具备全球性价值基础，粮食自由贸易化只是"资本逻辑"的诉求。我们不能受其"美丽"信条所蒙蔽。

理论体系有其初衷，但经过抽象化的逻辑演绎后，据此形成的制度设定往往最终走向背离初衷。经济与社会转型理应是"四化同步"发展，就农业发展而言，它是农业自身平衡发展之调整，实质是多重结构问题的同步解决的过程。

中国农业门户洞开，农业产业链将无一幸免受外资攻击。中国农业事实上已被美国人用期货＋现货的联动操作法攻破大豆，用棉花"缺口论"＋纺织品"需求论"的前后夹击攻破棉花，动用能源危机＋粮食安全的矛盾攻击玉米[1]，扰动中国农业生产结构。

我们需要从价值比附的价值体系角度理解粮食价格与成本关系、国际粮食生产体系，厘清国家贫富关系与资源禀赋对粮食生产的影响，认清农业风险转嫁，从全球化逻辑根基理解国际纷争，认识世界经济秩序逻辑的局限性、经济逻辑服从政治逻辑之必要性。国内问题是国际问题的缩影，而以国内视角看国际问题，就要以历史的角度加以解读，避免做庸俗化的研究。

因此，"要把中国人的饭碗牢牢端在自己手中"，还须让全球化的"资本逻辑"服从我国经济逻辑，经济逻辑服从"政治"逻辑，即经济的伦理与发展的初衷，依据我们的政治—经济大逻辑，约束中国经济转型，朝着效率实现与价值实现协调方向发展。进而，依据"价值规律"，突破利益固化的藩篱，规范经济运行规则。由此，制定中国的农业或粮食发展战略，依据自身需要发展贸易。

---

[1] 臧云鹏：《中国农业真相》，北京大学出版社2013年版，第70页。

一　全球价值体系与局部市场平衡的可能与条件

（一）全球价值体系的实质、形成与局限性

商品在市场交换中的数量比例关系，即为价值体系。价值体系是统计财富价值的前提，一个国家的经济活动创造的社会财富通常表现为各种商品或服务的数量，其统计指标为本地生产总值（GDP）及本地居民生产总值（GNP）。既可表述为用"效用"计量的总量，亦可表述为劳动消耗的总量，用"效用价值"表述，其衡量就是按市场价格统计所发生的扣除成本的数值，即增加值；而用劳动价值的表征，其衡量是基于现实财富分配的实现值加总，体现为工资、利息、租金和利润等的总和。各国都有其计量价值创造的本币，形成量化的价格体系，通常把反映整体价格波动的价格指数作为判定通货膨胀的指标。国家间的货币价值或价格横向比较，则需要借助于购买力平价指数。

商品在市场交换中的相对数量的比例体系，谓之价值体系，该体系会因生产效率变动而作相应的调整。由于存在对财富的理解之不同，便有了衡量社会财富的"效用价值"与"劳动价值"标准。效用价值体现于效用替代关系，只不过效用价值体系如今已演进为依据资本逐利导向下的资源配置的资本盈利效用。在市场决定资源配置的条件下，市场趋向一般均衡，市场平衡表现为劳动成本的均衡化和资本盈利的均衡化，此过程呈现价值效用递减规律。效用递减规律可以用以解释劳动低回报，并赋予劳动价值扭曲为"自然"属性。由于技术创新在不断发展演进，现实世界也总是存在产权化的资源垄断，使得市场难以接近理想的平衡状态。

在"劳动价值论"视角下，物品的价值取决于"社会必要劳动时间"。这一论断的假设前提是一体化市场既已存在，基于此，在国际市场上，商品的现实价值不再是它的国别价值，而是它的世界价值，即由全世界范围内生产它所必需的社会必要劳动时间（在全世界平均的劳动熟

第三章 开放条件下困扰中国农业转型发展的问题实质

练程度和劳动强度下制造某种使用价值所需要的劳动时间）来决定。该理论的现实意义在于据此可解释劳动生产率高的国家在国际市场上出售其商品，能获得超额利润，而劳动生产率低的国家，在国际市场上出售其商品，就只能获得负超额利润，即损失付出劳动[①]。事实上，当今的全球化还只局限于局部市场的参与，在这种程度的全球化分工的价值体系下，廉价劳动意味着消费与积累或财富集聚的不对称。

在社会生产力的变迁过程中，部门间技术效率提高是非对称的，这种不对称就需要价值体系作适应性调整。价值体系的调整主要通过资本逐利引起的利润趋向平均化的资源配置平衡和以劳动收入水平趋向平均化的劳动配置平衡得以实现。新兴产业因新技术或产品更新获得效用价值，位居价值链高端，使得传统产业或行业即便生产效率有所改善，终归沦为价值链低端。看似理所当然，其实不然，效用价值体系的存在基础是非均衡资源配置结构，价值递减规律是资源配置结构的变迁调整过程，价值由效用端滑向劳动端，因而在市场配置资源条件下，技术效用弱化部门最终必须维持起码的劳动价值，事实上通过资源配置调整，矫正扭曲可以提高行业价值比附。

价值体系的调整实质上是资源配置的调整，该调整还反映于社会结构同步调整，否则就会造成价值体系扭曲。在工业化进程中，转型不畅会造成结构锁定，进而制约市场对价值体系调整的功能发挥。在工业化初期的积累时期，抑制消费体现为当前消费与未来消费的关系，生产效率提高创造的价值通过积累这一吸纳体系进行调节。在全球化的分工格局下，经济生态呈现生产地与消费地的分离，生产与消费的结构分属不同技术水平下的价值体系中，所谓的贸易对象国间的利益平衡局限于贸易量的平衡。这种生产与消费的"平衡"建立在不同系统层面，增量的劳动投入与增量的产品输出抵消，造成生产效率与收入关联性弱化。由此，在国内—国外和工业—农业的两重结构

---

① 白暴力、梁泳梅：《世界价值与国际价格的形成与效应——劳动价值理论基础上的分析》，《福建论坛》（人文社会科学版）2008 年第 2 期。

中，事实上构成两重劳动价值的扭曲。

至今我们的全球化进程还只是一种广泛参与，但在这种程度的开放发展的背景下，各经济体的价值体系已不仅仅是依据本国资源要素特点的价值体系，由于科技创新是当今经济发展的根本动力源，技术创新的地域不均衡，一个国家产业处于全球价值链高端，则成为全球体系中国家价值的"标杆"，因而它还成为一种价值比附对象，进而在全球结构中不仅带给本国企业增收，由此还构成本国的价值比附体系，进而拔高本国劳动价值分量，实现为国民谋福利，即借助于贸易平衡的导向，进口大量处于价值链低端的商品，达到降低本国居民的生活成本的目的。显然，这是依据产品或要素在竞争市场格局中的效用程度的价值定位，即依据制造业关键环节在全球价值链条上的地位决定一个国家的价值体系层次，由此，未免存在着价值虚高。因为服务业与农业方面创造的价值也是按照其国内统一市场体系下相关要素的"效用"价值比附，价值比附便构成一种乘数效应，国际价值体系则依据制造业价值链上的国际分工，由此，形成高收入国家与低收入国家形态。

（二）局部市场对全球价值体系适应

当下，全球市场尚未形成资源要素可充分自由配置的一体化市场，许多资源要素仅局限于在局部市场中配置，虽然某些要素或产品已成为"国际价格"，但这种国际价格存在很多并不反映价值的变数，存在依照局部市场中的价值体系给国际市场定价。各经济体之间的价格水平不仅仅体现在实际汇率水平上，还与经济发展水平、区域市场一体化程度、全球化市场参与程度密切相关。根据克拉格曼的两国技术转移模型可知，全球价值链分工不仅会导致技术领先的发达国家的分配向资本要素倾斜，也会造成落后国家的劳动收入占比下降。整体而言，中国发展外向型经济是从价值链低端参与国际产业分工体系的，更多依靠本土价值体系的资源要素价格参与价值创造，其价值创造能力相对有限，低端价值链嵌入的发展模式的问题是地区间产业同构竞争，使得劳动力要素在国民收入分配中处于弱势地位，进而劳动收入出现下滑。

技术效率代表生产力水平，在价值（财富）创造层面，它是表征国家富裕水平的一项重要指标，但从价值体系层面看，价值体现为以要素价格为代表的成本在商品中的分摊。各国价值体系主要是由其关键部门技术效率和关键产品在价值链上的效用价值决定，再由本国资源特点及其配置状况形成的资源要素的价值比附体系。这种价值比附呈现出明显的乘数效应，特别是在国际层面，由于基本生产力要素处于不同配置格局之下，劳动密集型产业的产品价格低廉，使得劳动力价格低廉。通常用人均国民收入来反映国家劳动生产率水平，相比较可知，中国的全社会劳动生产率只是美国全社会劳动生产率的3.37%，日本的4.18%，英国的3.8%，德国的3.89%，远远落后于众多的发达国家①。

事实上，世界经济处于不平衡的结构中，全球化尚未形成一体化的乃至均衡的市场，各国都有自己的价值体系，而且就一国而言，其市场也并非都是均衡的。在国际产业分工体系中价值链地位是具体的，就国家产业整体地位而言，这是相对的价值链地位，本国的价值体系还要取决于本国市场中的资源配置情况，由此形成价格体系。如在我国，伴随着经济增长的劳动力配置的调整，劳动价格平衡和资源价格回归推高了农业劳动力成本，使得农产品特别是粮食作物生产成本迅速上升。降低农产品生产成本就需要通过技术和制度创新缓解劳动力市场供求紧张程度②。

在当下的经济全球化进程中，发展中经济体，其价格水平明显体现出对发达经济体的追赶，即全球价格水平呈现趋同态势。细究发现，因为全球地域资源禀赋存在差异，而资源价格一方面按照所在国

---

① 白暴力、梁泳梅：《世界价值与国际价格的形成与效应——劳动价值理论基础上的分析》，《福建论坛》（人文社会科学版）2008年第2期。

② 钟甫宁：《正确认识粮食安全和农业劳动力成本问题》，《农业经济问题》2016年第1期。

的价值体系（效用价值或劳动价值定价法）给予定价，影响全球资源价格；另一方面按照资源稀缺度，包括资本垄断性定价即取决于可替代资源价格予以定价。在当前的全球化水平下，处于不同价值体系中的国家常遭遇到以技术为特征的价值链影响产品的国际定价和以资源配置状况决定的本国价值体系影响的价格国际化接轨问题。世界经济显然处于由技术效率决定而又分属于不同的价值体系之中，而在国际交换中的国际价格一言蔽之为"需求结构"下的合理价格动态，这种"合理性"其实掩盖了价值扭曲的事实。

从系统的角度看，全球价值体系与各国家价值体系是相互影响的，其影响程度取决于国家体系与外围环境联系的紧密度，即取决于开放度、国际贸易依存度。随着全球化进程的加速，价格传导的影响程度趋于增强，资本介入的国际期货市场价格对国内价格的影响就不存在时滞。总之，当今世界存在许多左右全球资源配置及其价格的因素，特别是全球政治经济影响愈加浓厚，地缘政治变幻莫测，局部纷争更是愈演愈烈，因资源之间存在着可替代性，在绝对垄断控制下价格选择取决于次优的可替代物的价值，进而引起整体物价体系的变动，诸如受石油价格的暴涨影响，引发的用生物质能源替代的粮食价格的上涨，作为单一经济体甚至只能被动适应。

二 资源价格国际化对国家农业发展的影响形式

（一）主导资源价格国际化力量与粮食贸易

社会分工是人类存在的基础，互通有无之需要是交易产生的前提，也是全球化的动力所在。世界因资源禀赋差异、发展不平衡以及地域分割形成不同的效用价值体系，这为资本参与国际贸易提供了商机。在早期的世界贸易中，资本与国家结合并为资本活动提供庇护，显然，对于技术优势方而言，达到了"贸易立国"，对于劣势方可谓是"被殖民统治"。当贸易冲击到一个经济体的核心利益或经济正常运转遭到破坏时，为避免引发国内政治矛盾，必定要寻求贸易保护措施,自然就会形成贸易对等原则。因此,权衡经济体内部与外部关系成为当今国际贸易关系或世界贸易制度的根本出发点。当今的全球化是资本倡导的贸易自由化与资本投资自由化,资本在全球不平衡发展中谋取收益乃是其目的之所在,这也是一般均衡的经济理论核心价值所在,然而全球化并非所有的资源要素都能自由参与全球化配置,因此,它必须服从国家政治对经济体的整体利益平衡的要求。基于一种互利共赢的构想,自由贸易化乃至全球化备受推崇,而把经济自由化上升至资本"逻辑"的必然,其实是对资本行为的放任,事实上,相关贸易规则或制度往往都由资本代言人或商业巨头参与制定并辅之产权制度,即肯定资源的绝对占有。由此,资本在技术逻辑下只顾谋求赢利,把经济伦理的目标推给"无形之手"的市场,并不背负任何有关经济平衡与社会稳定的政治责任和包袱。显然资本不会承担起全球化粮食安全的使命,但人们却信以为资本主导的市场配置自然就能消解粮食安全问题。

地域资源禀赋的差异直接关乎地方经济的发展,但也有资源财富和经济增长之间呈负相关关系的"资源诅咒"之说。实际上,资源丰裕地区通常是特指某种资源的丰裕,在本区也就不成为稀缺性,亦即表明效用价值之低,也使得经济发展对特定资源产生依赖,资源性产业在地域经济中的占比大。在开放型经济条件下,资源价值更多体现为稀缺性,国际性资源价格变动会对地域经济产生较大影响,特别是在经济繁荣时期,资源性产业投资高涨,对特定资源的需求快速上升,拉高资源价格上涨,促进着该地区经济快速增长[1]。然而,资源价格和资源性产品价格又是国民经济基础性价格,牵一发而动全身,资源价格和资源性产品价格上涨会引起各类商品和服务价格上涨,从而引发通货膨胀和社会不稳定[2]。资源价格频繁波动必定会造成价值体系的反复调整。若资

---

[1] [美]约翰·马德莱:《贸易与粮食安全》,熊瑜好译,商务印书馆2005年版,第18、48页。
[2] 王宋涛、温思美等:《市场分割、资源错配与劳动收入份额》,《经济评论》2016年第1期。

源价格太低造成价值流失，价格过高则造成经济发展对资源依赖与消耗过多、经济结构单一、增长方式粗放等一系列问题。

由于世界处于不均衡的资源禀赋与不平衡的技术决定的相对分割的不同价值体系之下，因为资本推进自由贸易发展，这便有了价格走向国际化，形成全球市场。

资源价格与资源性产品价格有实质性区别，资源没有人类抽象劳动的凝结，资源价格的形成取决于资源的稀缺度与资源利用能力，所谓稀缺度可以指在获取上所花费的劳动或成本，或指资源在效用层面的替代关系上的成本比照，据前者定价，则取决于所在国资源采集的生产效率，并受制于所在国的劳动价值（价格）体系，据后者定价常见于资源的垄断，受替代方案的成本制约，相关利用者放弃使用的机会成本就是资源短缺的损失。第一种定价模式取决于资源所在国是发达国家还是发展中国家的价值体系，而第二种定价模式则取决于资源所有制，是国家所有还是分散的一般私人所有，乃至大资本垄断经营，分散的私人所有者往往构成竞争而相互杀价，国家所有往往通过转让开采权和控制性税收左右资源价格，往往大资本为资源价格控制者。

随着现代市场的发达，特别是大商业大物流时代的到来，区域市场一体化在加快，统一价格体系逐步形成。资本的收益率取决于资本的边际产出，资本也只有在不平衡的经济发展结构或资源不平衡的配置结构中才能获得收益，事实上，对于一个经济体而言，一体化市场有助于资源配置平衡，进而有助于全要素生产力的发挥。中国的要素市场仍存在着不同程度的分割，这种分割体现在区域之间、行业之间乃至企业之间。要素市场分割引起并加剧资源错配，导致全要素生产率下降乃至产业结构失衡，这种结构性失衡在全球化参与中倾向于依赖于低成本出口加工贸易，由于局部市场中劳动供给存量压力和产品低端竞争压力，资本与劳动呈替代关系，进而挤压劳动收入份额[①]。

---

① 王石、王华等：《资源价格波动、资源依赖与经济增长》，《统计与信息论坛》2015年第2期。

❖ 第三章 开放条件下困扰中国农业转型发展的问题实质 ❖

全球化的局面是资源价格日趋国际化,而劳动价格则取决于本国的价值体系。在农业领域,劳动成本是粮食生产价格的主要成本构成部分。

广义的工业化内含农业的现代化。一个国家的农业若适合工业化的生产模式,并占据明显优势,那么,实行自由贸易必然会加快工业化种植模式推进,并成为主流农业生产方式,这也是降成本的有效途径。由于受制于人地关系,许多国家的农业并不适宜工业化生产模式,只能适应工业化进程作价值体系层面的调适,故而不同生产方式下的农业生产成本结构是不同的。因而,在粮食安全问题上,贸易虽然不可或缺,单纯寻求以本国生产来确保市场供给,往往是很不经济的,效果适得其反,但把粮食安全寄托于贸易自由化,却又并不能帮助解决粮食安全问题,甚至加重粮食安全问题。放松警惕,寻求资本主导的所谓高效农业,就会导致土地过度集中引致农村劳动要素闲置。许多西方国家和国际机构只有贸易自由化目标,这些国家在社会的各个方面均围绕以资本公司追求盈利目的为组织导向,并使之运转,进而演进为主要任务是追求自由市场经济增长。而如今,现代公司或大资本正主导世界贸易组织条例,整个世界是一个公司管理式贸易,而不是自由贸易。就农业而言,跨国公司垄断种子及食物生产过程,有意识地开发被称之为"技术保护系统"的基因技术,完全终止发育种子的再生产。原知识产权协定 27.3b 款允许各国政府禁止给动植物授予专利,而在集聚了 13 家美国大公司的知识产权委员会活动下还是确立了对植物基因的私有、排他、垄断控制,该项知识产权协定作为对世界贸易组织其他协定的交换。这种打包式的贸易协定是在许多发展中国家农民乃至政府均没有弄清其套路的情况下签署的,换言之,这些贫穷国家参加这种技术复杂的多边谈判本身就有困难①。美国一直以来向中国施压,要求中国进一步开放农产品市场。

当今的自由贸易具有明显资本主导的特性,在 WTO 成立后的谈

---

① [美]约翰·马德莱:《贸易与粮食安全》,熊瑜好译,商务印书馆 2005 年版,第 117、118 页。

判中，跨国公司、非政府组织等积极参与相关谈判，成为一股左右立法的影响力量。由此，这样的自由贸易规则其"逻辑"倾向于纵容大资本并否定国家行为对资源控制的合法性，各类资源的定价权往往并不掌握在资源所在国手中。我国在 WTO 争端解决机制下遭遇两起争端败诉（中国原材料案和中国稀土案）很能说明问题。由于对资源的占有权、使用权、受益权等产权界定不清晰，受国际规则约束，资源的国家所有权被架空，使得资源的真实价值很难体现出来。

又如，石油资源在石油生产国组织控制下倍显稀缺，其价格暴涨促使一些经济体如美国推出利用粮食生产生物汽油作为石油替代的汽车燃料，导致能源与国家粮食价格联动性加强，而粮食需求较为刚性，粮食生产低弹性，由于它们是主要粮食出口国，粮食的资源化与价格国际化必将扰动粮食消费供给的稳定，短期不均衡极易引起粮食价格剧烈波动，进而加剧不平衡。因各国自然条件和技术条件存在着明显的差异，其粮食生产是在各自国家的价值体系中实现资源配置平衡，而这种资源配置实质上反映的是社会转型状况。这些发达国家已完成了社会转型，其农业生产的耕种模式由追求效益最大化的资本主导，这些国家也出于一种战略的需要，对农业生产实行高额补贴，由此，便构成特殊的价值体系，因而在这种局面下，粮食贸易自由化则必然冲击他国粮食生产的价值体系。国际粮食价格形成与粮食的能源化、金融化程度联系更加紧密，贸易和期货途径则加速其价格传递。

（二）地域资源国际化的利益转移及对粮食生产影响

贸易自由化是资本扩张的需求，也是经济体摆脱国内生产过剩的重要手段，即便不为实行低价倾销，也是有利于出清存货，对于稳定本土市场价格起到极其重要的作用。比较优势理论让人深信贸易自由化能最合理地利用资源，并寄希望于贸易自由化带来的诱人发展前景。贸易自由化源于地域间的资源要素差异性与互补性，受制于资源局限和国家主体利益要求的种种限制，贸易平衡成为国际贸易重要基准，资本为绕过行政藩篱进而有了产业的全球化布局。

❖ 第三章 开放条件下困扰中国农业转型发展的问题实质 ❖

资源是国民经济之基础，资源保障则是国家经济安全之保障。资源价值在于资源开发利用的效用价值，而资源定价主要依据效用价值，在资源充足而不受垄断的情况下，资源定价取决于技术效率下的劳动成本；当资源受所有权控制时，其定价则受资源可替代成本的影响。地域资源存在禀赋差异，在独立国家的经济体系中，资源往往与所在国经济关联度密切，成为其价值体系的重要部分，因而一般对资源价格有所控制。在现代技术经济背景下，特定技术的应用会形成生产上的路径依赖，也使得特定资源迅速国际化。

今天，经济全球化处于跨国公司控制之下，并由之主导、推进着贸易自由化，而以贸易为主导政策的政府则倾向于支持贸易公司，实际上，这些公司大部分是包括跨国公司在内的大公司，而非小公司。世界贸易组织的各项协定以及纠纷解决就很明显地说明，自由贸易高于公民的福利、消费者或环境[①]。把贸易自由化作为资本"逻辑"的必然，一定程度上是对资本放任的结果，由此成为资本行为的辩护工具。资本甚至利用资源国际化实现保值增值、转嫁投资风险，为规避社会责任，甚至不惜对抗国家，对国家经济生态造成深刻影响。

同时，一些国家又在为资本代言，并主导国际贸易规则的话语体系，针对处于不同价值体系中的发展中国家，制定反倾销策略与反价格歧视等条例，看似公平却深藏套路。我国受自然资源禀赋条件约束，在发展外向型经济的背景下，每年需要进口大量的矿石资源和石油资源，对外依存度逐年增加，有的品种的对外依存度已经超过一半。作为原料进口大国，我们原料进口的命运完全掌握在少数原料供应商的手里，没有资源价格话语权。因此，在开放型经济条件下，资源价格必定会影响到国家价格体系，侵蚀劳动价值份额。

粮食等农产品也是国家重要的战略性资源，但粮食更多体现为劳动产品，农业深受气候和地理条件局限，因人地关系存在巨大差异，

---

① ［美］约翰·马德莱：《贸易与粮食安全》，熊瑜好译，商务印书馆 2005 年版，第 18、48、75 页。

❖ 转型中的中国与农业的转型环境 ❖

国际粮食出口更加集中在美国、巴西、阿根廷、加拿大等少数耕地资源丰富、农业科技发达的国家,而粮食进口国的数量庞大且分散,主要分布在东亚、中东和北非地区的广大发展中国家。随着工业经济的发展,农业在国民经济中所占比重呈逐步下降态势,但世界范围的粮食生产体系并未因此而发生根本性的分工,形成传统农业国和现代工业经济国,相反发达国并未退出农业生产,而且还把农业作为重要战略。贸易自由化的推进使得一些国家依据比较优势理论发展种植业,显然,在这种格局下苛求在种植条件恶劣、资源匮乏的国家保证粮食自给自足是不切合实际的,而且还会造成资源浪费。由此,粮食进出口贸易进一步影响一些国家的农业种植结构,使得一些发展中国家改种美国需要的咖啡、橡胶等经济作物,生产品种趋向单一化,从而丧失粮食自给能力,增加了对国际粮食的依存度。发达国家农业生产因特殊的人地关系状况,选择以资本主导的工业化农业生产方式,虽然这些发达国家农业增加值占比不足1%,但却是世界主要的粮食出口大国,如美国2010年出口粮食9287万吨,占全球粮食出口贸易份额高达33.7%,国家有实力施行各种补贴政策以达到本国价值体系的优化,进而提升在国际市场上粮食品种的竞争力,有效冲击低收入国家的价值体系。西方国家的公司掌握全世界大约97%的专利,发展中国家80%的技术和产品的专利掌握在跨国公司手中。美国的粮食战略通过跨国垄断集团及其掌控的转基因技术控制国际粮食的种子、生产、销售全过程,四大粮商控制世界粮食交易的80%,孟山都一家就控制了全球转基因种子市场总额的91%,六家跨国集团控制全球农药市场的70%—80%,主导世界贸易组织对粮食贸易规则的制定,限制发展中国家粮食进口关税和贸易管制政策,并以各种贸易优惠措施诱使一些发展中国家转种经济作物而对他们的粮食和转基因技术产生依赖[①]。美国的跨国垄断集团还借助于世界农业自然灾害,乃至通过粮食与能源挂钩法,实现操纵国际粮食贸易价格,酿成粮食危

---

① 余莹、汤俊:《美国粮食战略主导下的粮食贸易规则》,《国际观察》2010年第1期。

机。美国凭借特殊的人地关系和技术优势，并通过巨额的农业补贴，使其农产品获得超强的价格优势，影响乃至决定世界粮食市场主要粮食品种的价格走势，直接或间接影响中国粮食生产、市场流通和国产粮需求、农民利益保护，达到其国家战略目的。很少有发展中国家能与之挑战，一旦触及它们的利益就会动用"绿色"壁垒，或诉讼之于反倾销调查。

三　农业生产的结构平衡与国际贸易关系

（一）农业生产的结构平衡之必要性

农业板块中最为引起关注的是主粮生产，粮食是一种可再生的资源，伴随生产技术水平的提高以及全球化、专业化、适地化的分工，各地农业生产的资源禀赋获得充分利用，理论上，通过全球范围的自由贸易来调剂余缺，粮食短缺问题可以得到化解。显然这是将小范围的区域市场一体化实践，放大至全球范围所得出的"合理性"结论。

地域间因自然条件和生产力基础之不同，形成不同人地关系下的地域经济与社会结构，包括城镇化、产业结构以及农村经济形态，并呈现出发展的阶段性特征。对于大国而言，地域性差异显著，其结构特征更加复杂，由此构成地域经济的小生态与国家宏观经济的大生态的两重结构。因此，农业发展不仅仅是农业经济问题还是社会发展转型问题，关系到整个经济体系问题。农业作为经济体国民经济的一个部门，发挥着调适整个价值体系和经济社会结构的功能，甚至可以有效消化现代经济波动对宏观经济的冲击，从而为经济发展提供较大的迂回空间。从经济体层面看，农业生产部门在国家统一价值体系下的一体化市场中寻求资源配置平衡，但受制于行政分权格局下行政区经济的困扰，特别是在极化效应和地域功能分区化背景下，农业发展成为我国经济与社会转型课题，需要适应人地关系的农业平衡发展之调整，协调粮食生产区与消费区的结构问题。

从社会结构层面看，发达经济体已在特定时代通过资本的诸如

❖ 转型中的中国与农业的转型环境 ❖

"圈地运动"或贸易扩张完成了社会转型,已进入了成熟型的稳态社会结构,而发展中经济体则正处于工业化的社会转型期。因而,从经济体层面来看,在其工业化进程中农业的角色和地位处于变化调整之中。从价值体系层面看,农业问题体现为特定技术条件下的要素配置问题,由此塑造着本国的价值体系,因特定配置结构而呈现为农业的"外部性",这可被解读为"效用递减价值规律"使然。显然,解决问题的途径实质上就是劳动配置的再平衡。平衡发展的结果也就是劳动力价格平衡,即农民的农业经营收入与务工收入的趋近。

在农业发展进程中,技术效率在不断改进,粮食生产中会引入新的成本因素,粮食生产由人畜力逐渐向机械化方面发展,能源费用不断增加。但整体而言农业发展还是明显滞后于工业经济的发展,因而就需要从价值体系层面作适应性调整,也就是涨价。事实上,国际粮食价格在过去40年中确实总体呈波动上升趋势。中国长期受制于社会结构问题的抑制,资源处于低效率配置之下,农业或粮食价格处于扭曲状态,如今这种结构正逐步得到矫正,要素价值调整引起明显的物价效应,这是理解中国粮食生产成本不断攀升引起粮食价格上涨的关键。

从横向比较看,世界各国的农业发展步伐或所处阶段并不同步,其所处战略地位亦各不相同。然而,由于对全球化生产分工的参与,国家经济系统呈现为开放系统,这就打破了封闭的地域经济的结构转型路径。发展崛起中的国家一般强调粮食生产的稳定与供给的保障地位,而如今一些发达国家则旨在握紧粮食掌控权,由此,一些非洲国家农业在贸易自由化进程中逐渐专注于经济作物的生产,而其本国的粮食生产陷入困境,选择退出竞争。

农业经济不同于非农经济,从供需结构层面看,其产品需求弹性小,供需不平衡极易导致价格波动乃至放大,进而导致"谷贱伤农"与"谷贵伤民"问题,原因是供需结构背后的经济社会结构,实质上是统一价值体系下的资源要素配置问题。从系统与结构关系层面看,社会结构转型的不顺畅就会形成结构固化或路径锁定等现象。因而,系统开放与封闭成为问题的关键,然而系统有序运转有其适应的环境，系统开放突破一定值域就会对系统的有序构成破坏。显然，农业需要通过国际贸易达到供求平衡，保证粮食安全，有利于农业与人民生活稳定。由于世界各国的粮食生产的成本及成本结构是不同的，换言之，粮食生产是处于不同价值体系之下，单凭缺口理论还是存在价值层面的隐忧，终究受国际价格影响，若是不慎，缺口只会越来越大。全球化生产，至少在目前阶段，农业主要还是在适应工业经济的发展，农业受制于土地、劳动力等要素的地域性局限，并不能充分自由流动形成一体化市场。同时农业经济发展依附于工业经济，适应工业经济价值链地位的价值体系构筑，农业则被动地作价值适应性的生产方式调整。然而，在不同的价值体系乃至扭曲的价值体系下，欲通过粮食自由贸易，推进高效发展，只会扰乱中国经济社会运行秩序，危害整个经济社会系统安全。粮食种植业面对强大补贴支持的发达国家，即使于农业基础设施上稍占优势的发展中国家也难以招架。因此，美国等发达国家与发展中国家的粮食贸易不可能在公平的环境下进行竞争，而且这种竞争还是极具破坏性的。

（二）全球化国际粮食价格的波动性缘由

农产品价格波动受供求结构影响，供求结构是导致农产品价格波动的最基本因素，但是左右供求结构的原因是多样的。农业问题更是一个复杂的价值体系问题，当今世界粮食价格主要还是由发达国家和其大资本掌控或左右。

粮食对于一个国家而言，可谓是一种战略资源，粮食生产是生物的自然生长过程，同时还是人类的活劳动过程，现代农业又将注入新的成本要素，能源利用就是其一，成为生产成本的构成部分，但粮食亦可能源化。随着石油供给的紧张，粮食价格经常受地缘政治的扰动而暴涨，一旦原油价格达到一定的值域就会形成生物能源替代方案，构成能源价格与粮食价格挂钩。就在2006—2008年石油价格暴涨时期，全球粮价总体上涨了83%，其中，小麦价格涨幅超过140%，2009年美国收获4.16亿吨谷物，把其中1.19亿吨用于生产汽车燃料，而这些谷物可供3.5亿人食用一年。粮食价格暴涨引起很多国家政府紧张，为保证本国供应和平抑物价，2007年印度宣布禁止小麦出口、玉米出口乃至面粉出口，欧洲粮仓乌克兰也因粮食储备降低，实施限制粮食出口。2008年阿根廷政府宣布，多次提高玉米、小麦、大豆出口关税以及实行出口限制，越南大幅削减大米出口量，提高粮食出口价格。主要产粮国或出口国一旦限制粮食出口，就会加剧粮食价格上涨[1]，如2010年，俄罗斯因严重旱情，宣布禁止小麦出口，全球小麦价格飙升68%。全球粮食价格飞涨，严重影响粮食进口国，引起恐慌，争抢粮食的现象频频出现。库存的下降会刺激投机，从而引起价格上涨，在库存较低时，粮食主产国的自然灾害会产生放大效应。这显然是对全球化理论的一种讽刺。

从价值体系层面看，农业生产体系是由各国依据自身的自然禀赋条件、人地关系状况和工业经济发展水平选择决定其适合的粮食生产模式。该模式是资本与劳动的资源配置，即是以资本追逐效益而采取技术化与规模化，还是以小农为代表的分散型、劳动密集型的综合耕种模式。农业生产对象是生物有机体，需要劳动介入或资本投入（变相的劳动投入），农业生产或粮食生产效率可以从"土地产出率""劳动生产率"和"资本收益率"加以表征，土地产出率与劳动和资本投入有关，投入产出曲线是由陡趋向平缓的曲线，高收益段对应的则是粗放经营，而低收益段则对应的是精耕细作（参见第五章第一节的论述）。农业的这种投入产出曲线是将农业生产劳动视为可持续的劳动过程，而事实上农业生产具有相对固定的周期，农业生产活动不具连续性。

农业生产是在由资源配置决定的特定的价值体系下的生产，农业效益受经济体的价值体系制约，往往因社会转型滞后，在分散型家庭经营格局下，农业投入产出更多时候体现为农民的劳动回报或取决于

---

[1] 蔡文著、黄中伟：《国际粮食价格波动根源及其对我国的启示》，《价格理论与实践》2008年第9期。

第三章 开放条件下困扰中国农业转型发展的问题实质

劳动成本，在此价值体系下，作为资本介入的农业产业化则需要综合平衡，选择特定投入产出率区间以保证获利空间，凭借技术门槛的专业化生产和风险规避能力，达到成本外的收益。农产品价格决定生产行为，也只有在提升收益的情况下，农业生产效率改善才是有意义的。推进农业机械化与规模经营，淘汰传统落后生产要素和生产方式，取决于成本和收益的对比，同时还需要非农产业的强大与社会结构同步转型作支撑。

农业生产是社会存在的基础，农业生产的组织方式与人地关系、科技发展水平、社会结构紧密关联，比较世界农业生产可以发现，有干旱地区的中东石油资源国、环境恶劣的非洲贫穷国，有美洲人少地广的粮食生产区，也有人多地少的东亚和欧洲，其中美国为发达国家，巴西为发展中国家，欧洲和日本为发达国家，中国和印度为人口大国，显然，世界大部分国家确实需要通过国际贸易平衡粮食需求，由于工业经济主导着国家乃至世界的价值体系，各国粮食生产主要还是在适应本国的工业经济发展状况的资源配置调整，是构建本国价值体系的重要部分，而对农业实行补贴则是人为的价值体系重塑，这种重塑战略主要目的在于优化本国经济社会结构，甚至是为强化国际竞争。因而，处于不同价值体系的国家，粮食生产都是其很重要的战略选择。

从粮食生产成本构成来看，2013 年，美国稻谷生产成本排序为：土地成本（20.07%）、农机作业费（18.82%）、固定资产投入（16.53%）、肥料费（10.77%）、一般管理费（8.32%）、农药费（7.93%）、种子秧苗费（7.86%）、劳动力费用（7.08%）。2013 年，日本稻谷生产成本排序为：劳动力费用（26.78%）、固定资产投入（25.48%）、土地成本（11.79%）、一般管理费（9.32%）、农机作业费（6.89%）、肥料费（7.09%）、农药费（5.64%）。2013 年，中国小麦生产成本排序为：劳动力费用（37.58%）、肥料费（18.61%）、农机作业费（17.02%）和土地成本（16.82%）。2001—2013 年，美国农机作业费、土地成本、肥料费和种子秧苗费上涨较快，分别上涨了 1.48、1.07、0.89 和 2.85 倍，农机作业费中的燃料、润滑和电力费用上涨了 1.05 倍，劳动力费用仅上涨

5%，其中雇工费下降16%，最终稻谷生产成本仅增长了75%。2006—2013年，日本各项投入要素费用几乎没有增长，生产管理费上涨33.33%、肥料费上涨15.4%、土地成本下降21.74%、劳动力费用下降了17.18%。2001—2013年，中国土地成本、劳动力费用、农机作业费、肥料费分别上涨2.79、2.41、1.78和1.73倍[1]。对各国来说降低农业生产成本都很有必要，但各国成本构成不同，有效性不一样，这成本也是在一定的价值体系下资源配置的结果。

各国都会出于自身战略的考虑，出台一些农业支持政策。为防止农产品价格下跌和稳定农业生产，欧盟自1962年开始全面实施"共同农业政策"，实行价格保护。美国在《1933年农业调整法》中就突出生产控制（休耕制）和价格补贴等。如今，美国支持总水平稳定增长，由1995年的609.3亿美元，增加到2013年的1467.8亿美元，占农业总产值的比例保持在25%以上，2009—2013年都保持在35%以上，这一比例高于日本2012年的32.8%、欧盟2011年的22.1%、印度2010年的23.1%，中国2010年的支持比重为10.5%[2]。以色列为工业化发达国家，2014年人均GDP达37043美元。国土有2/3是沙漠，气候恶劣、水资源匮乏，不适合发展农业，但通过农业科技创造了现代农业的奇迹，解决了国内的粮食短缺问题，还成为世界上主要的农产品出口国，将部分品种的供给交给国际市场（如近年小麦、食糖、牛肉进口占国内消费量的90%、90%和50%），除国内支持政策外，高水平关税和较严格非关税措施等为产业安全设置了屏障。沙特阿拉伯是世界上石油储量最大的国家，石油产值约占国家预算收入的75%，人均GDP约11800美元，高失业率，国土98%是沙漠、荒地和城市，只有1%的国土为农耕地，政府认识到单纯依靠石油经济的潜在危机，出台政策大力扶植农耕，一度采用开采地下水这种不可持续的做法来发展农业，实现

---

① 李首涵、杨萍等：《中国粮食生产降本增效潜力——基于中美日的比较分析》，《世界农业》2016年第10期。

② 刘超、朱满德等：《美国农业国内支持与WTO规则一致性分析》，《世界农业》2017年第1期。

满足小麦国内需求,为保护农业发展,每年投入数百亿美元,引进海水淡化设备及技术,1998年小麦进口关税从12%提高到100%,在此之后,政府亦不允许私有企业进口小麦。直到2008年宣布逐步退出自给自足政策,2016年起全面禁止小麦种植,改为完全依赖进口[①]。埃及自20世纪80年代实行经济改革后,长期奉行自由经济,因农业回报率低下,国家偏重于发展工业,粮食自给率只有58%左右,玉米和小麦自给率分别只有56%和48%,需要大量进口才能满足国内需要,如今深受国际粮食价格波动的影响。国际市场则由资本巨头控制,消费大国的短缺信号迅速传递就能引起国际价格波动。

(三)稳定粮食生产价格国家承担的风险

大部分国家都把粮食作为重要的战略物资,实行储备,因为粮食价格变化不但直接影响国计民生,而且粮食价格传递的物价效应对整个宏观经济运行、经济社会发展产生重大影响。因此,发展农业,保障粮食供给,稳定粮食价格显得非常必要。发展农业实际上是优化资源配置的需要,显然,市场化必不可少,然而一味寻求市场化的发展思路,把市场延伸至全球化层面则对于保障供给、稳定价格,就会潜藏风险。

各国的农业生产都有其特殊的条件,诸如人地关系、社会结构,因而需要采用适合自身特点的生产形式,或采用资本主导的规模化生产,或采用分散型家庭经营乃至走高科技推动型,其成本和成本构成也各不相同。就农业补贴政策而言,各国都有其特定政策目标,在于形成或维护特定的价值体系,有益于优化经济社会结构。因而,世界粮食价格并不真实反映粮食生产成本。

各国的农业政策(包括农业生产补贴、出口限制和进口关税政策)深刻影响到粮食价格形成,进而重塑了整个价值体系。人均农业生产资源稀缺的发展中国家食物安全问题普遍较为突出,由于国家财

---

① 武彦:《沙特自主农业40年回到起点》,《环球时报》2018年7月26日第13版。

❖ 转型中的中国与农业的转型环境 ❖

力有限,非常重视通过提高生产力和贸易保护等措施确保本国食物较高的自给率[①];人均农业生产资源稀缺的发达国家,对本国消费中特定的农产品实行高度保护以维持较高的自给率,对于其他农产品则通过国际贸易提供食物供给。人均农业生产资源丰富的国家一般不存在突出的食物数量或供给安全问题,但其中发达国家出于发展战略的考虑,因人力成本高,通过降成本加补贴以提升粮食竞争力。欧盟"共同农业政策"强调直接支持、价格干预、过剩产品出口补贴,以稳定欧盟内部的食物价格,将国内市场可能的价格波动转嫁给国际市场。一个国家当粮食供给不足时,必然要进口粮食,并希望国际粮食价格便宜,当国内粮食供给过剩时则希望把过剩的粮食以较高价格销售到国外以减轻财政补贴负担,而事实上国际粮食价格掌控在发达国家的资本手中,它们会紧盯着处于供给平衡线上的大国,以此为赢利契机,设法放大市场不平衡引起的物价效应。

当今全球粮食贸易主要由出口大国的大资本主导,近年,美国的玉米、大豆、小麦产量虽然分别占世界产量的37.9%、36.6%和8.3%,但贸易量却占世界贸易量的58%、43%和22%,均居世界第一。它的粮食贸易商主导着贸易规则的制定,强调粮食自由贸易,并通过打包的形式将一些特别条件纳入世贸规则体系。把适合其本国的补贴比例和补贴结构作为国际通行标准,这显然并不能适用于其他国家的政策内容和目标。结果导致他国的内部市场与国际市场价格倒挂,遭受国际粮食价格冲击。资本在逐利导向下,当能源价格暴涨时,便设法与能源价格挂钩,推进粮食生物质能源化,生物燃料的生产成为谷物市场的主要消费,能够左右世界粮食价格。资本还通过遗传基因技术在产业链上的控制主导国家的粮食生产。尽管资本主导着国际粮食进出口,但其意图并不在于构建起一个稳态的供给,带给融入全球化的经济体以建设性的转型环境。

---

① 黄季焜、杨军、仇焕广:《新时期国家粮食安全战略和政策的思考》,《农业经济问题》2012年第3期。

❖ 第三章　开放条件下困扰中国农业转型发展的问题实质 ❖

农业具有社会属性，是社会结构的重要组成部分。各国农业生产成本是由本国价值体系决定，同时农业也是构成影响价值体系的重要部分，因其成本和成本结构均不相同，成本变动状况不同，即便发达国家与发展中国家的成本量是一样的，但对于两个不同发展水平国家的影响分量是不一样的。作为粮食出口大国的美国，其农业以不到1%的就业人口创造的产值占整个国民经济的比重不足1%份额，而快速发展的中国，农业以占27.7%的就业人口创造的产值占国民经济比重为8.6%。

显然，国际粮食自由贸易化的基础尚不具备，自由贸易存在明显不对等与不对称，况且还要面对高补贴竞争对手。

另外，粮食收储制度也需要背负巨大的风险。主要粮食出口国不必刻意强调粮食收储制度，而人均农业生产资源稀缺的人口大国常受粮食生产的不稳定困扰，特别关注供求平衡线，强调自给率、保障粮食供给。为应对由资本主导的国际价格波动，选择稳定价格政策，如储备政策、反周期的贸易政策、储备与贸易政策的组合等，难免会遇到储备政策实施成本高昂、反周期的贸易政策的无效性、贸易和储备政策混用引起政策效果的冲突等问题。粮食品种之间存在相互替代关系，一项产品的弱势或对之放弃可能影响到整个农业生产，如我国的大豆产业，外贸依存度已经达到70%，进口总量占全球大豆七成左右，大豆国际价格直接传导至国内大豆价格，而国内大豆价格借助替代效应等信息诱发渠道影响到其他品种乃至整体粮价波动[1]。另外，跨国粮商还通过全产业链渗透削弱中国对粮食产业的调控能力，控制终端产品的市场，掌握市场的定价权和强大的话语权，从而增加中国宏观调控的难度和不确定性[2]。

---

[1] 高帆、龚芳：《国际粮食价格是如何影响中国粮食价格的》，《财贸经济》2012年第11期。
[2] 杨晓东：《危机后世界粮食贸易发展及其对中国粮食安全的影响》，《内蒙古社会科学》（汉文版）2017年第3期。

四　适应中国转型需要的农业发展的政策取向

（一）把控农业生产的供给平衡与社会结构转型

农业的发达有助于国民经济结构的多元化，增强国民经济韧性与地域经济弹性应对能力，有利于活跃地域经济与发挥福利替代功能等。农业问题是多重性结构问题，农业生产满足供给是发展农业的最基本目标，供需平衡是农业稳定的保证，而供需结构平衡除受人地关系影响外，还受制于土地产权制度，最为关键的还是农民经营性收益影响的土地耕种方式。在由现代工业经济的技术创新决定的价值体系下，农业部门因效率改善相对滞后，就需要借助于粮食价格或劳动价格对价值体系作适应性调整，农业技术效率改善服从生产效益改善，主要通过劳动资源配置的再平衡得以实现。农业劳动配置平衡的动态过程就是社会转型，通过工业化、服务业吸纳农业过剩劳动力。尽管如此，但经济发展的路径依赖直接或间接影响社会结构转型，行政导向的区域开发与开放政策直接影响区域经济发展格局，经济极化效应又加速区域经济功能分区化，功能分区化又趋向于行政区划化，由此，地域经济与社会转型深刻影响农业发展。

进而言之，农业转型是社会转型的过程，但这一转型还需要代际过渡，农业生产"兼业化"和"副业化"是必然现象。在此阶段农业供给失衡是不难理解的问题，呈现出诸如作为主粮的玉米、小麦产量供大于需的局面。

从价值体系层面看，当今的世界农业生产尚不存在表征全球性粮食生产的"社会必要劳动时间"，粮食生产不具备共同的价值基础，仍分属于不同经济体内部价值体系下，并成为其价值体系的构件。因为农业承担着重要社会功能，还存在很多人为的价值塑造成分（如政策干预）。当今，中国的结构问题解决的关键在于"四化"同步发展，而"四化"同步发展的核心工作就是资源优化配置，达到价值实现与效率实现的平衡。当今我国农业的分散经营正体现社会结构、

第三章 开放条件下困扰中国农业转型发展的问题实质

人地关系、经济发展水平。另外，国家内部地域间存在极化、功能分区化特征，诸如主体功能区等，粮食生产体现为粮食主产区与粮食消费区关系。从系统角度看，这些功能分区化的地域经济在功能上必须相互整合与协调，但往往受制于行政区经济或功能区的行政区划，互为关联的地域之间走向割裂，矛盾不断深化。往往我们寻求的是地域碎片化，再与外部系统对接，或层层复制行政区框架，再重构内部系统。地域经济极化源自于城市经济崛起，进而形成城市经济与农村经济，从行政化的地域经济视角看，表现为城市经济与县域经济的关系，县域经济俨然成为区域性城市经济的腹地——农村。如前所述，农业问题是特定价值体系下的资源配置问题，由于农业效益弱，地方政府更多地关注工业经济，宏观层面的粮食生产区与粮食消费区的协调是由中央及直属部门协管，通过补贴政策落实粮食生产区的生产责任。经过多年的区域经济功能分化，产销区格局正发生大变革，经济发达的省份纷纷退出粮食生产区，而粮食主产区（13个）负责粮食存储（约占全国粮食存储总量的3/4），主销区不足全国粮食库存总量的1/10，在全球化背景下两区关系或又被冲淡。我国的农业转型实质是社会结构转型，而在国内统一价值体系和一体化粮食市场条件下，地域间的功能分区化使得社会结构与经济结构极不匹配。

国内问题乃是国际问题的缩影，而在国际层面，并未形成实质性一体化市场，粮食生产的要素配置不可能在全球配置，国家间价值体系参差不齐，各国都在寻找合适各自的价值体系和社会结构优化的农业生产模式及保护性政策。

显然，"要把中国人的饭碗牢牢端在自己手中"，就必须让全球化的"资本逻辑"服从中国经济逻辑，经济逻辑服从政治逻辑（政治使命），依据我们的政治大逻辑，约束中国经济转型之需要，达到效率实现与价值实现的协调。依据"价值规律"，突破利益固化的藩篱，规范经济运行规则。因而，理论的逻辑演绎不可背离理论初衷，引致经济发展路径背离中国社会转型，在粮食贸易规则上必须坚定自己的立场，理直气壮发出中国声音。

❖ 转型中的中国与农业的转型环境 ❖

现今中国的农业生产成本上升、农村出现抛荒弃耕现象,这些看似是工业化和城镇化对农业的打击,实质是劳动配置调整引起的价值体系调整,这种农业劳动力再配置过程即"四化"同步协调过程。相关实证研究表明,农村劳动力转移对粮食总产量的影响并不大,对主产区粮食总产量的影响更小,主产区农户会通过增加对其他农业生产要素的投入以替换劳动力。劳动力转移对主产区和非主产区农户的粮食生产行为的影响以及对主要粮食作物和次要粮食作物的影响都有所不同。农村剩余劳动力是特定耕作方式下的过剩,即便农村剩余劳动力消耗殆尽,劳动力继续转移未必就导致粮食安全问题,因为农户可以采取两个策略来应对劳动力转移:一是用机械动力或投入其他农业生产要素来替代,二是在粮食和非粮食生产中重新配置劳动力[1]。因此,在社会转型的关键节点与弱点上,要审视世贸规则的约束,不能让跨国粮食贸易商乘虚而入,破坏我们的农业内部结构平衡乃至打乱我们社会转型的节拍。我们必须稳住手脚,把握全球化的方式与节奏,参与世界贸易规则的制定与调整。

(二) 在全球化资源配置中重塑农业价值体系

如前所述,价值体系是物品或服务之间交换的比例关系,这种价值体系实质上是效用价值体系,主要体现为物品的功能上或生产上的劳动替代关系。所谓效用递减规律就是特定技术条件下资源配置平衡化的价值体系调整,即由高效用价值端滑向一般劳动价值端。因而,加快结构转型则是对价值体系的一般均衡的需要,不能把效用价值只局限于固化的社会结构中资本的赚钱效应上。

制造业领域的关键核心技术主导工业产品效用价值,这是影响国家价值体系的核心因素。各经济体的价值体系是在其特定技术条件和制度安排下受资源配置格局影响的效用价值体系。各经济体之间价值体系关系是由全球制造业在关键领域技术创新影响下在全球产业价值

---

[1] 刘亮、章元等:《劳动力转移与粮食安全》,《统计研究》2014年第9期。

第三章 开放条件下困扰中国农业转型发展的问题实质

链中所处的地位决定,形成全球制造业层面的价值体系,这一价值体系也在一定程度上影响到本国内部价值体系。

国家内部的市场资源配置平衡化过程,呈现为效用递减过程,即由不平衡的效用价值滑向一般劳动价值。技术创新与扩散主导效用变化,由于不同部门间效率改善是非同步性的,因而就需要价值体系作调整,最终通过劳动配置的再平衡实现。整体而言,农业或粮食生产效率改善低于工业领域的效率提高,其价值调整表现为粮食涨价或生产成本上涨,如果要抑制粮食价格上涨就需要通过农业生产补贴。当今,我国的农业劳动配置由扭曲逐步趋向平衡,在分散的家庭经营格局下,农业生产的效用价值也仅体现一般劳动价值,产业化的经营利润空间极其有限。因此就需要加快社会结构转型,在新的技术条件下优化劳动资源配置,实现资源配置的再平衡,把握效用递减规律,平衡部门间的生产,重塑价值体系。

国家粮食宏观政策旨在保护种粮农民利益和维护粮食市场稳定。但从横向比较来看,中国在粮食贸易中没有价格优势,相关研究认为,这是由于制度供给的偏差和政府干预过度,没有很好地遵循国际市场规则、利用国际市场机制提升粮食经营的效率,"贱卖贵买"行为导致中国从粮食国际贸易中获得的经济福利退化[①]。也有学者认为,国家不断提高粮食最低收购价格,打破市场原有的"价格—供求"平衡系统,从而助推国内粮价的上涨,导致国内主要粮食价格明显高于进口粮食的到岸完税价格[②]。显然,这种认识是将局部市场化的合理性放大到对全球市场的适用,具有很大的局限性。

如前所述,全球市场的要素配置是受限的,而且全球价值体系是依据工业产品的价值比附的价值体系。因此,必须正视国家或地区间存在的不平衡关系,需要正确审视国际价格,特别是国际粮食价格存

---

① 鲁靖、邓晶:《中国粮食贸易特征的原因分析与对策》,《国际贸易问题》2006年第5期。

② 侯石安、赵和楠:《中国粮食安全与农业补贴政策的调整》,《贵州社会科学》2016年第1期。

在着人为的扭曲，因而，所谓国际粮食价格并不是判断国际生产价值的标准，必须深刻认识到农业生产方式是对本国价值体系的适应的资源配置的选择。中国是世界上主要农产品贸易国，必须强调适当利用进出口调剂余缺，不可丧失粮食控制权，防止不对等粮食进出口贸易演变为对外依赖的路径化，冲击中国粮食种植业，增加供给风险。第一，加快结构转型，把满足价值实现作为首要条件。这是当今产业高效发展的重要前提，效率提高关系到整个国家的福利水平。第二，加快农业基础设施建设，适时推进农业现代化。农业基础设施建设要适应耕种方式转变需要，达到降低生产成本，提高农业生产率，提高粮食流通效率，降低粮食物流成本的目的。第三，完善国内粮食补贴制度，旨在重塑价值体系。发挥在价格形成方面的导向作用，使资源价格与资源性产品价格能够反映市场供求状况，反映资源稀缺程度和环境损害成本。从价值体系层面看，农业成本可视为劳动价格，成本上升为价值回归，农业低效益实质是相对产业化经营层面资本回报率低。资源配置的扭曲，呈现的价值为农业"外部性"。就此，自 2006 年我国已全面取消了农业税，并实施了全面农业补贴政策，这也是国际上的通行做法，每年对农业的支持总量已超过 1.2 万亿元，每公斤粮食来自政府的投入已高达 2 元，这是农业价值体系的人为修正，因此，不要寄希望于此补贴带来或达到农业转型或效益目标。第四，发挥农业多功能性，促进三产融合。农业具有多功能性，通过产业融合充分挖掘潜在价值，特别通过绿色化发展，强化更多生态产品供给，可以重塑农业的价值地位。

第四章　现代化进程中劳动价格与粮食价格上涨逻辑

中国的农业发展进入了新的转型时期，农业生产成本呈逐年上升态势，传统农业生产出现衰落，空心村大量涌现，"耕地谁来种""农业靠谁兴"为各界所关注，成为当下中国亟待解决的重大问题。从直观现象层面看，农村空心化、农民老龄化、农业经营主体分化、农业生产非粮化、农业副业化构成对农业产出的影响；从结果层面看，农业面临生产收益下降、耕地质量恶化、国家粮补效率低，粮食安全保障受到挑战。相关研究辨析了"粮食安全"与"食物安全"，强调土地制度、经营制度、科技体制机制、金融制度、人力资本制度改革创新。我国特殊的人地关系、基本经济制度、区域状况和宏观背景是推进中国特色农业现代化道路的逻辑起点。有学者强调，要把粮食安全视为农业现代化发展的终极目标[1]。在农业发展与农民增收方面，有学者分析农业产业链条的价格传递机理，发现近年来，中国农业产业链出现了农产品价格难以传导到上游或下游的现象[2]，重视价格对农业增收的积极作用，强调允许农产品市场价格上涨和增加补贴。审视农业性质和功能，有学者认为需要强化农业生产中资本、土地和劳动三者的有机整合，农业技术合理配置与劳动力的有机结合是

---

[1] 张正斌、徐萍等：《粮食安全应成为中国农业现代化发展的终极目标》，《中国生态农业学报》2015年第10期。

[2] 张利庠、张喜才：《我国农业产业链中价格波动的传导与调控机制研究》，《经济理论与经济管理》2011年第1期。

❖ 转型中的中国与农业的转型环境 ❖

促进农业增长的决定因素①。就农业成本与福利农业方面,有学者分析了农业劳动力成本上涨的成因,突出技术和制度创新缓解劳动力市场供求瓶颈阶段的紧张程度②。也有学者侧重现代多功能农业的价值提升,分析有机食品价格弹性与国际有机食品价格溢出效应,进一步指出生态农业是达到经济效益、社会效益和生态效益的全面提高的重要途径③。就农业福利国家的理论与经验,有学者指出农业福利国家的产生是国家经济发展的必然产物④。

经济发展的每个阶段都会碰到特殊的发展难题,如在发展的起步阶段遇到"贫困的恶性循环""低收入陷阱",后发赶超过程中则碰到世界银行提出的"中等收入陷阱"问题,而进入"高收入阶段"之后则会遇到诸如欧洲出现的"高福利病"或"欧洲病"。中国经济开始进入高成本时代,由此,是否可以断定这就是所谓"中等收入陷阱"的征兆,学界和政界为此而热议,并指出,中国现在需要警惕的不是所谓"中等收入陷阱",而是"转型陷阱"⑤。价格趋势是宏观经济运行与社会结构变化的表征,劳动价格和粮食价格都直接关系到居民收入水平,在价格调控中都较敏感,而影响二者的因素较多,使得结论变得复杂。在价格体系中,价格上涨是来自供需结构背后由技术效率决定的,体现为劳动成本的价值体系波动。劳动价格和粮食价格都直接关系到居民的收入水平,在通货膨胀背景下,价格上涨动因更加复杂,二者即便处于被动局面,通常也被视为通胀要因。劳动配置平衡化过程引起劳动成本上涨和整个物价体系的波动,学界从"实

---

① 马晓河:《中国农业收益与生产成本变动的结构分析》,《中国农村经济》2011年第5期。
② 钟甫宁:《正确认识粮食安全和农业劳动力成本问题》,《农业经济问题》2016年第1期。
③ 张予、林惠凤等:《生态农业:农村经济可持续发展的重要途径》,《农村经济》2015年第7期。
④ 张光、吴进进等:《农业福利国家的理论与经验》,《湘潭大学学报》(哲学社会科学版)2015年第4期。
⑤ 孙立平:《"中等收入陷阱"还是"转型陷阱"?》,《开放时代》2012年第3期。

证"分析视角,探讨国际国内货币政策与我国物价水平关系[①],探讨工资与物价之间螺旋上涨"规律",或基于统计数据分析劳动价格与物价波动关系,其基本结论倾向于调控价格或控制成本以及成本转移对策,保障国家粮食安全等[②],较少探究引起价格波动的结构转型关系。其实,我国趋向现代化的结构转型,是产业在技术逻辑下的价值平衡突破和市场逻辑下的价值平衡化过程,亦即劳动配置的再平衡过程。因此物价的变动须将其放在结构转型的背景之下,正视劳动价值平衡,关注结构转型中的价值体系重塑过程,认识劳动配置平衡的物价效应及机理,以及与劳动价格或粮食价格关系。

中国在现代化的经济社会结构转型中,由于对工业化、城镇化、农业现代化节奏把握不足,演绎出多重结构性问题,所有结构问题的核心在于不同层面的价值实现与效率实现。劳动的价值实现程度反映在劳动价格平衡化和劳资博弈过程。本章从结构、效率和价值三个层面分析我国结构转型中劳动配置平衡化的物价效应,从技术逻辑下价值平衡突破与市场逻辑下价值平衡化过程认识价格调整,从劳动价值平衡与劳动配置的再平衡关系,揭示在两部类的生产技术效率提高非同步性情况下,劳动配置如何引起劳动价格上涨,以及影响农业生产方式转变,农业现代化与经济社会结构转型、劳动低效率配置关系,探讨发展农业的价值取向与农业的价值重塑。

一 价格体系变动中被忽略的劳动价格与粮食价格的地位

(一)湮没于成本与供需结构下的价格体系波动

通常物价总体上涨即视为通货膨胀,即由居民消费价格上升指数

[①] 张屹山、张可等:《美国货币政策与中国物价水平关系的经验研究》,《财经问题研究》2015年第7期。
[②] 郑祥江、杨锦秀:《农业劳动力转移对农业生产的影响研究》,《华南农业大学学报》(社会科学版)2015年第2期。

代表通胀情况。从货币供给角度看,学界依据货币流通公式:商品价格总额/货币流通次数=流通中的货币总量,断定价格上涨的背后一定会有货币失衡方面的根源①,把物价波动归因于货币供给过剩,或以货币供给对价格冲击的滞后性来解释,谨慎的研究者察觉 M0、M1、M2 均对我国物价水平没有影响②,在 CPI 波动中货币供给并非直接的驱动力,货币供给是内生性的,中央银行根据经济发展所需要的货币量投放货币。学界提出,预期自我实现机制的解释,即物价的心理预期成为市场行为导向,推动通胀预期,造成价格上涨。"预期"是基于一种价格趋势的判定,即实际通胀惯性。

从市场角度看,商品价格受供需结构影响,支撑价格上涨的根基在于成本或劳动价值量。成本主要取决于资源价格、劳动价格、资本价格(资本收益率)。因而在整体物价上涨背景下,具体物价上涨原因就显得更加多样和扑朔迷离,单就农产品而言,可给出货币供应量、供求关系、生产与流通成本、国际价格传导等原因。市场结构的根本性变化主要由于产品创新引起的需求结构改变和技术效率引起的价值非平衡扰动,引起价格调整需要,宏观经济层面的"通货膨胀"在微观经济层面均体现为成本上涨。世界经济处于由技术效率决定的不同的价值体系中,而在国际交换中国际价格被认为是需求结构下的合理价格动态,这种"合理性"掩盖了价值扭曲的事实。通胀表现为整体物价上涨,物价上涨合理性则在于价值回归,价值回归过程也将引起整个物价体系作适应性调整。

近年来,物价上涨与产能过剩平行发生,输入性通胀是一个方面,另一方面,劳动价格体现为企业的用工成本,反映劳动供给结构,劳动力供给结构的新变化,使得长期受抑制的工资有了巨大回升空间。从国内价格上升的结构看,劳动价格与食品价格上涨最为显著(如图 4-1)。是否就此断定通胀是由于"工资—物价螺旋上升"呢?

---

① 李斌:《从流动性过剩(不足)到结构性通胀(通缩)》,《金融研究》2010 年第 4 期。
② 陈彦斌、唐诗磊等:《货币供应量能预测中国通货膨胀吗?》,《经济理论与经济管理》2009 年第 2 期。

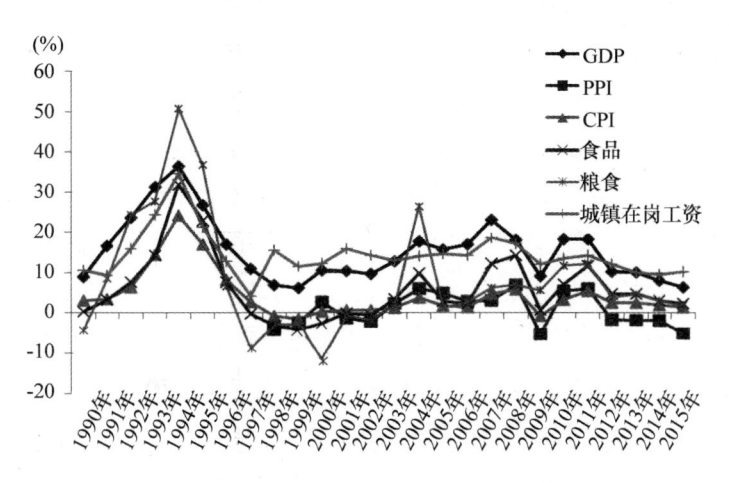

图 4-1 物价与工资和 GDP 增速情况

（二）忽略劳资博弈结构的工资—物价螺旋上涨机理

通胀表现为物价上涨，是经济运行状况的表征，是善是恶已有定论，核心关注点在工资与物价关系上。通货膨胀与经济增长呈正相关关系，高增长常伴高通胀率，即投资拉动效应；另外，经济增长则失业率下降，相关学理推论得出，适度通胀理应成为政策目标，即政策工具。凯恩斯"工资—物价螺旋上升"通胀机理的"工资滞后假说"，即物价的上涨总是跑在工资增加的前面，工资调整存在一定的时滞；而"充分就业"理论假设则要求政府推行通货膨胀政策达到促进充分就业。在通胀过程中，工资追赶物价水平又进一步推动物价上升，"预期通胀"则成为市场主体竞相提高物价的"合理"理由。

价格螺旋式上涨可谓是资本与劳动博弈僵持的结果，即一种平衡结构下自我实现的循环，显然，在劳动配置不平衡格局下，各地区、部门、行业及阶层的工资增长存在巨大差异，在趋向平衡化中，劳动价格调整呈现强物价效应。近年来的工资上涨已引起产业部门的担心，当然，国内相关研究已认识到，劳动价格上涨具有一定的合理性,建议政府提高对价格上涨的容忍度①,不应一味打压食品、农产品等价格合理上涨②。在国内,工资与物价螺旋波动体现为农民工工资基本由市场力量左右,城镇劳动工资具有相当的行政性③,用于确保城镇职工的生活水平,维持两类劳动间的工资结构。其实,行政性调整工资一般针对市场失灵或局限于非市场领域,完全没必要构筑城乡工资结构。白暴力等以"绝对价格"和"相对价格"诠释物价上涨机理,依据"绝对价格"具有"向下刚性","相对价格"的调整呈"向上看齐"的单向"棘轮效应",解读价格总水平持续上涨④。该机理无非是基于价值规律层面的解读,价格体系中局部对整体的影响效应,看不到劳动配置结构对劳动价格以及对物价的影响机理。物价对工资的影响取决于消费结构中比重大的商品价格对消费结构变化的影响,具体商品特别是新产品的定价机制并不遵循什么"绝对价格",总是存在着新产品质量提升与对旧产品替代的变化,简单纳入商品类别的物价指数难免产生对价格上涨的误读。工资—物价螺旋上涨机理只是解释了劳资间的博弈,反映的是通货原理,未能对结构变迁中劳动价值回归及其带来的物价效应以给予充分而有力的解释。

二 工业化进程中结构惯性锁定的劳动与粮食价格体系

(一)劳动与粮食的价格体系的结构成因与解构

我国工业化初期的资本积累意味着对消费的抑制,特别是优先发展重工业的工业化追赶,削弱了轻工业的发展,而在全民所有制的制

---

① 张群群、王振霞:《2013 年中国物价形势分析与应对策略》,《宏观经济研究》2013 年第 1 期。
② 潘石:《"工资—物价螺旋上升"之机理、效应及对策》,《学术月刊》2011 年第 12 期。
③ 丁守海:《工资与物价会螺旋波动吗?》,《统计研究》2010 年第 9 期。
④ 白暴力、白瑞雪:《物价总水平上涨系统模型的构建——以马克思理论为基础的因素与原因分析》,《中共中央党校学报》2014 年第 2 期。

度框架下，体现为当前消费与未来消费的关系，抑制消费品生产便形成资本品与消费品的结构，进而形成工农产品间价格差。显然，处于受控状态下的社会生产系统，生产效率的提高创造的价值通过积累这一吸纳体系所调节，由此形成较为固化的价格体系。在既定技术水平下，社会效率改善体现为提高个体的劳动参与度，即增加劳动强度。在对外开放与发展市场经济的进程中，因内外不平衡的技术效率和内部不平衡的资源配置，形成不平衡的区域结构。经济生态表现为全球化分工格局，生产地与消费地的分离，生产是为了满足更广域的世界需求，生产与消费的结构处于内外不同技术效率下的价值体系中，所谓平衡仅局限于贸易量上的平衡，由于国内累积的社会结构矛盾（即不平衡劳动配置），能维持长期低工资。廉价劳动意味着消费与积累或财富集聚的不对称。由于生产与消费的"平衡"建立在不同的系统层面，增量的劳动投入与增量的产品输出相抵消，造成生产效率与收入关联性弱。国内的二元结构实质上是传统的农业部门与现代的工业部门的劳动资源配置的不平衡问题，而在对外开放过程中，外需打破了本地域市场结构趋向平衡的节奏和轨迹，有效维持了低工资，因内需不足，工业产能扩张依赖外需，也使得部分生产部门的技术效率提升成本大于劳动成本。广义工业化是社会结构转型过程，而狭义的工业化则追求低成本工业化，使得生产与消费、城与乡乃至区域间结构关联性弱化，未能有效推进农村居民城镇化。在此结构下，两部类生产的要素配置平衡是一种劳动价值平衡，依赖农民的工资性收入和粮食价格两方面调整得以实现，劳动价格上涨传导至农产品和工业品价格。在国内—国外和工业—农业的两重结构中，存在两重劳动价值的扭曲，在劳动市场化配置过程中，整体劳动的价值回归依赖于工农业劳动配置的平衡，满足劳动与资本对社会财富分配博弈的条件，最终需依赖农村劳动收入改善，即依赖"三农"问题的解决，实质上就是劳动价格与劳动配置问题。

（二）劳动配置平衡化中技术效率扰动的劳动价格的物价效应

对物价上涨原因的判定直接推演出政府的价格调控对策。近十多年来，我国农村剩余劳动力结构发生根本性变化，反映在三大产业就职变化上（如图4-2），工人工资呈现持续上涨，在农业领域也出现了"用工荒"。就劳动成本变动对物价总水平的影响分析来看，还取决于劳动生产率是否同步，从相关数据分析可知，迄今劳动成本变动未主导物价水平波动[①]。自改革开放以来，我国物价水平只有5倍多的增长，各行业中工资增长为35倍至115倍（农林牧渔业最慢，金融行业最快），劳动报酬增幅远高于居民消费价格涨幅。相关数据分析得出，劳动报酬每上升10%对工业消费品价格影响不超过1%、对服务业价格影响为2.2%、影响农产品价格上升3.4%；最低工资提高10%，对整体工资上涨的影响为0.4%—0.5%，对企业用人成本的影响为0.6%。在微观市场主体层面，工资对物价影响取决于企业生产效率，劳动成本压力促使企业改变生产要素投入比例和比重，特别是提高自然力（能量）的驱动和利用效率的技术改进，使生产力提高消化劳动报酬上升带来的影响。最低工资上调的物价效益则主要取决于低工资层群体的结构，而工资结构变动取决于劳动配置平衡化

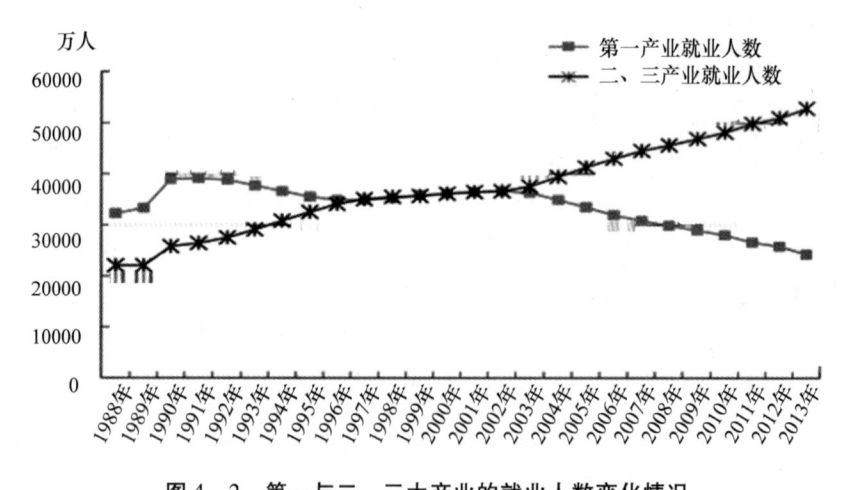

图4-2 第一与二、三大产业的就业人数变化情况

---

① 王雅龄，刘玉魏等：《劳动成本变动对物价总水平的影响——基于刘易斯拐点的纵深回顾》，《广东社会科学》2012年第6期。

◆ 第四章 现代化进程中劳动价格与粮食价格上涨逻辑 ◆

中的劳资博弈。劳动价格对物价影响，依据其在成本中的占比，可静态地解释工资—物价螺旋上涨现象，反映劳动与资本的博弈过程。而依据刘易斯理论，这种劳资博弈条件为工资水平持续上涨直至传统部门劳动生产率与现代部门劳动生产率趋于一致，体现为充分市场竞争下，劳动价格等于劳动边际产出，工资在均衡点附近才能稳定下来。因而仅从静态结构的变量分析，得出的工资上涨对物价影响有限的结论未免过于简单。

从城乡居民收入看，从2004年开始差距缩小，自2009年后农民人均收入增幅超过城镇居民收入（如图4-3），农村居民收入与CPI波动一致性强于城镇居民收入，在CPI构成中（如图4-1），粮食、食品价格增速显著偏高，显然，农民收入得益于粮食价格上涨。另外，在城镇化进程中，因农村高收入层逐步城镇化转移，这必定对农村居民收入均值构成一定影响，使得城乡差距改善不是那么明显，但实际农村居民收入的改善是很明显的。物价受多重结构的影响，部门间存在显著的效率非同步性，与其说是国内传统的农业部门与现代部

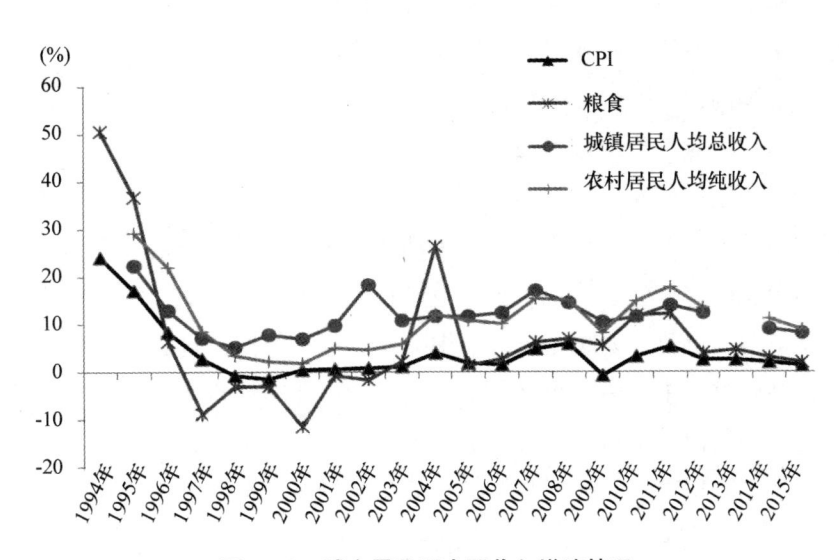

图4-3 城乡居民可支配收入增速情况

注：城乡居民人均收入2013年后按居民可支配收入计算。

门生产效率趋于一致,不如说是劳动配置平衡条件下的工资平衡。当前,工资上调对物价上涨影响呈一定比例,这实质是劳动与资本博弈的结果,主要通过物价体系调整得以实现。面对劳动成本上涨,生产企业尽可能将劳动成本转移出去,若单纯看作通胀则忽视了劳动价值回归的存在。

(三) 劳动价格对物价体系影响的实现形式

工资上涨对物价的影响可从成本增长和有效需求增加两个方面来解释。而在社会再生产的实现中,$I(v+m)=IIc$,表明资本品与消费品的结构关系,工资拉动物价上涨反映生产结构与消费结构方面的问题。实证研究揭示,"劳动力价格变动只是次要因素"[①],取决于工资增长速度与劳动生产率的步调。显然,技术效率主导价值体系的重塑,也掩盖了工资的物价效应。技术效率提高则降低了单位产品的价值量,由于价格具有社会性,而技术效率总是从局部逐步突破,在部门内的局部效率提高,物价通过社会价格体系过滤得以反映。

从市场层面看,劳动力价格、资本价格和资源价格由资本的边际效率决定,取决于技术进步水平与要素禀赋丰裕度。工资则取决于劳动与资本的博弈,工资—物价螺旋上涨机理解释了工资追赶物价,其实质是技术效率引起价值波动与价值回归过程。在生产活动中,工资转为企业生产成本,并转移至商品中,体现于物价,在分工的生产体系中,其他成本均可视为间接的劳动成本。在微观经济活动中,劳动成本上涨的物价效应取决于技术效应;而在宏观层面上,实质为不同技术效应下价值体系重塑过程,即劳动与资本的博弈过程。在劳动的价值回归过程中,劳动价格的上涨表现为劳动的议价能力,其物价效应是新的均衡价格形成过程,呈现为非对称性物价上涨。由于工农业部门技术效率改善是非同步性的,劳动的价格平衡依赖于劳动配置平

---

① 张习宁:《成本视角下中国通货膨胀的成因与治理研究》,《金融发展研究》2011年第8期。

衡，即通过劳动转移和粮食价格得以调节。因为农业在以家庭为主体的分散经营格局下，劳动配置平衡使得：

（A）农业经营收入＝产业工业的工资收入

（B）产业工人的工资收入＝农业或农村请工工资

由此，在农业产业化过程中，因请工无利可图，使得生产趋向粗放化。在劳动力价值回归过程中，物价调整首当其冲是农产品涨价。劳动价格平衡反映农村居民与城镇居民间收入差距的缩小，劳动配置平衡化的过程是社会结构的变迁过程。劳动价格平衡化过程中的物价体系调整，不应理解为工资—物价螺旋上涨或平行上涨，或视为"通货膨胀"。因部门间技术效率的非同步性，劳动资源配置平衡易造成劳动资源低效率配置下呈现为"短缺"的价格波动，特定产业过热则加剧资源配置倾斜，导致整体社会劳动价格趋升，也致使农业以粗放经营应对。技术效率决定价值体系，因世界各国处于由不同程度技术效率决定的价值体系，而在不同的价值体系中衡量，国际价格则存在严重的价值扭曲，地域生产效率不能得到真实反映。

三 "现代化"的配置效率制约下劳动价格与粮食价格

（一）劳动配置效率制约下的价值与价格体系

经济结构失衡问题反映于生产与消费、工业积累或资本积累与财富分配结构以及部门间和区域间的资源配置平衡上。在发展重工业的积累时期，注重资本品生产与对消费品的抑制，即通过资源配置结构支撑价格体系，寄托未来消费实行特定模式化的分配正义，不构成严重的社会不公。而在经济体制转轨时期，外向型的生产是处于结构受控状态下的，产业资本延续低工资报酬实现资本积累，财富积累主体已不再代表全民所有制的国家，财富集聚性质发生了改变，体现为社会财富分配上的不均或不平衡。低薪酬劳动使得内需不足，产能过剩依赖外部需求，这种经济结构建立在由内外技术能力和资源获取环境背景构成的不同的价值体系之间的"开放"之上，处于耗散性结构，抑制与影响社会结构转型及时跟进，即"四化"不同步。技术效率的提高大大降低了社会劳动强度，在国内工—农业结构上，若当工业生产效率不断提高，而农业生产效率改善较小，则意味着农业劳动强度在相对上升，若劳动配置上未能作结构性调整，则农产品价格就难以体现劳动量，进而引起农业劳动价值的累积性扭曲，甚至使得提高效率的成本高于现实的劳动成本。劳动投入量是价值指标，而两部类生产需求弹性差异较大，粮食总需求满足后，继续投入不构成投入—收入的增函数关系，"剩余劳动力"的积压使得农业成为劳动密集型产业，扩大农业生产无利可图。劳动资源配置的结构性平衡是同等劳动强度下的劳动价格平衡化，由于社会生产组织化的低效率，即在农业分散经营格局下，平衡化过程依赖劳动工资上调和农产品价格上调，当下粮食上涨反映农业劳动价值的回归，价格形成机制不由竞争性的经营效率主导，技术或规模化经营等生产效率的改善只是扮演适应性调整角色，因用工成本高而趋向粗放化规模经营。

（二）背离技术效率的劳动配置平衡格局下的物价

价值体现为社会劳动，单位劳动产品的价值量取决于技术效率。价值实现与效率实现相背离则是我国经济社会结构问题的核心所在。在工业化的社会结构变迁中，社会系统的受控状态和生产系统的耗散性结构就会造成价格与价值脱离的困惑。

只有部门间劳动配置趋向平衡，劳动价格才会达到相对平衡，工—农业间的劳动配置平衡则是满足劳动与资本对社会财富分配博弈的重要前提。农业在分散经营格局下，部门间劳动价格平衡首先满足劳动的价值回归，依赖于粮食价格大幅上涨，而非来自生产效率改善。这种价值回归的物价效应是借助于居民生活成本传递给产业部门，引起工资上涨的适应性调整压力。由此引起物价效应，不是简单的"通货膨胀"或"工资—物价螺旋"，若忽视这点，将使得宏观政策无所适从，微观经济的市场主体则依据收益"锁定"的价格机制，试图"转移成本",获得财富集聚,使得整个物价体系无关效率改善。劳动配置平衡体现在农民经营性收入与产业工人工资收入的平衡化。在现行的农业经营体制下,(A)农民经营收入=劳动工资收入,(C)经营收益=劳动成本+投资盈利,若A成立,则C的投资性盈利为零,令劳动为雇工,则产业化无利可图,显然这种平衡不足以激发经营活力,若C成立,则在分散经营下,就会助推工资上涨要求,增加农民退出难度,而农民"退出机制"无非是增加土地使用成本。劳动配置结构性平衡使得农民经营收入与产业工人工资收入趋近平衡,使得农业在当前体制下经营走向粗放,农业经营收入与社会工资趋近平衡,则又成为社会工资潜在上涨动因。

技术效应引起价值体系变动,自然要求资源、要素配置作适应性调整,即需要劳动配置的再平衡。劳动配置平衡的价值回归引起的物价效应通过工资和粮食价格传递给产业部门,产业部门试图通过成本转移,推动物价上涨。受制于部门间的资源配置效率,部分行业过热下的劳动配置平衡则推高用工价格,也会促使农业以粗放经营应对。技术效率引起价值体系变动,需要劳动配置作适应性调整,即劳动配置再平衡。结构性问题阻碍资源配置,加剧经济扭曲和社会结构扭曲,资本延续传统的获利机制,或通过转移或转嫁风险,营造扭曲的繁荣。由此造成价值标准无所适从,影响到生产者的情绪,也影响到传统社会福利生产行业。在无所适从的情况下,难免导致宏观政策上的摇摆,诸如加杠杆与去杠杆。劳动价格具有一定的敏感性,直面劳动价格上涨显得束手无策。

(三)技术创新结构与节奏影响下的劳动价格与物价

市场经济驱使社会趋向均质化,而技术创新不断打破这种平衡趋势,为资本拓宽盈利空间,进而推进经济社会发展。技术通过产品创新和技术扩散两条路径改变经济运行方式,引发由技术中心地向扩散地的空间波动。技术创新中心地主导世界经济发展动向,通过技术创新成果应用引领全球消费转型,并以产品的关键部件即价值链环节主宰市场,外围地区的追赶发展依赖产业空间梯度转移，实现承接传统产业转移。在市场规则下资本逐利使得社会利润均衡化，劳动配置平衡促使劳动价格均衡化，而技术创新总是破坏这种平衡态势，一方面技术创新创造出新需求，通过市场非平衡获得"高附加值"，资本正是以新技术垄断实现着价格竞争；另一方面，技术效率降低了单位产品价值量，获得高出社会平均的收益。技术创新与技术扩散的过程体现为技术生命周期和产品生命周期，呈现技术经济的雁阵式盛衰波动发展。技术创新成果应用以知识产权形态存在，企业出于快速占领市场的竞争需要以及风险最小化和盈利最大化考虑，或将技术使用权让渡出去，形成中心与外围的关系。技术创新没有确定的速度，在没有新技术创造出巨大的新需求的情况下，一般性技术扩散或技术效率改善则带来迅速的产能过剩，产业梯度转移将受阻，从而抑制工资和物价上涨动力。以信息技术、新能源为主导的第三次工业革命，或将以分布式生产颠倒以往的生产和生活方式，进而重塑整个价值体系。工农业间劳动配置平衡并不表示农业有实质性的效率改善，工业化和信息化为农业生产提供技术装备，可有效提高农业生产效率，只有在解决农业生产组织方式和劳动配置结构问题下，才能避免农业的效率成本（技术）与劳动成本构成竞争。

四 "现代化"转型中价值导向约束下的劳动价格与粮食价格

（一）现代农业价值取向下的劳动价格与粮食价格

特定技术条件下的社会财富创造取决于劳动投入量。技术通过强化自然力驱动和自然资源利用能力及效率，改变单位劳动产品的劳动量，重塑整个物价体系。部门内部的技术效率成为资本获取差价的手段，最终由市场行为达到平衡。工农业部门间的生产效率提高不具有同步性，劳动报酬差异通过部门间劳动再配置，实现农业劳动成本向制造业工资水平靠拢。在社会分工进程中，非农生产逐步从小农经济中剥离，集聚形成城市经济，由于农村人口的再生产造成对城镇化转移的填补，从而不能同步实现农业高度专业化。"农业现代化"已上升至国家战略，追求农业生产技术效率乃至组织化效率，创造更高的产量，然而单纯效率的现代化不符合农业经济发展规律，农业经济有别于工业经济，其重要前提是社会结构转型，在于以集约化经营能够化解劳动低效率配置问题。在现代经济运行中，资本主导的集约型生产具有效率优势，但其财富分配涉及资本所有者、经营者、劳动者等，工资性收入或经营性收入，二者因可选择性而趋向一致，因而个体经营成为资本与劳动博弈的平衡调节器。劳动配置平衡是劳动价格平衡条件，劳动的价值回归使得农业因劳动成本趋升而趋向规模粗放经营；在异质生产技术和组织方式下，工业技术效率不构成对农业的冲击，但低效率配置平衡下的价值实现未必带来社会福利的增加。当劳动的价值不能得到很好体现，那么，农业效率就可能得不到实质性改善，即效率成本大于劳动成本。转移农村劳动力成为实现农业现代化的条件，重要的是组织化生产效益大于分散经营效率，能承受技术成本、劳动成本和用地成本。劳动配置平衡点是务工收入与农业经营收入趋近，越过平衡点则农业生产趋向粗放经营，粮价上涨，进而引起整个物价体系螺旋上涨。在既定技术条件下，劳动配置平衡也体现为城镇化的平衡点，就需要及时推进农业现代化，推进农业生产组织方式创新，化解低效率的劳动配置结构平衡下的高粮价。农业现代化中以企业为主体的农业产业化经营，将农民嵌合在产业化链条上，通过生产组织方式或技术效率打破劳动低效率结构平衡的博弈格局。

（二）绿色价值取向匡正下的劳动价值与粮食价格

为应对劳动成本高涨，"机器换人"成为现代化的一项时髦追求。现代化的价值取向常局限于通过技术创新施展效率以及演绎产品更新，推动经济一波接一波的发展，但经济总量的不断膨胀，势必造成资源的耗竭、生存环境的危机。虽然在这种技术效率导向下降低了产品的价值量，但增加了环境成本和人的健康成本，却又被剔除在生产成本之列。产业绿色化，其产品被赋予新的价值量。在农业方面，农业的现代化重要的是以确保劳动的价值实现为前提，以组织化效率大于分散经营效率，推进社会结构转型；再者就是通过技术实现价值增值，即以绿色化发展为主导，实现劳动价值、生态价值、健康价值的综合价值体系的重塑。将生态成本、健康成本纳入农产品价值之中，而不是一味地追求技术化、批量化的"低成本"、低价格产品。农业绿色化注重生态效益、经济效益与社会效益的统一，通过生产无公害农产品、绿色食品和有机食品，满足人们多样化的需求和生活质量提高的需要。农业绿色化注重生态资本的货币转化和生态环境维护成本转移，依赖于绿色服务和绿色技术的创新发展。农业在绿色化的价值取向下，技术不再仅仅是追求投入产出（产量）比的最大化，而是受绿色技术门槛的限定，在农业集约化、标准化、服务体系化保障下，获得高效发展。绿色农产品价格或价值不取决于一般农户的经营收益水平，取决于产业资本平均社会盈利水平，引领粮食产品的价值或价格方向。因而，绿色化的农业现代化并不一定排斥劳动，需要在更大范畴内权衡劳动成本、技术成本，实现技术成本、劳动价格与粮食产品定价的博弈，进而引起整个价值体系的调整。

五 基本结论

经济系统的健康运行在于生产与消费的结构平衡，消费需求是经济发展的内生动力，而需求源自于劳动收入，农业在分散经营格局下，劳动价格体现于粮食价格，劳动价格反映了生产与消费、资本与劳动的关系，因而是破解结构问题的关键。技术创新节奏引起的经济结构转型存在部门性和地域性不平衡，成为价值失衡的直接原因，需要要素配置的再平衡，而在劳动平衡配置中表现为工业化、城镇化与农业现代化的结构关系。结构问题致使劳动配置不平衡和低效配置，造成价值扭曲，分配结构的不对称，最终造成生产与消费的脱节。在劳动配置平衡化过程中，价值回归则引起一定的物价效应。工农业部门间的生产组织方式与技术效率的差异，成为农业转型发展的困惑，也是劳动价格隐忧。绿色化赋予现代化新的价值取向，现代农业可以通过新的价值重塑以化解农业生产的低效率配置造成的结构紧张。解决诸多结构问题在于摆脱生产与消费脱节、价值与效率脱钩，通过绿色发展的价值与结构重塑，促进经济内需化发展，构筑城乡一体化的地域生活圈和经济圈。

第五章　多重结构困扰的农业转型与农业价值重塑

我国农业问题表现为供给结构问题，而实质是特定技术效率下资源配置为主的多重结构问题，在既成价值体系下凸显出农业的"外部性"，进而演变为深层次的社会分化问题。农业问题应背景环境变迁，便有新问题叠加其中，特别是伴随着工业化进程，农业的角色和作用发生了变化，相关支持政策应对的问题均有所侧重，因而从支持体系上来看，尤显政策的矛盾与混乱。

农业的发展与转型相关理论研究方面，早期的经济理论研究倾向于工业化问题，亚当·斯密和马克思等古典经济学家主要是关注分工与城镇化的关系。20世纪60年代后，费景汉（J. Fei）、拉尼斯（G. Ranis）、托达罗（Todaro）和威廉逊（Williamson）等研究二元经济结构问题，构建二元经济结构模型，探讨二元经济结构转型问题，经济发展与城镇化进程的合理互动。在发展经济学视角下，农业为一个低生产力部门，对经济增长作用不大，甚至起负作用，进而助长政府部门对农业部门的资源掠夺以发展非农业部门。诺贝尔经济学奖获得者舒尔茨认为，传统农业在给定的条件下并不存在资源配置效率低下的问题，批评压抑地租、压抑农产品的价格，以及维护农业所用生产资料的高价等政策。

面对中国特殊的结构问题，国内相关研究已关注"三化"或"四化"，探讨关联机制与同步发展的现实机理以及实现条件与改革举措。就农业发展而言，有学者指出，要用工业化思维抓农业，依靠

第五章 多重结构困扰的农业转型与农业价值重塑

科技、规模经营、新型农业主体；也有学者分析农业内部产业的结构性互动、农业产业链利益协调机制、信息化与农业现代化融合机制，探讨农业生产性服务业发展与服务体系建设，以及现代农业产业体系构建。有学者强调农业的生态性和多功能性，突出城乡融合、三产业融合，延伸农业产业链和提升价值链，提供更多就业机会和收入来源。

其他研究有探讨农业资源配置效率和农业现代化的规模化程度，农业标准化推广模式，农业现代化及绿色农业评价指标体系。从公共经济学、福利经济学和制度经济学、农业多功能性理论、新国际贸易理论等多个视角分析农业补贴的理论依据与必要性。反思农业补贴结构问题与补贴政策效率问题。探讨农业补贴体系与不同利益诉求的有效平衡机制。

在国家工业化进程中，农业的角色和作用处于不断变化之中，农业问题应背景环境变迁，时有新的问题叠加其中，而相关研究给出的支持政策所应对的问题都有所侧重，当下更多学者试图借供给侧结构性改革开具化解多重结构问题的综合处方。然而，从支持体系上看，尤显政策的矛盾与混乱。争论源自于对效率与效益关系的认识不到位，问题体现在农业的外部性上，影响着经营主体层面的经营者与劳动者收益空间，实质是多重结构制约下的价值体系问题。解决问题的出路在于通过促进结构优化调整，将外部性转化为现实价值，将健康、绿色价值注入产品中，提高农产品的价值比附，重塑价值体系。基于此，本章有必要着重剖解发展农业的困局，诸如"低效率"之争，分析土地产出率、劳动效率与资本效率的关系，进而探讨农民增收、资本收益与国民福利改善的孰重孰轻，以及从农业生产在统一价值体系下的要素配置平衡，探讨农民问题的破解和农业的价值重塑。

我们认为，破解发展农业的结构困局在于澄清农业效率之争，农民增收、资本收益与国民福利改善孰重孰轻是发展农业之中心议题，在统一价值体系下要素配置平衡是理解农业转型之核心要义。

因而，本专题研究基于反思农业价值、价格与社会福利关系，农业产业化的成本结构与雇佣关系，以及全球与国家、国家与地区层面的大环境背景下的价值体系，认识农业转型中的价值、效率关系。深入探讨农业的盈利与居民福利关系，居民收入平衡趋势与实现方式。从农业效率的局限、农产品价格与用工成本上涨逻辑关系、农业内部结构与农业过剩的原因，层层深入，进而探讨价值体系与农业价值增值方式。

一 破解发展农业的结构困局在于澄清农业效率之争

破解发展农业的结构困局在于澄清农业效率之争，澄清农业效率在于矫正农业支持政策体系的偏斜与混乱，重要的是要厘清土地产出率、劳动效率与资本效率关系，辩证看待农业"低效率"的相对性与绝对性，要素层面的农业效率侧重点与交互性，宏、微观层面的效率关注点的分歧，辨识主体视角下农业效率与效益指向及其对农业效率要求的差异性，正确看待农业生产周期中非连续性劳动投入与效率分析方案的局限性，农业转型中"红利"消失与"老人农业"之必要性。

（一）农业的效率争论起因与效率解析

1. 农业"低效率"的相对性与绝对性

从经济发展序列上看，由传统农业经济社会逐步向现代工业经济社会迈进，农业发展需要工业发展提供技术和设备支持；但农业的效率改变还在于社会转型，由此，发展经济学侧重研究工业化模式与工业发展环境，关注资本投资的边际收益，从现代资本的"效用"价值层面看，农业则为一个低生产力部门，对经济增长作用不大，甚至具有负作用。从这个意义上讲，农业的效率有时就是指农业的效益，农业效益特指经济上的收益比较。阿瑟·刘易斯基于传统农业部门是低效的，甚至不作任何贡献的认知，阐述现代工业经济发展的二元经济理论，费景汉和拉尼斯则把农业生产率提高后出现农产品剩余视为农业劳动力向工业转移的先决条件。受此影响，长期以来，政府部门对农业的重视停留在把农业视为发展工业的前提，特别是地方政府，并不注重对农业的投入，还设法掠夺农业部门的资源来发展非农业部门。效率也可以体现特定条件下资源配置方式的合理性程度，舒尔茨认为，在给定的条件下传统农业并不存在资源配置效率低下的问题，而且各种生产要素都能得到最佳的配置，并发挥其应发挥的作用，批评压抑地租和农产品的价格，以及维护农业生产资料的高价等政策。

2. 要素层面农业效率的侧重点及其交互性

农业效率可表征为"土地产出率""劳动生产率"和"资本收益率"。改善农业效率在于提高资源利用率，在既定技术条件和组织方式下，重在提高农业产量，增加资源使用与劳动投入。土地效率即单位土地上生产出的农产品数量，衍生概念是土地利用率。劳动生产率指劳动者在一定时期内创造的劳动成果（产品数量）与其相适应的劳动消耗量的比值。影响农业劳动生产率的因素除土壤、气候及其他自然条件外，涉及技术装备与机械化水平、农业科研成果应用、劳动技能与劳动态度，以及劳动组织与管理方式。资本层面的农业效率指收益率或资本利润率，大多指企业净利润与资本投入的比值，反映农业企业的资本盈利能力。

显然，从价值层面和从产品数量层面的效率不是重合的。价值层面的效率涉及价格，没有好的价格，即便有数量也是无效率的。另外，效率有时指工具效率，有时指组织化效率。从社会化视角看，它取决于劳动积极性或劳动强度。

通常提高效率无非是减少劳动量、提高资源利用率、增加产量，但最终由产品价格决定是否能增加收益。土地生产率、劳动生产率与投资效益三者相互关联或交叠，而各有侧重。提高产出率可通过改良品种、提高土地复耕指数、追加土地投资（如基础投资和化肥的使用），劳动生产率也借助品种改良、改善基础设施，发展设施农业，突出对自然力能源和机械的利用，达到资本对人力的替代，达到劳动生产率改善。农业资本收益率来自资源的利用效率,涉及土地产出率、劳动生产率等,关键是人力成本与资源投入的收益比,取决于规模经营与种植结构优化。

为全面揭示农业效率问题,学界进行了农业全要素生产率(TFP)研究,试图找到农业生产要素投入与经营模式的均衡匹配,从纯技术效率和规模效率方面探讨农地生产效率变化的源泉。相关农业 TFP 研究发现,农业技术进步与农业效率损失并存,由此"判定",我国现有农业技术的推广和扩散不成功,把农业效率损失解释为劳动力转移导致农业劳动力"平均素质"下降以及非农收入大幅增长,抑制农户投资积极性[1]。根据农村固定观测点的数据实证研究成果来看,生产决策基本趋同和农业机械服务盛行"外包"化[2],因而,农村人口老龄化并不构成对中国粮食生产的负面影响。

3. 宏观与微观对策层面效率关注点的分歧

如何提高农业效率,作为农民的农业与作为资本介入的农业以及作为国家宏观经济一个部门的农业,出发点不同,关注点也就不同。作为宏观经济的农业问题,主要关注粮食安全、农业对国民经济贡献,涉及的效率问题,涵盖粮食增产、农民增收以及探讨产业化问题,显然是多重逻辑关系的结构性问题。在微观政策层面,关注农民收益保障和农业增收途径,在现行社会结构和体制下,需要宏观政策配以必要的补贴制度;侧重关注耕地的经济效益,一般推崇资本介入的农业产业化,突出规模效益,强调土地经营规模,单位面积土地上分摊的劳动和资本的数量。产业化依据投入产出曲线,选择最优化生产组合,以替代人力成本方案;相反选择土地低产出率的粗放式经营农业,也会因土地成本或设施农业的投入,加大土地复耕指数。规模经营需要解决劳动力非农转移。宏观层面的研究依据播种面积或耕地

---

[1] 马草原:《非农收入、农业效率与农业投资——对我国农村劳动力转移格局的反思》,《经济问题》2009 年第 7 期。

[2] 胡雪枝、钟甫宁:《农村人口老龄化对粮食生产的影响——基于农村固定观察点数据的分析》,《中国农村经济》2012 年第 7 期。

面积、劳动力人数（TFP 研究指标还包括机械动力、化肥施用量、能源消耗等）、农业增加值，分析农业效率问题。农村剩余劳动力不是农业自身问题，只是因为把农村剩余劳动力归为农业的就业人口，呈现为农业的问题。另外，农业生产具有季节性劳动特征，都不能真实反映农业劳动效率。当今农业服务化已开启，农业雇佣工人（日工资形态）已是常态，以年为周期衡量农业劳动效率已不适时宜。同时，不可以抛开农产品价格浮动的影响，因为价格影响生产行为。以价格计量的生产效率深受粮食价格扰动，劳动配置平衡化过程是对"价值"的修正过程，借助于供给结构影响粮食价格上涨，最终体现为劳动成本上涨引起的物价效应，产出效率未变而价格上涨。在微观经济层面，部门内部的不平衡或平衡体系的突破借助同一价格体系下的效率改善而获差额收益，最终经由市场配置而趋向平衡；价值体系的调整则体现为生产效率提高而农产品价格下降，总收益未根本改善，但有利于国民福利改善，降低居民生活成本。显然，农业效率改善在于提高人均耕种面积或非农途径获得收入，打破低效率资源配置，促进社会转型。

（二）经营主体视角下农业效率与效益的指向

1. 不同类型的经营主体对农业效率要求之差异性

农业生产中劳动、土地和资本等各要素之间存在一定程度的替代性，单要素生产率（SFP）不能反映其替代关系，不能全面反映经济增长过程；全要素生产率（TFP）评价理论运用数据包络方法（DEA）核算，比较国家或地区间的农业 TFP。这种宏观层面的评价农业效率，也不能解释问题产生的实质，并不能给微观主体的决策选择提供指导性建议。农业经营主体的家庭农户关注农业效率是基于职业可选择空间和经济上的比较效益，资本介入的企业型农业经营主体必须有超出一般劳动成本的利润空间。

因而，各类农业经营主体因各自特殊偏好和能力不同而存在对效率要求的差异，一般农业龙头企业凭借人才和资本等优势，表现出较高的技术效率，专业大户在蔬菜生产方面表现出较高的规模效率，农民合作社的规模效率和技术效率均相对偏低①。农业生产的对象是有生命活力的生物有机体，它们是人工选择的结果，需要劳动介入或资本投入（变相的劳动投入），土地产出率与劳动和资本投入有关，但劳动与产出量并非呈直线递增（参见图 5-1），投入产出曲线由陡逐步趋缓，在曲线较平缓段的投入回报明显低于斜率较大段的回报；相反，高收益段对应的是粗放经营，而低收益段则对应的是精耕细作。各类农产品之间存在特性差异，生物技术可改变品种，各类农产品为人类提供的热量、营养也有所差异，因人类的粮食需求总量相对稳定，各类食物或饲料之间存在可替代关系，最终构成一个总量相对平衡的结构，总消费需求结构通过市场供求与价格关系变动调整，最终各自形成一个劳动与资本投入相平衡的价格。另外，基础设施能够促进技术进步，降低生产成本，提高农业生产率。当下，农业基础设施短缺与设施老化严重，然而农村基础设施具有公共产品特性，农民会采取搭便车策略，参与积极性不高。

2. 农业生产周期中非连续性劳动投入与效率方案分析之局限性

农业投入产出曲线是将农业生产劳动视为可持续的劳动过程，农民有自主选择性，通过市场达到劳动配置平衡。在当前的价值体系格局下，农业投入产出曲线体现为农民的劳动回报，而作为社会资本介入的农业产业化则需要综合平衡，设定在投入产出率的特定区间以保证获利空间，凭借技术门槛的专业化生产和风险规避能力，达到收益。农业生产活动不具连续性，分散型家庭经营按照作物自然生长时序种植，虽不能获得规模效益，却可以错开集中农忙。在市场经济背景下，产品价格决定生产行为，对于微观主体而言，只有能提升收益的农业生产效率改善才是有意义的。不同农产品之间似乎存在价格差，由于价格决定市场行为，各种品种之间终将形成收益均衡和种植平衡。提高土地产出率和劳动效率都需要追加要素投入，但并不保证农民单位周期（年度）的收入提高，因而适度规模经营一般被认为

---

① 吴晨：《不同农业经营主体生产效率的比较研究》，《经济纵横》2016 年第 3 期。

◆ 第五章 多重结构困扰的农业转型与农业价值重塑 ◆

是当下农业发展的重要方向。用工业化思维来抓农业，无非突出科技的作用，强调机械化与农业规模经营，让农业龙头企业来组织高效农业①。淘汰传统落后生产要素和生产方式，取决于成本和收益的对比。过分追求土地产出率和农业劳动生产率并不一定能提高农业的经济效率，甚至农业经营主体为求得经济效益，只能选择采取粗放式经营。农业单位耕地生产边际效益呈递减规律（如图5-1所示），在特定技术条件下，农业生产的单位耕地投入产出曲线 a 在工业投资回报率线 r 右侧，则投资回报小于工业回报率，当接近于投资盈亏线 d 时，表明资本的农业经营无利可图，只能寻求生物技术促使效率曲线向上跃迁。农业生产受到时间和空间的约束。农作物具有品种与生产环节上的相对固定性，一般农业生产须依据其特定的生长周期，并按照自然的时节更替合理安排，但由于农业生产周期长，劳动时间无法集中，难免会发生农业生产的季节性劳动力紧缺。从生产周期看农业生产经营，未免显得低效益、低回报，体现为农业生产经营达不到规模经济水平。因而，农业技术的合理配置与劳动力的有机结合成为促进农业

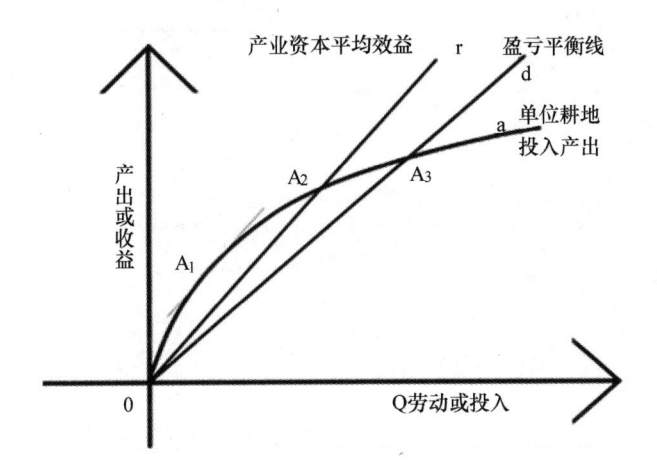

图 5-1 单位耕地农业生产曲线与资本投资社会效益

---

① 白文周、吴义周：《中国特色农业现代化道路的内涵及实现途径》，《经济问题探索》2008 年第 5 期。

增长的决定因素①，缓解劳动力市场供求瓶颈是关键。

3. 农业转型中劳动力"红利"消失与"老人农业"之必要性

随着城镇化进程的加快，农业资源配置引起各界关注，担心"耕地谁来种""农业靠谁兴"。有学者指出，这表明农业劳动力存在结构性不足，使得农业生产经营进入高投入、高成本阶段，提高农业比较效益难②。所谓高成本无非是劳动成本或变相的劳动成本增加，而这正是农民的劳动回报。学界习惯于把廉价劳动力称之为劳动力"红利"，而该"红利"的消失却也成为他们的忧虑。劳动力成本上涨也体现于农业生产成本的上升，实质是务农收入与产业工人收入的一种平衡。在传统农业向现代农业的过渡阶段，出现一定程度的"老人农业"局面，由此让人担心老人农业生产效率会危及国家粮食安全③。

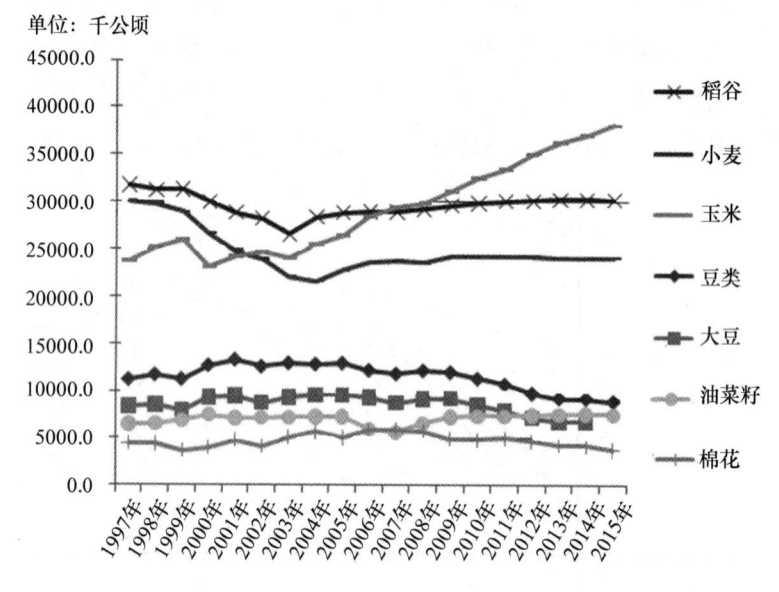

图 5-2 1997—2015 年中国主要作物播种结构及趋势

---

① 鲁可荣、朱启臻：《对农业性质和功能的重新认识》，《华南农业大学学报》（社会科学版）2011 年第 1 期。
② 韩长赋：《科学把握农业农村发展新形势》，《求是》2013 年第 7 期。
③ 王香花：《后老人农业时代中国粮食安全问题探讨》，《理论探讨》2015 年第 6 期。

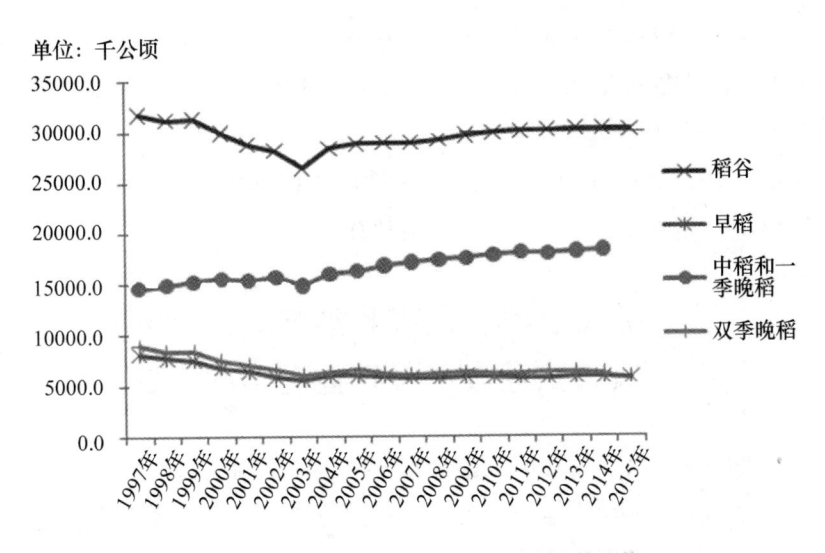

图 5-3　1997—2015 年中国稻谷播种结构

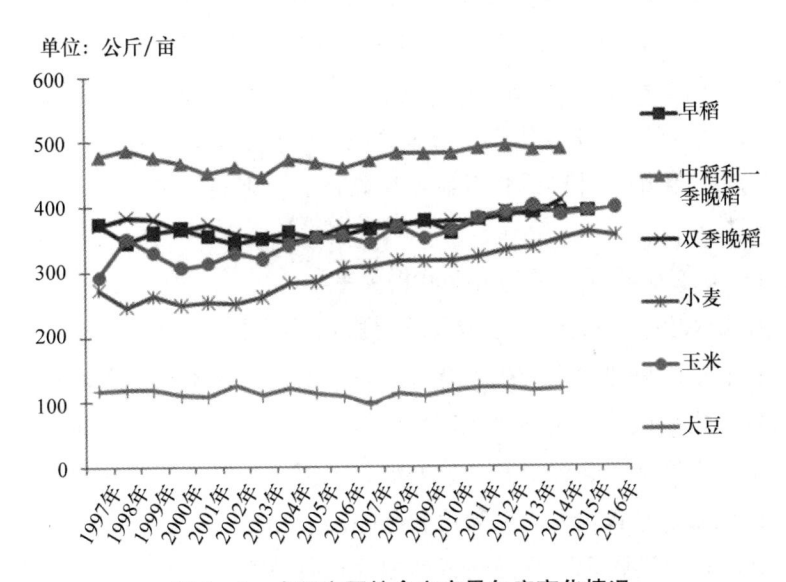

图 5-4　中国主要粮食亩产量年度变化情况

农业劳动人口老龄化其实反映了农村劳动资源得到充分利用，表明农业生产收益比较低，也反映了劳动资源配置的不平衡或资源配置的扭曲，意味着在没有补贴的情况下农业粮食价格仍有上涨的需要。农业劳动力老龄化危机论则把农业规模化、机械化看作突破农业发展困境的重要举措，强调规划耕地资源配置，提高耕地资源配置效率。"老人农业"其实是对劳动资源的充分利用，如何增强农业生产的吸引力，则在于提高务农收入，即适度规模化经营以提升效益。

二 农民增收、资本收益与国民福利孰重孰轻是发展农业之中心议题

发展农业不仅要关注国家粮食安全与国民福利改善，还需从经营主体层面关注农民增收与资本收益。资源的利用水平与产出水平是效率的基础，但不等同于经营主体层面的效益，效益涉及经济层面的规模效应、供求结构，乃至经济与社会结构不平衡引起的价值体系的制约，因而，需要揭示农业生产中的农民收入来源及其受影响的后果、多重结构问题对农业增收的制约与资本进入农业条件；进而需要关注农业供给侧背后的社会结构，按照劳动价值的平衡，推进劳动配置再平衡构想，化解农业外部性抑制农民收益这一难题。

（一）农民收入分解与劳动回报关系

1. 农业生产中的收入来源及其受影响的后果

农业单位耕地的生产投入有效率之高低，但并不意味着农业资本投资效率之高低，如土地投入产出曲线呈现的，只有当土地设施投入或土地成本增加才会促成集约化发展，投资收益取决于规模效应以及通过机械效率来替代人力获得比较收益。

在城镇化进程中，部门间劳动配置趋向平衡，基于同等劳动强度的价值定位，显然，就会呈现出如下的经营收入与工资关系格局：

    a：农业经营收入 = 产业工人工资性收入；
    b：产业工人日工资收入 = 农业雇工日工资；
    c：产业经营收益 = 劳动成本 + 投资盈利。

❖ 第五章 多重结构困扰的农业转型与农业价值重塑 ❖

若将农业视为产业化经营，则目标导向是寻求经营收益，如公式 c 所表达的，即农业收益"理想模型"，农民可以通过农业经营活动，除了获得劳动回报外，亦有投资盈利可言，农业产业化经营似乎有利可图，可获得投资回报。若在现行的农业经营体制下，在"农业经营收入＝劳动工资性收入"状态下，那么，通过雇佣农民劳动，则农业经营投资收益为"0"，即农业生产只是获得与产业工人近似的劳动收入。对农民而言，农业劳动成本上涨或农业粮食价格上涨，有利于农民增收，有利于缩小城乡差距。

2. 多重结构下的农业收入制约

农产品价格高低最终由农业供给结构决定，其平衡由要素配置来解决。社会对农产品（特别是粮食）的需求是刚性的，伴随农业技术改进，劳动力过剩常态化，生产呈现为精耕细作，而供给过剩抑制着粮食价格和劳动价格的上涨。明确讲，农业收入受农产品价格决定，进而影响农户对耕地的利用效率，不同类型农户按其所能接受的耕地劳动投入和资本投入，耕地利用效率与农户劳动力年龄呈倒"U"形关系，"老人农业"就是现实表现形式；若当劳动经营收入小于产业工人工资收入时，农民势必会依据耕地条件调整种植方式，即降低农户耕地利用效率。

当前，我国农业供给侧结构问题备受关注，农业供给侧结构性问题是所有结构问题的一种表现形式。相关农业供给侧结构研究指出，农产品存在多而不优、中低端产品过剩、高端产品供给不足等问题，倾向于将农民增收问题寄托于粮食供求的品种结构调整上。农产品市场价格对供给反应十分敏感，因而不能以现货市场结构反映的价格判定未来某种农产品生产有利可图。依据现货市场结构下的价格格局种植某种产品看似有利可图，特别是一些贫困地区，往往由于交通不便，特色产品不能有效进入广域范围的市场，由此断定基础设施扶贫是关键，但从结构角度看，充分流通的市场自然会在种粮与种菜或水果之间形成均衡。

(二) 资本进入农业的盈利空间

1. 农户的农业收入受劳动配置影响

在分散型农户经营耕作模式下，土地呈零碎化，又因农业基础设施具有公共产品属性，长期缺乏有效投入，呈现退化、老化局面，影响着农业效益提升。在新的经济发展环境下，劳动密集型的传统农业生产模式趋向加速衰落，耕地抛荒、弃耕现象频发，复种指数下降，进而呈现"老人农业"格局。由此，引起学界和政界对国家粮食安全的担心。与其争论"老人农业"的危害，不如说是粮食生产"过剩"和劳动配置失衡的负效应，是再配置过程之需要。基于"粮食安全"的考虑，引出鼓励资本下乡论调或构想，把龙头企业和农业大户视为农业现代化的主力，通过规模经济，充分利用现代机械，加强基础设施改造和建设，发展设施农业、循环农业，推进农业生产的标准化，提高农业生产效率，进行农业技术开发，延长价值链，提高农业利润。这是个美好的构想，然而，当下的农村仍有大量剩余劳动力存在，即农业经营收入＜产业工人的工资收入，农村劳动价格受到抑制，最终通过农产品价格反映出来，即工农产品的"剪刀差"，因而，社会资本进入大宗商品农业就难有收效。当农业经营收入＝产业工人的工资收入，则需要以高效的机械成本替代雇佣高成本人力，才能获得单位耕地的投资盈利，并且这种盈利还需要接近社会平均利润水平。事实上，大田作物的粮食价格偏低，收益较低，工商资本进入农业倾向于非粮化生产，种植高附加值的经济作物、发展观光农业等[1]。农业产业化空间具有局限性，资本介入的高效农业并非粮食安全的考虑。

2. 资本进入农业满足的收益条件

决定农民收入的根本是农产品价格，亦体现为劳动价格。因产业

---

[1] 孙新华：《我国应选择哪种农业经营主体？》，《南京农业大学学报》（社会科学版）2013年第6期。

化经营意在满足公式 c 条件：产业经营收益 = 劳动成本 + 投资盈利。作为资本投资者最关心的是投资盈利部分，若公式 a 成立，且当农业投资者完全雇工劳动，则公式 c 的投资性盈利为零，产业化必定无利可图，显然这种平衡结构不足以激发出产业经营活力。若公式 c 成立，那么，在当下的分散经营格局下，则潜在助推工资上涨的要求，还使得农民的农业退出难度增大，而事实上农民的"退出机制"无非是增加土地的使用成本。

产业化经营在于获取规模效益，规模化经营的争议较大，诸如注重非粮化的投资引致粮食安全问题，土地集中引起的农民利益损失及后顾之忧。户均20亩地的中等程度耕地集中被认为是农业现代化的中坚①。集体土地产权的家庭联产承包责任制下，农户分散经营的农业生产基本不存在土地成本问题，农产品价格体现为劳动价值。若不考虑土地成本的资本下乡发展大规模农场，则可能因劳动成本或追求资本收益率而降低单位面积产量。规模效益要解决土地集中化问题，则需要转移过剩农业劳动力，按照新的土地三权分置的要求，土地权益流转无非就是以一种地租形态，增加使用成本，让农村承包地有收入。另外，农业相关直接补贴可能会通过以提高土地租金的方式使补贴由生产者转移给了土地所有者，租赁流转土地的经营者很少拿到②。近年来，土地租金和农业生产资料价格快速上涨，使得粮食生产成本不断提升，比较效益很低；变相的土地成本增加，使得一般的规模经营不见得就可以降低生产成本和提高生产效率。

（三）发展农业与国民福利改善关系

1. 正视农业"外部性"与农民收益关系

支持农业发展需要权衡国民福利与农民收益或资本盈利关系。在马克思主义劳动价值论视角下，产品过剩被理解为无效劳动，即

---

① 惠国琴：《农业现代化：模式之争与路径整合》，《学习与探索》2014年第3期。
② 万宝瑞：《当前我国农业发展的趋势与建议》，《农业经济问题》2014年第4期。

无价值的,其实这可理解为"外部性"。在农业支援工业背景下,农业经过价格"剪刀差"向工业输送福利,农业正外部性突出,以降低社会成本,这种格局延续至20世纪90年代,而且"剪刀差"呈加大态势(20世纪末的20年"剪刀差"增长近12倍)。在这种格局下,讨论农业效率对农业主体而言没有意义。劳动是商品的价值尺度,技术效率总是扰动价值体系,需要劳动配置的再平衡。在特定技术条件下的农业劳动人口过剩格局下,强调"粮食安全"的供需结构,常呈现供大于求局面,这种结构受到政策体系的强化,使得粮食价格受到抑制,农业"外部性"显著,降低了国民生活成本,为工业化提供廉价劳动力,学界谓之"人口红利"。因而,部门间形成扭曲的价值体系无非是给特定部门创造福利,结果演变成为社会结构问题。劳动配置平衡化过程是价值回归过程,体现为劳动价格和粮食价格的同步上涨。

国家意在提高综合农业生产效率以求得粮食安全、农民增收、农业竞争力提升与农业可持续发展。然而,农业问题毕竟是个多层面的结构问题,农业问题应背景环境变迁总是有新问题叠加其中,相关研究因视角分散,从支持体系上来看尤显所给出的支持政策的矛盾与混乱。诸如有学者指出,补贴项目重在提高农民收入,这与国家粮食安全初衷实现背离[1],或价格支持政策与农产品的国际竞争力背离[2]。在农产品过剩格局下,实行价格支持的保护政策,对于农民收入增长仍显得很乏力。由此,国家对农业的支持最终走向直接补贴农民收入。

2. 重在推进农业供给侧背后的社会结构转型

2016年以来,国家把农业供给侧结构性改革作为农业头等大事。在农业生产中,技术效率特别是品种改良等并非来自农民自身,需要来自科研单位的支持,通过技术推广或扩散体系获得。从微观经济活

---

[1] 黄季焜、王晓兵等:《粮食直补和农资综合补贴对农业生产的影响》,《农业技术经济》2011年第1期。

[2] 伍业兵、覃聪:《关于当前我国农业补贴的思考》,《农村经济》2013年第10期。

动来看，可以让生产主体从不平衡中获得短期经济收益，经过市场再平衡，迅速实现价值回归。因此，农业技术层面的效率的改善更多体现为社会效益，有益于打破低水平的要素配置平衡，也有益于推进社会结构的转型。因而，宏观经济的政策效应无非是打破宏观经济农业低水平要素配置平衡与平衡区域性农业经济效益。宏观政策的执行效果需要微观经济活动主体的配合，为求得宏观经济的社会效益，就需要通过农业补贴政策补偿农业的外部性损失。学界已从经济福利理论、公共财政理论和农业多功能性理论等方面给出实施农业补贴的理论依据。从经济结构视角看，粮食补贴其实是寻求一种平衡，这种平衡对于增产效应也是有限的，对农民的增收效应不大，粮食消费者比粮食生产者从粮食直接补贴政策中获取的利益更多，在农户农业经营收益趋近产业工人工资性收入的过程中，这些补贴可能意在降低生产成本或促进土地综合产出率，达到平抑粮食价格，降低产业工人生活成本的目的。从农业效率提升的方式看，除品种改良外，需要增加土地投资；从经营主体视角看，需要规模效应，规模化则需要强化土地流转。若补贴不当，诸如以耕地面积直接发放给农户，则会阻碍农户退出，进而变相增加土地成本。完全倚重于大户的效率改善，势必脱离社会结构转型实际。保护农业劳动者的利益是农村工作的核心[①]，惠农政策要利于农业规模化经营、提高农业比较效益、构建农村公共服务体系、促进农业劳动者转移。

3. 正确看待农业主体收益的规模效益

城镇化与农业现代化是一个自然演进的过程，经由市场化的劳动资源配置过程与农户家庭的代际过渡。规模化是现代农业的趋势，规模化可以是宏观区域布局层面上的以优势品种生产的规模化，并非一定要是微观户均种植规模或单位种植规模。若纵容农业的"投资效益"导向，很可能引致城市工商资本凭借其资金、技术和规模经营等优势，构成对

[①] 周批改、何柳：《农业劳动者利益保护与惠农政策完善研究》，《社会主义研究》2012 年第 5 期。

农民家庭经营的竞争,产生"挤出效应","代替"农民发展现代农业①。显然,重要的是完善社会化服务体系,社会化服务实践可以把千家万户小农户变成一个大农场。农业的评价绝不能局限于效率标准,还要考虑公平尺度,不要过分夸大农民流转土地后的生活前景,以强行手段迫使农民转出土地,避免让没有再就业或没有能力再就业的农民成为只"吃"地租的"闲人"②。

粮食安全事关国民福利,通过增加粮食供给来保障粮食安全,常常会导致粮价下跌,降低粮农收入;而在现行体制和结构格局下要让粮农增收,又必须提高粮食产品价格,就有必要减少粮食生产或粮食供给,进而损害粮食安全,粮农收入增加只有通过表现为代际过渡的土地流转与劳动配置调整达到农业经营性收入与工资性收入趋近。有关部门从国民福利视角考虑问题,粮价、菜价上涨了,就想要出手干预。其实种粮补贴只是一种对整个价值体系层面的价值重塑。因而,在当下的资源(劳动)配置结构下,要找到提高农业综合生产能力、保障国家粮食安全与农民收入持续较快增长的两全之策尤为困难。

三 统一价值体系下要素配置平衡是理解农业转型之核心要义

农业转型实质上是农村的社会转型,问题的关键是区域层面劳动要素配置的平衡,达到城乡劳动者收入相对平衡,从而剖解农民问题,进而达到部门间生产(产业)的平衡,化解农业供给侧结构性问题。在实现方式上,政府部门需要主动作为,正视关系国民福利的农业"低效率",力促地域三产融合,构建新结构。重要的是注重价值规律,正确审视效率,匡正价值取向,回应既成价值体系问题,构建支持农业外部支撑体系,审视农业外部性,发展特色农业和多功能

---

① 钟勉:《发展现代农业和农业现代化的几点思考》,《农业经济问题》2012年第8期。
② 郭庆海:《新型农业经营主体功能定位及成长的制度供给》,《中国农村经济》2013年第4期。

农业，倡导以绿色化发展主导，实现劳动价值、生态价值、健康价值相融合的综合价值体系的重塑。重视信息化催生农村经济新业态，以服务链对接融合提升部门价值比附。

(一) 要素配置平衡与农民问题剖解关系

1. 劳动要素配置平衡是问题之关键

在特定技术条件下社会财富创造取决于劳动的投入量，增加劳动投入强度，体现为组织化生产的社会效率。技术强化了生产中自然力（能源）的驱动和对自然资源的利用能力，既提高了劳动生产效率，也改变了单位劳动产品的劳动量，重塑了整个物价体系。产业部门内部的技术效率差异为资本获取效益差提供可能，最终经由生产主体的市场行为达到资本收益平衡。不同部门间的生产效率改善是不同步的，必然需要价值体系作适应调整，需要劳动报酬通过物价体系调整或部门间劳动再配置达到，由此，达到保持农业劳动成本向制造业工资水平靠拢。这种部门间的平衡，即特定技术条件下的一种价值体系矫正。因此，工农业部门间的劳动要素配置的平衡成为解决农业问题的重要基础和任务，也是破解我国农业与非农部门劳动群体结构问题的关键，这种平衡的实现借助于劳动价格这一指标得以体现，在农户分散经营格局下，劳动价格则体现于粮食价格，通过其价格调整得以实现。

2. 正视情系"国民福利"的农业"低效率"

在当今的中国，"农业现代化"上升至国家层面的国计民生大事，追求通过农业生产技术效率和组织化效率提高，创造更高的粮食产量，成为政策导向。"农业现代化"容易抽象化为效率，即提高"土地产出率、资源利用率、劳动生产率"，因而，单纯追求效率的农业现代化不符合农业经济发展规律，农业现代化实质是传统社会向现代社会转型的过程和手段，是资本和技术替代劳动的过程，表现为农业剩余劳动力转移过程。农业经济的发展有别于工业经济，其发展前提是社会结构转型，在特定的经济社会发展节点，农业工作侧重点有所不同，当下就需要以集约化经营化解劳动低效率配置问题。

资本主导的集约型生产理应具有效率优势，但在分配上会涉及资本所有者、经营者、劳动者等，由于工资性收入与经营性收入之间因市场可选择性而趋向一致，当不存在进入门槛的限制则自雇劳动的个体经营就成为资本与劳动博弈的平衡调节器。工农业劳动配置的平衡是劳动价格的平衡条件，借助于农业规模粗放化经营压缩劳动成本或市场供给的粮食价格上调达到低效率配置平衡。转移农村劳动力是农业现代化的重要前提，只有达到劳动配置平衡点，才能实现农业经营收入与务工收入趋近，越过平衡点则农业生产趋向粗放经营，导致粮价上涨。劳动配置平衡也体现为社会结构——城镇化平衡点，需要创新农业生产组织方式与改善技术效率，打破低效率下的劳动配置结构性平衡格局，平抑粮食价格过快上涨。农业兼业化或非粮化是农业平衡发展、劳动配置平衡的重要方式，发展多元化、多功能农业则是农业外部性的价值所在，有利于资本进入农业重组农业生产要素创造价值或盈利空间。

3. 基于收入平衡的农业资源再平衡配置

长期以来我们忽视了农业的外部性，衍生出农村空心化、老人农业、农业生产要素非农化、农业副业化等问题。解决问题的出路不在于以精耕细作提高土地产出率达到农民增收。"农业现代化"赋予高生产效率内涵，基于效率视点得出以资本替代劳动力的发展农业方式方法，诸如农业产业化、规模化设想，否定传统农业的同时也否定农民主体地位。生产效率不代表经济效益，若农业现代化意在达到经济社会效益，就有必要采取补贴方式，补偿主体利益。突出农民问题的重要性，则政策的重点不应是所谓扶持农业龙头企业以及所谓农业新型经营主体，而是集中于包括技术在内的公共服务体系建设[1]。突出"以代际分工为基础的半工半耕"的重要性[2]，为城镇化进程中的农

---

[1] 贺雪峰：《农业问题还是农民问题？》，《社会科学》2015年第6期。
[2] 江维国：《我国农业供给侧结构性改革研究》，《现代经济探讨》2016年第4期。

民解决后顾之忧。农业问题可谓是供给结构问题，一般强调供给质量和效率、供给对消费需求变化的适应性和灵活性，减少无效和低端供给，扩大有效和中高端产品供给，基于此，优化农业资源要素配置结构①。然而，农业问题是多重结构问题的叠加，并非简单的市场供给问题，问题源于经济社会结构乃至行政结构的强化，问题的解决需要多层面的再平衡，解决诸多结构问题在于摆脱生产与消费脱节、价值与效率脱钩，出路在于构筑城乡一体化的地域生活圈和经济圈。因此，农业现代化的核心目标在于实现农业劳动者与非农劳动者收入的动态相对平衡，解决低效配置引致的分配结构问题。在社会发展的大分工过程中，往往引致地域发展功能分区化，形成工业与农业相分离的农村与城市的经济结构。农业需要在国家层面统一价值体系下达到劳动配置平衡，正视农业生产中的高成本，还需从全球化视角应对发达国家高效率农业引起的价格挤压。

4. 力促地域三产融合矫正农业内部结构失衡

我国各地农业生产在品种布局上呈现广泛重叠，满足广域市场需求，农业内部也存在不平衡，呈现农产品供给的过与不足。这种局面源自于土地耕种条件、交通局限的市场距离和农业服务体系的完善程度。加强农业基础设施建设是优化资源配置的重要基础，构建完整的农业社会化服务体系是农业供给平衡的重要前提，在大宗农产品生产方面的技术已相对成熟，也不存在与大市场对接问题，而在蔬菜等经济型农业生产就需要产供销一体化体系，若服务体系不健全，则农户会宁愿选择已过剩的大宗农产品以粗放经营应对。农业内部平衡还需创造产业链条和劳动资源配置优化条件，强化农业向二、三产业融合发展转变，打破农村单一的农业经营模式，弥补农业生产中非连续性用工缺陷，拓展非农职业领域，提供就业机会。优化与农业关联服务链，简化服务链中间环节，由在城市提供的服务转变为直接由农村提

---

① 宋洪远：《关于农业供给侧结构性改革若干问题的思考和建议》，《中国农村经济》2016年第10期。

供。农业多功能拓展已成为进一步推动城乡融合发展的着力点①，通过社会化服务如农机跨区作业，把千家万户小农户变成一个大农场，通过价值链驱动，催生涉农产业集群，发展大城市之外的块状经济②。在解决农业结构平衡问题时，设法增加非农收入，强化农业农村的服务经济发展，以新业态带动灵活的就业模式。

（二）匡正价值取向与开启价值重塑之路

1. 注重价值规律正确审视生产效率

农业受多重结构问题困扰，因而发展农业需要正确审视价值与效率关系，协调宏观层面的粮食安全保障与微观层面的农民增收问题解决。单就提高农业效率而言，需要引入新的生产要素和先进的经营管理方式，用现代科学技术、物质装备、组织和管理方式来经营，推进产业化、标准化。但农业问题的解决，在于尊重价值规律，依赖于价值体系重塑，需要政府营造好农业发展的软硬环境，为价值体系重塑提供保障，重要的是破解供需结构平衡，以及优化制约供需结构背后的社会结构（城镇化）。农业关涉国计民生，而宏观政策目标与微观的主体利益并非是一致的，尽管在政策表述中同时强调二者。我国的粮食收储政策事实上扭曲了粮食价格的形成机制，我们亟待审视农业外部性，完善补偿机制，注重现代农业服务外部化特征，支持构建外部支撑体系。在政策上我们存在应对价格水平与价值增值之间的困惑，农产品价值增值仅局限于极小部分产品上，只要大宗农产品价格涨幅大了便似乎难以承受。应对劳动成本的上涨，"机器换人"成为现代化的追求目标。"现代化"体现为"资本主义"或资本逻辑下的衍生品，应对边际收益递减规律，需要侧重技术创新，施展技术效率和演绎产品更新，打破现行价值体系平衡，平缓经济周期波动，推动经济健康平稳发展。资本逻辑演绎造成对劳动产生挤出效应，设法规

---

① 杨培源：《农业功能拓展与城乡融合》，《中共福建省委党校学报》2012 年第 9 期。
② 李春海、郭昆：《加快农业发展方式转变的路径选择和机制设计》，《江西财经大学学报》2011 年第 2 期。

避环境成本和人的健康成本。这种发展理念也在农业领域中渗透,农业领域鲜有农产品更新一说,农业技术创新来自外部系统,产品创新更多体现在其衍生品的农产品加工上。因而,农业现代化必须以确保劳动价值的实现为前提,基于此,寻求组织化效率大于分散经营效率,达到推进社会结构的转型,而不是一味地追求技术化、规模化的"低成本"、低价格产品。

2. 倡导绿色农业匡正价值取向

在我国,传统粮棉油生产占种植业增加值的80%以上,大宗农产品生产主要来自农户,由于生产的结构性过剩,农户从事农业生产其劳动收入长期低于城市产业工人工资,一般市场规律表现为不平衡市场下,粮食价格形成机理理应由农民寻求一般劳动价格平衡。劳动价值论把结构性的生产过剩视为无效劳动,呈现为价值负效应,这部分价值就是"外部性"。经济领域的价值体系是特定技术背景和生产条件下的劳动价值参照体系,不同技术生产条件则构成一种价值冲突。同样的产品,处于不同价值体系中所具有的价值分量是不同的。因而,大宗农产品内外价差缩小,需要从不同的价值体系中分析农业生产效率问题。因此,我们不仅需要提升农业综合效益和竞争力,还需突出农业服务化实现价值增值,以绿色化发展主导生态价值、劳动价值、健康价值注入,重塑农业领域产品的价值。绿色农业则是对传统价值的匡正,是适应人们生活质量的提高,满足多样化的市场需求,生产无公害农产品、绿色食品和有机食品。注重生态资本的货币转化和生态环境维护成本转移,强化对农业集约化、标准化、服务体系化的保障,降低绿色农业技术门槛限定。绿色化的农业现代化并不必然排斥劳动,绿色农产品价格或价值取决于产业资本平均社会盈利水平,充分权衡劳动成本与技术成本,实现技术成本、劳动价格与农产品定价之间的平衡,达到整个价值体系重塑。

3. 把控农业外部性寻求价值空间

农业生产充斥着外部性,这种外部性不单纯指农业对生态的修复,以及农业景观、农业文化体验上,还表现在由社会结构引致的市场资源配置结构，进而经由产品供给结构决定的"价值水平"，为社会提供福利或体现为"农业支撑工业"。因而农业的功能拓展是农业内在价值提升的必然要求。农业的资本低收益反映在大宗农产品生产上的资本盈利空间不大，但不能由此成为对劳动价值的否定。寻求农业价值增值空间可以通过发展特色农业或多功能农业，实行农业品牌化经营。重塑农业价值还须重视信息化催生农村经济的新业态，以服务链对接融合提升部门价值比附，即按照在市场均衡条件下，向价值链高端产业部门看齐的价值体系调整。以农户为主体的分散型农业生产受制于技术、标准体系与质量认证门槛局限，迫切需要全产业链的社会化服务体系作支撑。多元化的农业经营主体在于优化构建新型农业经营体系，专业大户成为现代农业的一支生力军，家庭农场则是现代农业发展的新引擎，农民股份合作通过集体资产产权改革加速农业现代化，农业龙头企业通过带动农民增收和农业发展引领农业现代化[1]。从农业价值体系角度看，资本或农业龙头企业的盈利空间在于产业链和价值链延伸，通过农产品加工实现价值增值，不应取决于垄断经营，取代农民发展农业，而在于为农村劳动力提供更多就业机会和收入来源。实质是通过三产联动增强农业的基础性地位和提高农产品的比较利益，达到农业增效、农民增收。

---

[1] 陈廉、林汉川：《新型农业经营体系：农业现代化的有效组织载体》，《江苏农业科学》2016年第9期。

第六章　区域经济板块融合中的县域经济的平衡发展与绿色转型

县域经济为行政区经济属性的区域经济，伴随城市经济的兴起，从行政建制层面看，县域经济正走向城市经济的对立面，但县域经济实乃综合类型的经济区。在极化效应下，县域经济加速演进与分化，呈现出功能分区化特征。在由传统经济社会向现代经济社会转型中，县域经济需要突破行政边界的制约，还需要经济转型与社会转型同步协调。在当下，县域经济转型正处于新的节点，深受经济新常态局限，还受固化的累积结构困扰和环境规制的约束。县域经济发展需要在经济极化效应下寻求发展契机或转机。

县域经济受地域资源禀赋、地理区位条件约束，在开发利益属地化与经营性地方政府属性的行政体制下，深受导向性的地域开发政策影响，形成当下空间分化的发展格局。县域经济是我国经济社会转型发展的前沿阵地，也是矫正当前我国地域空间层面发展不平衡和发展不充分的重要领地。长期以来，我们对县域经济发展规律以及有关理论问题缺乏深入认识，进而在指导思想上把县域经济等同于区域经济或等同于农村经济，孤立处理县域经济发展问题。在新的背景环境下，地方政府摆脱不了要大搞开发的发展思路。由于种粮收益比较低，粮食大县的县域经济发展水平总体上落后，基本上都陷入了"粮食大县、工业小县、财政穷县"的怪圈。党的十六大明确提出要"壮大县域经济"，此后，中央政府相继提出"城乡统筹""城乡一体化""三化""四化"乃至"五化"同步发展理念，把发展县域经济放在大宏观经济政策架构中理解，但从实践的着力点来看，这些政策必定要落在县域经济社会层面，围绕县域经济社会转型，协调市县或区域内功能分区化问题。

环顾世界，世界经济的发展呈地区性不平衡，区域经济社会转型发展研究已形成区位理论、结构理论、人口迁移理论、非均衡增长理论等，发展经济学强调非平衡发展，有纳尔森的低水平陷阱论、罗森斯坦—罗丹的大推进论、纳克斯的贫困恶性循环论和平衡增长理论以及佩鲁的"增长极"理论。刘易斯等人的二元结构理论揭示发展中国家人口流动的均衡过程；缪尔达尔的循环累积因果关系理论揭示工业化过程中人口与资本的城镇聚集与工业化互为因果关系。H. 钱纳里和 M. 塞尔昆提出城镇化与工业化关系的"发展模型"。克鲁格曼提出产业空间集聚导致技术溢出的外部性，芒福德提出城镇化集约化功能的"磁场效应"。其他还有"雁行理论""边际产业转移论""产品生命周期理论""劳动密集型产业转移论"等理论。发展经济学更多地探讨处于贫困陷阱阶段的国家经济如何启动，而对后续发展研究甚少。

近观中国，我们也存在明显的区域性发展差距。国内"欠发达地区"（包括县域经济）发展瓶颈与出路成为重点研究主题。从自主创新、战略性新兴产业、产业集群角度，探讨产业转移促进区域产业结构升级与跨越式发展模型。区域发展不平衡问题源自于结构问题，相关研究反思了我国城镇化道路、"二元"空间结构、地区经济差距的成因及其对农业发展的影响。这些研究主要从地方财政权的区域分化、非移动性要素区间差异与累积循环等方面探讨非平衡发展根源，强调县域经济自立性、富民性，进而从平衡与共享视角探讨城乡一体化与区域一体化实践，分析城乡体制变革、"以城带乡"动力机制、县域经济空间差异与发展"瓶颈"，探讨行政区经济理论与实践矛盾、空间失衡与区际冲突问题、地方政府管理体制瓶颈，进而探讨区域一体化地方政府合作与行政权协调，"强县扩权"、"省管县"改革、完善财政分配体制、强化地方自主财政权与财政自给能力。当

第六章 区域经济板块融合中的县域经济的平衡发展与绿色转型

前,"四化同步"被认为是破解经济社会结构问题的关键举措。

如今,县域经济发展与转型已处于新的时代节点,供给侧结构性改革成为现实课题。绿色发展已是中国可持续发展的重要议题。2008年,联合国环境规划署(UNEP)发出了"绿色发展倡议"和"绿色新政"的动员,许多发达国家相继出台绿色经济发展措施。我国农业的绿色转型是适应国际农产品绿色壁垒的发展趋势的需要,也是农业供给侧改革的重要内容,绿色农业是推动一、二、三产业融合的主战场,是我国县域经济结构转型的出路所在。相关研究已经从探讨绿色化内涵与基本路径,深入到探讨绿色投资、绿色资本及其价值、绿色供应链结构优化模型。进一步探讨欠发达地区发展低碳经济可行性和推进生态化发展缩小地区间差距,分析低碳产业发展的机遇、挑战与应对策略。当然有观点认为,"主体功能区"的构建深化了各主体功能区之间的不平衡,有违公平市场竞争原则,强调必须完善国家区域政策体系,以弥补因限制发展或放弃发展的机会成本,实现"不开发的发展"或"不开发的富裕"。

综合相关研究可知,从不同视角的研究给出的对策建议具有一定的道理,但是如何发展县域经济并没有普适的模式,还需要厘清县域经济的处境与转型之困,矫正结构之偏,从价值体系层面理解优化要素资源配置平衡的重要性,进而把发力点放在实现地域间平衡发展上。辩证看待经济发展的数量与质量关系,理顺区块关系,矫正结构之偏,活化地域资源、优化经济生态,适应形势变迁改变驱动力。应对价值体系层面的"效用价值"与"劳动价值"的困惑,我们需要重塑价值体系。避免县域经济研究倾向于就某县域而论,缺乏大宏观、大结构、大背景的视角。本章着重研究基于以下反思,新常态背景下的农业转型困境与机遇,工业化、城镇化、农业现代化的结构关系以及诸如技术创新节奏与新时期转型特殊内容、转型的代际过渡关系等。从三产融合、增加就业、绿色发展的地方产业链条角度认识农业与农村经济关系。反思传统行政管理体制的困扰与新型城乡关系的构建。着重剖析新时代节点发展县域经济的以下问题:县域经济处境与转型之困——共同时代背景与分化的地域空间；县域经济转型要解决的问题——剖解结构约束与阻截价值下沉；县域经济转型要有核心抓手——平衡、融合与价值重塑。

一 县域经济处境与转型困境——共同时代背景与分化的地域空间

（一）路径的依赖与新常态的局限

县域经济的发展伴随城市经济的兴起而不断演进与蜕变，当一大批县级行政区逐渐转变成为城市行政区或隶属城市行政区，依然保留县建制的县域经济正走向城市经济的对立面，进而在市县对比中，其传统经济成分愈加突出。县域经济，特别是粮食主产县，除了受国家粮食安全政策影响，还受市管县的大区域城乡关系塑造的影响，其工业化、城镇化发展明显滞后。在扩张性的大开发时代的高速增长期，因主流经济的生产取向，处于重要交通节点的县或矿产资源优势县便捷足先登，对接产业链条前端承接原材料生产加工企业，抢占了先机，取得了较好的发展成绩。由此，县域经济在由传统经济向现代经济转型中，树立了不少"工业立县""工业兴县""工业强县"的发展标杆与发展理念，激发后发者的沿用，甚至无视风险的集聚，一味谋求做大工业经济总量，强调"大招商"与"招大商"，乐于上大项目，以摆脱产业积累式成长的漫长等待以及企业依赖自发成长的创新驱动力的不足。

"新常态"是当今我国经济发展的大背景、大环境，是对我国经济发展增速的定性描述，一方面说明外需驱动力减弱，特别是在全球经济不景气影响下，产能扩张受到局限，况且近年来发达国家更加注重经济生态重构，加大制造业回归；另一方面，反映我国经济转型中资源要素配置结构发生了根本性改变，部门间劳动配置趋近新的平衡，"人口红利"消失，劳动成本快速上升。

工资上涨或劳动成本上升，使得原本产能过剩的中国传统制造业的劳动密集型企业优势消失，也使得农业生产经营进入高投入、高成

❖ 第六章 区域经济板块融合中的县域经济的平衡发展与绿色转型 ❖

本阶段,农产品涨价却又面临多重结构制约,"谁来种地"成为现实问题。新常态是对以往的路径依赖的一种否定,对于县域经济而言,其影响必然是深远的。在此背景下,深入认识县域经济的发展规律、审视新时代节点的机遇与空间至关重要。显然,从宏观层面看,迫切需要加快产业转型升级,加强供给侧结构性改革,这是大潮流。但县域经济未必能做到。由于区域经济发展不平衡、资源要素市场化配置调整不充分,处于腹地经济区块的县域经济深受产业链和价值链层面的牵制,不能真实反映要素价值实现与经济发展空间。当前,我国地区间、城乡间经济发展存在着巨大差异,还有着庞大的低收入群体,这意味着经济有巨大的可提升空间。县域经济的充分发展就必须协调竞争性的区块结构关系,强化区域板块间、产业间的融合,以优化要素资源配置,实现劳动资源配置的再平衡。

(二) 功能分化与板块结构的困扰

在多层级行政管理体制下,行政中心均作为我国地方经济中心打造,各类优势资源必然向各层级行政中心地集聚。行政中心乃中心城市。伴随着各层级行政中心的扩张,许多传统县级行政区,经切割归并或整体设区、设市,成为城市型行政区版图。地区级行政单元本可自成经济板块,而在经济条块管理体制下的工业化与城镇化推进中,首先演绎出城乡分治格局,在市县功能定位上,"县""市"被赋予不同的管理使命和工作重心,因而,无论市县分治还是市管县体制下,"县"显然成为"市"的腹地,即可把县视为更高层级的农村地区。在县域层面,其自身也是由县城和农村腹地构成。如今在"扩权强县"导向下走向开放,依托自身寻求发展。然而,更多的县域经济仍呈现为"农业大县、工业小县、财政穷县"的面貌,面临工业化发展不足、产业层次不高、中心城市辐射带动能力不强的局面。

在经济建设层面,在早期的工业化追赶时期,国家层面的工业平衡布局成就了一大批区域性、专业性重大产品生产科研基地和各具特色的新兴工业城市,构筑起地方性经济中心城市。因物资匮乏,手工业合作化运动促进了农村地区一些轻工行业的形成和发展。改革开放后，在市场激发下，为满足地方性需求，地方民营经济呈现蓬勃发展态势，乡镇企业成就了县域经济活力。然而，随着市场日益加剧的竞争，在导向性政策下的地域开发则加速了地域经济极化，受制于极化效应下的现代产业发展规律，乡镇企业逐步分化与衰落。

县域经济因天时地利，其发展呈现出分化格局，即发达的县域经济与落后的县域经济，使得我们不能一概而论县域经济的特征，不能依据某个成功发展模式而推出普适的结论。由此，学界似乎撇开"县域经济"论发展。在市场化资源配置条件下，落后的县域经济财政保障能力极差，利用财政政策调控经济发展的能力很有限。在"强县扩权"主张下，省直管县体制被寄予了厚望，试图借此摆脱市对县管制的区域性城乡分治问题。显然，基于此并不能摆脱或克服市县间的发展不平衡，同样，按此现行行政管辖架构逻辑，在县级行政区层面的简政放权（如强镇扩权）也有悖于平衡发展。部分县域经济在经济极化效应下，俨然已成为区域经济的特定功能区。从全面建成小康社会和推进现代化的要求出发，公共服务均等化被视为市县政府职能所在。在严重分化或功能特区化格局下，如若强调打破"市管县"体制、隔断市县间的纽带关系，势必会陷入就县域论县域，追求局限于本地域或行政区内的工业化、城镇化指标。

县域经济是我国经济发展的短板和薄弱点，也是促进农业、农村经济优先发展的重要政策载体，县域经济发展也是社会结构转型过程，目的在于立足自有资源优势，借助工业化，引导城镇化与农业现代化同步发展。但是，县域经济结构问题是在整个国家宏观层面的大背景和大环境下体现出来的，县域经济的特质性意味着县域的产业结构需要在地域圈内合理化，而非抛开地域系统而谈小行政区自己的、独立的结构体系。

（三）新旧动能转换与环境规制的约束

可持续发展已成为全球发展的新风向与要求。1962 年《寂静的

第六章 区域经济板块融合中的县域经济的平衡发展与绿色转型

春天》讲述了农药对人类环境的危害，便激起了世界人民环境保护意识。而在20世纪70年代后，全球环境灾害频发，损害着人们的身心健康，威胁着人类自身的生存。1987年，联合国环境与发展委员会（WCED）首次采纳可持续发展概念，并为国际社会广泛接受。联合国环境规划署将绿色经济定义为一种"促成提高人类福祉和社会公平，同时显著降低环境风险，降低生态稀缺性的环境经济"，保护环境和发展生态农业的相关国际公约相继破土而出。在应对21世纪这场金融危机的过程中，世界各国纷纷将推动经济结构调整、培育新的经济增长点的突破点集中到新能源、循环经济、生态治理等绿色经济方面。2011年，联合国环境规划署发布《迈向绿色经济——实现可持续发展和消除贫困的各种途径》报告，要求加强绿色经济转型投资。2012年6月，联合国可持续发展大会提出"在可持续发展和减贫框架下实现绿色经济"。发达国家主张为绿色经济发展设定时间表、目标和措施，甚至打着绿色经济旗号，搞绿色壁垒，在贸易、援助等方面设置先决条件。绿色标准、绿色节能行动等对社会生活的影响更加广泛深入。目前，清洁技术创新仍主要集中在高收入国家，新兴经济体在转型升级中技术创新能力薄弱。

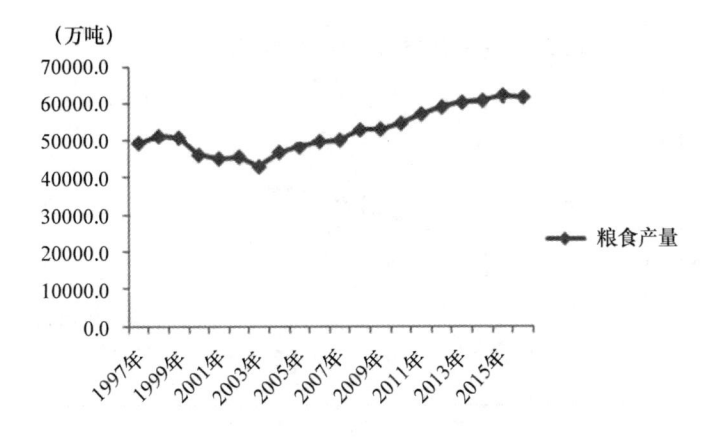

图6-1 1997—2015年中国粮食总产量趋势

长期以来，我国经济增长倚重于工业化，经济发展高度依赖于资

❖ 转型中的中国与农业的转型环境 ❖

源、能源,过度的资源开发以及生产方式的粗放,造成资源浪费和环境污染加剧,导致环境不堪重负,县级行政区成为环境污染重灾区。此外,在农业领域,农村面临着严重的面源污染。特别是随着人力成本的上升,在"效率"导向下,抛弃传统耕种方式,选择使用代表"科技"的农药化肥乃至激素以增加产量、缩短农作物生长周期,不科学施肥导致对土壤和地下水的污染。1978—2015 年,中国粮食增产了 1 倍,而化肥施用量却增长了 5.8 倍,目前,中国农作物化肥施用量是世界平均水平的 2.7 倍。

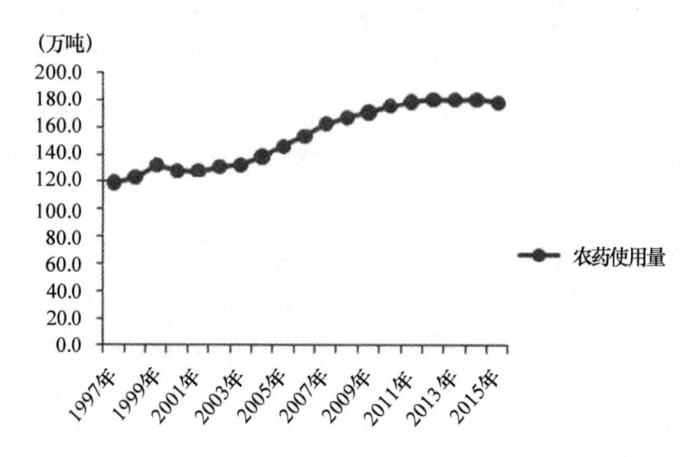

图 6-2 1997—2015 年中国农业农药使用量情况

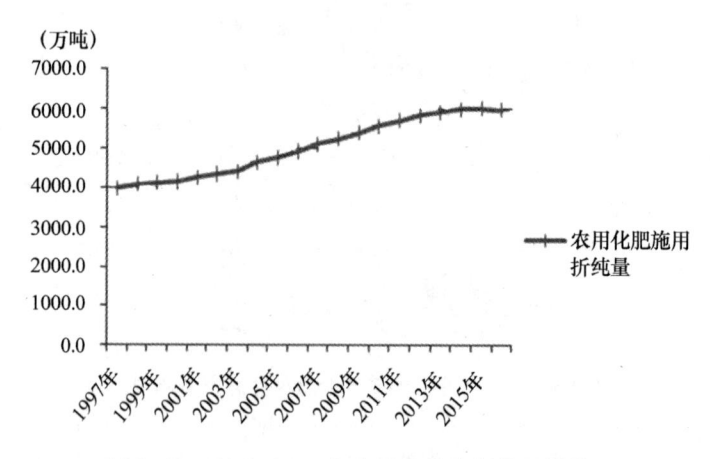

图 6-3 1997—2015 年中国农业化肥使用量情况

第六章 区域经济板块融合中的县域经济的平衡发展与绿色转型

环境问题事关民生,同时是适应"走出去"发展战略的需要,必须加快产业绿色转型。党和国家对此高度重视,先后发布了《关于加强农村环境保护工作的意见》(2007)、实施了《循环经济促进法》(2009),党的十八大把生态环境保护放在更加突出的位置,强调走绿色发展之路。党的十九大突出"生态文明建设",更加强调"绿色发展",要求"必须树立和践行绿水青山就是金山银山的理念"。习近平强调"像保护眼睛一样保护生态环境,像对待生命一样对待生态环境,推动形成绿色发展方式和生活方式"[①]。在实践层面,确定了新国土空间布局办法——《全国主体功能区规划》,"根据资源环境承载能力、现有开发密度和发展潜力,统筹考虑并谋划未来我国人口分布、经济布局、国土利用和城镇化格局,将国土空间划分为优化开发、重点开发、限制开发和禁止开发四类主体功能区"。在农业领域,20世纪90年代,相继成立中国绿色食品发展中心、中国绿色食品协会(CGFA),正式提出"绿色农业"概念。农业部开始实施《无公害食品行动计划》,并推进农业标准化提高产品质量标准。2016年,国务院办公厅发布《关于健全生态保护补偿机制的意见》。

随着环保意识的提升,民间的发声也将强化环保执行力度。人们对食品质量安全的要求和关注程度明显提高,许多城市已经开始实施严格的"绿色"市场准入制度。

其实,经济发展最根本的驱动力在于消费,因消费来源,消费方式动向,诸如是提前还是滞后、被动还是主动,才有了投资驱动、出口驱动抑或创新驱动,进而消费结构影响产业发展。绿色发展导向只是引导消费转型升级,而绿色转型则需要技术支撑,因而转型问题的最大短板为人才与创新能力。

---

① 《推动形成绿色发展方式和生活方式 为人民群众创造良好生产生活环境》,《人民日报》2017年5月28日。

二 县域经济转型要解决的问题——剖解结构约束与阻截产业链环节的价值下沉

(一) 从价值体系层面辩证看待经济发展的数量与质量

区域经济平衡发展是政治目标和政策导向所在，因而县域经济之间的不平衡乃至与城市经济的落差意味着县域经济有着巨大的绝对可塑性发展空间，问题的关键就是补短板。县域经济是短板，县域经济发展亦有较多短板。从创造价值层面看，总量经济由三产分量构成，其中农业方面，取消农业税后，农业不创造税收，农业虽然受到中央和农业分管部门高度重视，而作为地方政府，一般都是被动应对，实质上农业的地位被地方漠视，甚至把它看作发展地方经济的"负担"。农业也因结构性过剩，农产品价值长期处于扭曲状态，影响到县域经济的总量。其实，农业供给侧结构性问题背后是深刻的社会结构问题，造成大量资源要素闲置局面，在宏观层面表现为农业"外部性"。因此，在价值层面，农业体现为主产区的"外部性"与消费区的福利关系。农业的低效益格局势必影响对农业的基础设施建设的投入，而农业基础设施建设是提高农业现代化或效率的重要条件。由此，价值体系层面上的经济生态抑制对于地域经济圈乃至整个宏观经济造成影响。县域经济中的第三产业长期限于传统的、低效率的、一般性的商贸和服务，更为关键的是市场化的不充分，很多生活服务停留在自我服务形态，又受非均衡市场影响，地方圈内部自成价值体系，因而服务业劳动的价值比附较低。另外，对于第三产业，也存在一种认知误区，即第三产业只有在工业化高度发达阶段，而且更是把工业化局限化在本行政区 (即县域)，才可能做大。

地方政府动力在于做大地方经济总量以增收地方财政，而税收主要来自企业创造的增加值，进而衍生出把招商引资作为政府绩效导向的考核指标。地方政府出于税收成效、做大县域经济总量的任务必然落在发展工业上，看重大企业的创税贡献、忽视中小微企业的培育。

❖ 第六章 区域经济板块融合中的县域经济的平衡发展与绿色转型 ❖

而现代大企业的生产与本地消费关联度不大，面对广域市场需求，需要上下游配套，大企业在布局上更多倾向于设置生产基地，对于大多数县域经济而言，难以形成根植性。而真正与地方消费、地域资源紧密关联的是特色小微企业，由于被忽视，其潜在价值被湮灭。

在新时代背景下，若不能转变发展观念、重新审视县域经济规律，就难以把握县域经济做大的空间。在经济发展的数量与质量关系上，首先需要在价值体系层面遵循效用价值规律的产业布局，解决国家层面的结构平衡，尊重劳动价值，充分重视市场一般均衡下的劳动配置优化，依据价值比附调整三产之间的结构关系，而非盲目局限于本县域第二产业达到多高比重，应寻求达到同城化的经济、生活节奏，构筑与大都市的双向流通体系。县级政府应该重视发展生活服务业对人的生活解放，重视农业的多功能性与融合发展空间，适应新时代人们对生态产品的需求，不能忽视事关生命健康的食品安全和环境安全等绿色产业的价值溢价。显然，"新常态"要适应"新时代"，关键是如何看待传统产业的价值创造，做好供给结构。

（二）理顺板块中的结构关系与矫正多重的结构失衡

县域经济的结构问题是多层面的。从全球层面看，技术创新决定产业在全球价值链中的地位，创新节奏决定技术或产品的生命周期，并引起产业梯度转移和经济周期性波动。我国工业是通过价值链层面参与全球化分工，实现了资源要素配置优化，而全球化分工借助于重要的贸易节点城市得以实现，由此形成一种特定的路径依赖，长期的路径依赖则形成国家内部的地区结构问题。从全球化产业演进视角看，产业集聚存在风险性，如日本产业国际转移成为其国家平衡发展地方经济之困惑。事实上，全球化并不能构建起真正意义上的一体化市场。国家层面的结构问题构成发展的大环境，我国经历先大城市后小城镇的发展路径，由于县域城镇载体发育不足和城市产业发展不充分，出现了诸如极化效应下的行政区与功能区之间的矛盾。广域的功能分区化结果使得地方产业与地方消费关联度弱化，劳动要素流动取

❖ 转型中的中国与农业的转型环境 ❖

代产业梯度转移使得经济发展与社会结构转型脱节,即工业化、城镇化与农业现代化不同步。故而伴随着城镇化进程,"农村空心化、农业兼业化、农民老龄化"的局面愈加严重。

县域经济是行政区划界确定的地理空间形态的区域经济,其发展受制于外部约束与区际经济联系。分税制地方财政体制强化了区域性行政政府对辖区经济发展的自主决策权,从而加重区域经济分割现象,要解决行政区经济失衡问题,也就需要作经常性行政区划调整。"行政区经济"人为地将市场分割,要素自由流动受到制约。因而,发展县域经济就需要适应由行政控制型向市场导向型转变,注重区域特色,发挥比较优势,突出产业重点,不能求"小而全"。市管县体制下行政中心城市得到强化,极化效应下的城市扩展放大了经济区范围,形成范围更大的行政区经济。在竞争性地方关系中,必然是地方保护盛行,竞争结果是地区差距扩大。然而,在既成格局下再去寻求将市县置于相互竞争格局的省直管县体制中,由此必将削弱或脱离核心城市带动与支撑腹地发展,最终不利于大区域范围的生态、经济、社会的统筹;不利于我国城乡经济一体化的实现①。区域经济一体化核心目标乃是平衡发展,一体化受利益机制支配,要破解行政权力对经济要素自由流动的阻隔,就需要协调行政权,改变地方政府间行政权力的绝对化分割,实现行政权力在区域层面上的再配置,达到资源在整个区域的优化配置②,重要的是逐步构建起区域利益共享机制。而在地方政府主导型市场经济的发展背景下,区域经济一体化目标的实现有赖于发展区域行政③。

县域是我国经济社会转型的前沿阵地,结构优化需要县域自身努力,强化多点、多层面发力,若局限于县域内部的结构合理化,

---

① 孟延春:《省直管县要合理划定行政区划》,《中国党政干部论坛》2014年第7期。
② 彭彦强:《区域经济一体化、地方政府合作与行政权协调》,《经济体制改革》2009年第6期。
③ 张紧跟:《从区域行政到区域治理:当代中国区域经济一体化的发展路向》,《学术研究》2009年第9期。

必然要倚重工业经济比重和城镇化率来判定所处的经济社会发展阶段，得出诸如把自己界定为处于工业化初级阶段的结论。区域型行政区的经济社会变迁由简单趋向复杂，因而有必要从行政隶属关系和利益关系来确定政府责任，矫正城乡分治的制度设计，构建多层级政府支持的均衡城镇化战略，达到大都市与中小城市协调发展目标。

在功能分区层面（包括主体功能或开发区等），重要的是把控地方经济转型的条件，依据板块经济与梯度发展的均衡规律，要求县域经济发展同区域经济一体化相适应，调整农业与工业发展方向，注重现代产业生产的广域性与供求结构外部关联性，优化产业选择与布局，强化区域层面的协调配套，发掘地方资源优势与产业特色，增强产业根植性。强调农业现代化核心目标在于实现农业劳动者与非农劳动者收入的动态相对平衡[1]，从区域层面协调工业化、城镇化和农业现代化"三化"的落实。

（三）活化地域资源与优化经济生态

良好的经济运行系统结构涉及生产、消费与积累，关乎生产环节上的资源要素配置、供应链与服务配套以及价值体系上的效率与价值、质量与效益等。在封闭经济与开放经济条件下的经济环境乃至具体制度环境、政策体系等不同的大背景大环境格局下，地方经济发展将面临不同的机遇与挑战。

当今，县域经济已难以寻求封闭式发展，并直面传统大宗商品的工业生产的过剩和长期农业的结构性过剩的困扰。事实上，县域经济区日趋成为大都市经济的腹地，接受其辐射影响，承接其部分产业转移或为之提供部分配套。因而，县域经济发展须依据特殊的人地矛盾、区域差异性格局的现实，适应宏观经济现状等特定时代背景，结

---

[1] 钟水映、王雪等：《中国农业现代化的再思考与顶层制度设计》，《武汉大学学报》（哲学社会科学版）2013年第6期。

❖ 转型中的中国与农业的转型环境 ❖

合本地全要素生产力特点，寻找适合自身发展的空间和机遇。重要的是优化经济发展环境，突破县域经济的传统产业锁定。自20世纪90年代中期以后，我国便由长期的短缺经济转入相对过剩经济状态，支撑县域经济的乡镇工业企业失去了大部分原有的市场，由"无工不富"变为"无工不亏"的局面，以农业生产为主体的县域经济更是陷入"农业大县、工业小县、财政穷县"的困局。

对于很多县域而言，区位条件不佳、自身的产业集聚体量不足与配套缺失，不具备发展现代大工业经济的条件，发展工业就需要突破行政区范围，使之融合于现代产业体系的链条上。因此，不能不顾及自身的要素禀赋特点而盲目实行跨越式赶超的发展战略[1]。在工业经济领域，县域经济由于创新要素的匮乏，新兴产业培育奇缺。因而，县域经济的发展思路与路径选择应适应过剩时代与消费时代的产业发展，寻求开放发展，拓展全国市场，应着力营造县域的内生发展环境，布局承接一些梯度转移的产业，依据本地域资源优势发展特色产业，提升县域经济竞争力，改变"小而全"的产业结构。绿色发展是大势所趋，县域经济的发展必须切实践行"绿水青山就是金山银山"理念，抓住绿色发展的机遇，强化绿色约束，匡正县域经济转型的方向。突出社会包容性的经济发展方式，发展"提高人类福祉和社会公平，降低环境风险和生态稀缺的经济"。

在农业方面，随着工业化、城镇化的推进，劳动力成本不断上升，加上农业基础设施建设不足，粮食价格与进口价格呈现倒挂，农村愈加衰落，涌现出一批空心村。其实，农业粮食生产存在潜在的结构性过剩。农业供给侧结构性改革旨在解放和发展农村生产力，矫正农业资源要素配置的扭曲，提高农产品供给质量和效率，提高农业全要素生产率[2]。因此，在农业经济领域，国家各层级政

---

[1] 金鑫：《关于欠发达地区发展县域经济的思考》，《中国特色社会主义研究》2007年第5期。

[2] 宋洪远：《关于农业供给侧结构性改革若干问题的思考和建议》，《中国农村经济》2016年第10期。

❖ 第六章 区域经济板块融合中的县域经济的平衡发展与绿色转型 ❖

府必须注重粮食供给平衡和工资收入与务农劳动收入平衡，认识到农业低效率配置平衡的危机与危害，着重把握宏观层面与微观层面的价值与效率规律。虽然粮食供需平衡非单个县域经济层面所能解决的问题，但各自县域需从现行价值体系下强调资源配置平衡，调动全要素生产力潜力，避免资源错配、挫伤农民的生产积极性。而要发挥全要素生产力潜能，首先，需要突出多元农业经营主体发展，构建起新型农业社会化服务体系，增进一、二、三产业融合发展，实现产业链上的协同发展，达到劳动配置平衡。其次，发挥多功能农业在增加就业与增收、生态保护、观光休闲、文化传承等方面的功能，把握多功能农业的特殊价值的实现条件。注重农村经济的可持续发展，把绿色农业转型作为我国农业供给侧结构性改革的重要内容和实现路径，进而改善和提高环境质量，保障国人食品安全乃至应对国际绿色壁垒。

现代化的价值内涵让所有人的生活境况更加改善，因而县域经济发展核心目标乃是增加居民收入，特别是农民收入。提高劳动生产率是发展农业或农业现代化的题中之义，但不是终极目标所在，重要的是协调经济结构调整与社会结构转型，发挥市场对要素配置作用，实现劳动力配置平衡，达到劳动价值实现，避免要素低效率配置平衡。同时，强化产业融合，优化布局，提升品质，提高效益。

当今，农地流转集中与规模化经营在加速，县域必须重视城市工商资本进入农业产生的"挤出效应"，即资本替代劳动力导致大量劳动力失业、贫困和两极分化等[1]。适应社会转型节奏和遵循价值平衡规律，推进适度规模经营的农业现代化，提高农业生产效率，农业的规模化可以通过宏观区域布局上优势主导产业的规模化，不局限于户均种植规模；重视并发挥龙头企业和业主的带动作用，而不是"代替"农民发展现代农业。家庭农场代表未来农业生产经营组织发展的方向，但必须立足于公平与效率的尺度，重视半工半耕的代际分工与

---

[1] 宋亚平：《规模经营是农业现代化的必由之路吗？》，《江汉论坛》2013年第4期。

过渡。不宜过分夸大农民流转土地后的生活前景，避免以强行手段迫使农民转出土地，成为只"吃"地租的"闲人"①。

活化地域资源重在优化地域经济生态，理解农业经济、农村经济与城市经济三大概念内涵并处理好其间相互关系，从民生经济角度审视做大总量与分量关系及三大产业比重。需要把握政策的宏观与微观层面效应的差异，权衡政府财政收入与居民增收，审视行政区与功能区结构关系，突出板块经济作用，发展农村经济综合体，摆脱农村单一结构的局限。培育新型农业生产经营主体，发挥其引导、示范作用，建立绿色经济示范区、绿色农产品基地，推进农业标准化生产，通过完善服务体系、嫁接服务链，支持多功能农业发展。

三　县域经济转型要有核心抓手——平衡、融合与价值重塑

（一）架设平衡发展桥梁，实行融合发展举措

解决发展不平衡问题是我国经济结构转型的核心目标，解决县域经济的结构转型问题是重中之重。虽然解决问题不取决于个别县域层面，但县域经济发展转型方式的调整仍需要适应大背景、大环境，基于此来把握地方经济发展的新机遇、新逻辑，补齐自身短板，结合宏观政策导向，主动寻找发展的空间机遇。谋求平衡发展首要一点就是遵循市场化的资源要素配置平衡，其实现条件和实践路径是注重产城融合、区域融合、城乡一体、三产融合，融合的目的是在于建立各相关利益主体的均衡机制，以强化融合的带动效应。

县域经济发展亟待上升至上层战略、全局谋划，争取重大交通建设项目等，改变区位条件，依托区位优势、资源优势、环境优势或者

---

① 郭庆海：《新型农业经营主体功能定位及成长的制度供给》，《中国农村经济》2013年第4期。

第六章 区域经济板块融合中的县域经济的平衡发展与绿色转型

技术优势,因地制宜,发展特色经济。

在产业层面,需要在重点产业领域寻找合作伙伴,提供技术支撑,需要开放发展,基于共建共享平台,寻求区域合作,构建企业跨区域产业联盟,解决生产与技术支持体系分立问题,应对县域经济在产业分工中居价值链低端、产业链条短、产业集群效应差,甚至存在产业两头在外格局;突出板块经济作用,切实强化市县统合,城市群协同发展,打造支持区域性合作的行政治理架构。

在板块经济层面,遵循现代产业发展的集聚经济规律,适应循环经济发展方向,重点强化城镇和园区的载体功能,突出重点城镇提供人力支撑以及服务配套。把"产城融合"作为优化现代产业发展环境的核心环节,增强城镇化带动,提升人才集聚力。城乡一体化是构筑板块经济的重要实现路径,有利于发掘地方资源、文化价值,重塑地方特色经济,延伸产业链条,提升产业根植性。对发展农村经济而言,城乡一体化可以有效发挥市场对资源配置作用,最终目标在于消除收入层面和公共服务层面的城乡差距。

县域特色经济需要强化三产融合,以促进劳动配置平衡,优化就业结构,弥补农业劳动非连续性缺陷,充分发挥全要素生产力潜能。改变传统农村的单一经营农业的区域面貌,发展多功能农业,推进农业"接二连三",提供绿色生态产品和服务,提升经济价值量和经济总量,创造更多农村就业机会和收入来源;注重培育新型农业经营主体,发挥农民合作社在农业生产性服务和农产品销售环节的协同作用以及农业龙头企业在农产品加工和物流环节拓展农业实力。在引导产业融合方面,剥离制造业企业中的服务链,推进服务经济发展,强化制造业服务化,服务制造业和农业发展,提升服务业效率;同时,把农业生产性服务业作为现代农业产业体系建设不可或缺的组成部分,作为农业发展方式转变的重要推动力量。

依托绿色转型,强化融合发展。引导绿色产业集群化发展,完善服务体系,强化科技支撑,营造绿色产业良好的发展环境,促进构建企业绿色战略联盟,实行资源互补、利益共享、风险共担的绿色管理，利益相关者通过直接施加压力或者传递信息来表达其对企业生产经营性活动的关注并施加影响[①]，实现生态、经济与社会的可持续发展。构建全产业链供应模式的、突出产业融合的县域现代产业体系；推进诸如农机跨区作业的社会化服务方式，形成连接千家万户小农户的"大农场"；发挥市场机制作用，通过农产品价值链驱动，催生涉农产业集群，形成非大都市范畴的新块状经济。

（二）新常态适应新时代，改变驱动方式与追求发展质量

地方经济发展，因在特定的时代背景，按照特定的逻辑，有其特殊的路径依赖。经济发展驱动力有由资源要素驱动向资本驱动再到知识技术驱动转变的趋势，必须着重解决所属阶段、所需解决的核心问题。创新驱动按照技术扩散和产品创新两条路径改变技术经济生命周期，形成产业梯度转移，甚至演进为世界性的经济周期波动。县域经济需要遵循市场与技术逻辑，踏准全球化与创新节奏，适应经济转型，及时促进社会转型，及时调整经济发展策略，加快产业与产品更新。"新常态"适应"新时代"，生产突出发展质量，强调供给侧结构性改革，改善人民生活，提升消费拉动经济的作用。

抓住以信息技术为主导的分布式生产带给地方经济的机遇，抓紧推进区域互联互通，建设现代交通路网，强化服务链，完善支持体系，摆脱技术束缚，构建城乡双向流通体系，推进"互联网＋"行动，增加市场透明度，压缩流通成本，拓展新业态，摆脱传统结构约束。

可持续发展成为全球性共识与发展风向，联合国环境规划署发出了"绿色发展倡议"和"绿色新政"的动员，许多发达国家结合本国实际相继出台了绿色经济发展措施。我国高度重视生态文明建设，绿色与低碳经济已经成为我国寻求高效、可持续与公平发展模式的战

---

① 张艳清、林野：《企业绿色管理障碍分析与绿色战略联盟的构建》，《企业经济》2012年第1期。

略选择。县域必须按照党的十九大提出的新理念新遵循,转变发展思维,适应新时代,培育新动能,开创新业态,激发新需求。把绿色农业作为推动一、二、三产业融合的主战场[1],通过绿色化、区域化、产业化、集约化、标准化和信息化来提升农产品品质,进而提升农产品的市场竞争力,强化效率导向、规模导向与公平导向的绿色经济[2],制定绿色农业生产标准;构建新型农业经营体系,推进产业融合发展,为特色经济发展提供合作支撑。

在宏观管理层面,强化绿色发展的引导与约束。县域需要着力构建标准体系与设置标准认证技术门槛,实行企业绿色价值链管理和绿色供应链管理,确定以关注消费者健康收益为核心的社会底线供应链和以关注环境生态收益为核心的环境底线供应链[3];强化政策环境绿色化、生产过程绿色化与生产产品绿色化约束,突出供应链环节上的社会责任、环境责任与经济责任。强化企业在环境问题上的责任担当,通过生产链条上所有节点企业的"集体行动",推进绿色产业升级;引导社会力量的广泛参与,监督企业的绿色转型行为,建立健全绿色发展的生态环境保护责任追究制度和环境损害赔偿制度;推进绿色食品工程,建设支持生态农业科技创新体系,强化财政在生态农业结构调整中的作用,支持区域特色高效生态农业发展。

(三) 重塑价值体系,导入高收入实现的策略

在全球技术创新不平衡的发展格局下,各国依据其制造业在全球价值链中的地位确立其价值标杆,据此构成各自的价值体系。中国的全球化参与是应特定经济发展阶段之需要,力求缩短工业化进程,达到局部平衡或超越。外向型经济借助于节点城市,特别是在导向性的

---

[1] 翁伯琦、张伟利:《试论生态文明建设与绿色农业发展》,《福建农林大学学报》(哲学社会科学版) 2013 年第 4 期。

[2] 唐啸:《绿色经济理论最新发展述评》,《国外理论动态》2014 年第 1 期。

[3] 杨光勇、计国君:《构建基于三重底线的绿色供应链:欧盟与美国的环境规制比较》,《中国工业经济》2011 年第 2 期。

地域开发政策下，地域经济必然呈现极化与功能分区化特征，由此形成区域结构，进而加剧地域经济发展与社会转型脱离，导致要素资源配置不均衡、部门经济生产过剩与价值扭曲。

因此，在内外关系上，即在国家层面上，政府必须重点关注关键、核心领域的创新突破，提高在价值链环节的国际比较上的价值定位。在国家内部统一市场体系下，强调劳动配置平衡，达到劳动价格平衡，进而达到劳动与资本对收益的平衡，同时，引导绿色发展，将外部性转变为现实价值和内生动力。

结构性问题体现在价值体系上，结构问题解决则是多层面的。首先，要破解全球化背景下地区或国家间由技术创新形成的中心与外围的梯度关系，即产业价值链的地位及其引起的价值体系不平衡。逐步改变当初我国发展外向型经济的思路，依赖价值链低端的产业投资拉动，通过低价格竞争出口，为他国输出福利。其次，要解决在一国范围内因要素配置不平衡，特别是要矫正因条块分割、城乡割裂的行政体制带来的问题，具体体现为经济结构与社会转型不一致，在地域开发政策导向下，劳动要素跨区流动取代产业转移，地域生产与消费脱节，工业化、城镇化与农业现代化不协调以及区域层面的粮食主产区与消费区的结构问题。加强农村产业融合进程，改变工业化或城镇化效应弱的局面，改变劳动力积压和粮食供给过剩导致农业生产的"效用价值"滑向"劳动价值"，农业低效益进而造成低效率资源配置的危机。

因此，各类结构问题的解决需要宏观层面的政策导向，尊重价值规律，重塑价值体系，把握福利与盈利关系，引导绿色消费，完善服务或支持体系，延伸服务链条和产业链条，引导多功能农业发展，释放巨大的潜在价值。提升健康、绿色生态产品消费需求量，让绿色成本转移至绿色价格中，发挥绿色食品价格溢出效应。正视福利生产之必要性（非营利目标），关注农业外部性，进而实施必要的农业补贴，加强农业基础设施建设，提供农业科技支持，化解门槛困惑，建立农业生态环境补偿机制，通过补偿机制和引导机制，矫正价值扭曲

第六章 区域经济板块融合中的县域经济的平衡发展与绿色转型

并优化供给结构；减少生态农业进入者成本，创造就业，提高生态农业进入者的净收入。

注重微观经济层面"效用价值"递减规律下的价值与效率关系，正视劳动者、自雇佣经营者与企业经营者之间的平衡关系，重视劳动配置平衡对于劳动价值平衡关系与主体层面的竞争平衡，关注"效用价值"滑向"劳动价值"过程中的主体收益影响。在价值结构层面，我国农业生产呈现明显的"外部性"，技术支持上呈现外部化特征，把农业服务体系建设作为发展现代农业必要条件，应对技术门槛。

在县域经济层面，需要解决资源要素价值低估、矫正结构扭曲问题，延伸产业链，提升价值链，引导价值链位移，通过市场平衡提升部门经济整体价值比附，避免承接低端产业的风险集聚。以绿色发展匡正县域的价值取向，通过绿色规制约束，引导资源节约，寻找传统生产方式的替代方案。加强企业绿色价值链管理，减少资源要素错配、低效率利用，把环境冲击放进改善生产力和竞争力的整个流程中，重构绿色价值链，通过各价值活动环节的绿色化创新，带来生产力的改善和绿色产品的溢价。直面供给侧结构性改革，发掘绿色价值，依托绿色发展构筑地方产业链条，体现健康价值；构建共享机制，强化社会监督，创立区域性品牌；发展有机农业、生态农业，达到资源高效率利用，依托农产品标准化手段，减少生产过程中化肥、农药的使用，通过综合性的农业技术改革，达到稳产、高产、高效的农业生产模式，延伸绿色农业产业链，提升价值链。

第七章 农业转型中的经营主体变迁逻辑与成长环境

农业发展不单纯指农业自身的发展，农业还承载着重要的社会功能，因而，农业的发展具有特定的时代内容与特定的路径依赖，进而农业的现代化具有趋势性、渐进性、必要性。农业转型意味着经营的规模化与新型经营主体的成长。农业发展与制度建设需要与时俱进，尊重与重视劳动。在政策层面上需要把握导向性、原则性和限制性。

农业转型发展离不开其经营主体的培育与转型，这也引起学界对经营主体层面的关注，分析诸如农业劳动力年龄对农户耕地利用效率的影响、我国农业适度规模经营之必要性，他们认识到城市工商资本进入农业的"挤出效应"；强调发挥龙头企业的带动，而不是"代替"农民发展现代农业；强调宏观区域布局上优势主导产业的规模化，而不是微观组织上户均种植规模或单位种植规模。工商资本非粮化生产倾向对农户利益和村庄秩序的侵害极大，严重威胁农业产出和粮食安全。相关研究辨析了农户与大生产的对接和农户与大市场的对接，强调"三农"政策的重心只能是农民问题，政策重点不是扶持农业龙头企业以及农业新型经营主体；探讨了新型农业经营主体的功能定位，强调公平与效率的尺度把握；分析了农业经营主体和经营规模演化的国际趋势、现代农业生产组织模式与合作化路径、新型农民培育与人力资本积累、农业经营主体分化与行为取向及其效益，以及探讨新型主体面临的市场、技术和社会风险，农业供给侧结构性改革，农业标准化的主体参与。

第七章 农业转型中的经营主体变迁逻辑与成长环境

农业现代化是农业发展的趋势和方向，因工业经济发展引起的价值体系的不平衡，导致资源配置（包括劳动力、技术跨领域应用）调整需要，在此格局下，农业处于被动现代化转型，这种被动性转型体现为滞后性，表现为农民市民化的不足与农业承担着重要的社会功能。主动的农业现代化是基于对小农经济的否定，推崇规模经济的专业化分工思路，在政府性干预下，主导资源配置，推进土地制度与经营制度变革，推进诸如合作化、集体所有制、规模化试点等。发展农业的关注点在于增加农民收入、改善农村环境、提高农村资源利用效率以及保障国家粮食安全，进而从生产方式方面关注新型农业主体、农业经营模式乃至土地流转。农业转型是传统农业经济社会进入现代工业经济社会的必然过程。在此转型中，由于对农业经济承载的社会功能与农业经济运行规律的认识不足，往往忽视部门间的平衡与主体层面的平衡，导致对转型节奏的把握不准，造成了一定的曲折与迂回。回顾历史经验，重视价值规律，尊重劳动，切中时代主题，回应现实问题，找到农业问题的突破口，减少发展道路的迂回。农业转型具有特定的路径依赖，并非单纯的由技术效率主导的现代化，需要抓住经济社会转型的时代节点的契机，有必要从主体层面理解农业转型的必要性、现实性与操作性。

本章研究基于以下反思，新型农业主体与农民身份关系，决定农民收入变化的根本原因，农业多元主体参与与农民增收可能，进一步分析涉及现代经营主体与粮食安全关系、农业兼业与专业化发展影响、劳动投入与资本技术投入关系、政府支持取向等关系农业多元化主体的利益取向与种植取向，主体间共生关系构建。以及分析农地流转中的土地租金、农业补贴与农业成本关系、农业组织化生产与分散兼业型生产的农业用工特点以及农业、农村发展与地域板块经济生态构建的必要性等关涉农民利益保护与新型农业主体培育关系。在此基础上，着重探讨三个层面的逻辑，从治理背景与时代主题探讨农业发展的社会结构转型逻辑；从平衡化与平衡突破探讨农业发展的经济运行逻辑；从制度目标与制度的结构锁定角度探讨农业发展的制度演进逻辑。

一 社会结构转型逻辑下的农业发展环境——治理背景与时代主题

(一) 城市经济崛起与城乡分治下的农业

农业是农村经济的主体，具有一定的地域性、社会性、阶段性特征。农业作为产业形态，其对立面是工业与服务业（早期主要是商业），而从所属社会特性来看，农村经济的对立面是城市经济，而城市经济对应的行政区板块对立面则为县或县域经济区。从发展序列上看，城市经济是由传统农村"元经济形态"分化与再集聚形成，城市经济小而言之是维持城市运行的经济生态，大而言之则是发生在城市地域所有经济活动，从现代产业经济层面讲，城市经济必须适宜城市环境，达到要素集聚、产业集群、规模效益等目的。传统农业社会是自给自足经济，农村经济中有手工业和商业，可构成一个小的相对闭合的经济生态；现代农业则是建立在社会分工基础上的，分工意味着专业化，呈现为开放式的产业，进而农村发展是否还适宜保留多元经济形态？不同回答可能将引向不同的发展道路。作为实践探索，时而有搞过激进的运动式、示范性发展模式。总之，要深入理解和把握农业与农村经济发展规律，就需要从农村与城市、农业与工业关系的大背景、大转型视角，看待我国的结构转型。

农业社会进入工业社会并不是两者亦步亦趋的同步发展，现代产业经济虽是从传统农村经济中分化、剥离出来的，并向城镇集聚，但农村经济并未因此而同步演化为专业化的现代农业经济，相反因农业土地劳动吸纳弹性大，加之人口的再生产而发生内卷化，城乡始终处于二元社会形态。传统农业社会向现代工业经济社会转型，通常我们直面的是由需求引起的产业结构不平衡与价值体系扭曲，劳动收入分化，进而劳动力过度地涌入城市，除了造成城市承载压力升高，也影响到薄弱的农业生产。农村与城市是两个完全不同的运行模式的社会，在社会治理方面就有了二元治理结构需要，即行政体制上实行城乡分治的二元结构，以强化社会有序化发展。中国由传统社会向现代社会的转型，是在二元体制下，对农业土地所有权、经营权和收益权关系不断作制度性调整，因经济社会结构背景的变迁，总是暴露出新的转型问题。

农业的传统与现代并没有具体的界限，但传统农业阶段更多体现为分散型的小农，依据一己之力或邻里互助完成生产过程，集体所有制下的农业家庭联产承包责任制，在一定程度上是对传统农业的一种回归，国家赋予了农民生产经营自主权，农民有了相对自主性，但直到20世纪90年代以后，小城镇户籍才逐步放开，非农就业机会才显著增多。但户籍制度与产权制度改革进展缓慢，另外，束缚市民化的社会保障制度改革难有起色。显然，在二元化的社会结构下，农业肩负起重要的社会功能，即土地成为农民安身立命之本，功能区化的地方行政单元政府依据"土地所有者"身份强迫农户承受各种名目的摊派，实行行政干预承包经营。另外，城市并不为进城农民提供稳定的就业或社会保障，农村富余劳动力选择做兼业农民，作季节性"迁徙"。

在快速工业化和城镇化背景下，传统农户经营农业的外部环境发生了深刻的变化，农民不再受土地所束缚，农户非农就业机会增多，农户出现兼业化、非农化分化，农民也由生计型逐渐向以代际分工为基础的"半工半农"的家庭经营模式转变。

由此，农业经营主体加速分化，形成"留守农业"、"中农"、家庭农场与农业企业。"留守农业"体现为我国社会转型时期家庭经营"代际分工"过渡角色，保留自给自足和自我供养的传统经济形态，适宜农民城镇化自由进退，家庭收入来自"半工半农"。"中农"则是在快速城镇化导致农村"空心化"态势下，农户在权衡务农与务工的理性选择下，在熟人社会间，通过亲属社会网络自发土地流转，土地集中至从事农业的家庭，进而维护村庄社会秩序。事实上中农的经济效益也仅仅能够维持一般家庭生活，但他们的生活价值与意义是与熟人社会存在高度关联，为达到相同的经济效益，倾向于减少成本，其农业经营依据耕地量与家庭可利用劳动力限度的投入策略。

(二) 市场化与全球化进程中的农业

市场存在的意义在于交易，市场化则是资源配置的方式，达到市场供求结构平衡、产业结构平衡乃至社会结构的优化调整。农业的市场化，首先是产品的市场化即产业化，其次是包括围绕产品供给的要素配置的市场化。全球化是市场的进一步开放，放宽资本的参与，在由技术决定的全球价值体系下，寻求产品的全球化贸易，但要素配置不可能无限度地跨国自由流动，特别是农业。当今的全球化并非绝对的自由贸易化，国际贸易原则是对等的，更多的是寻求一种平衡，必要时把农业作为平衡的调节对象。由于地域间的特殊自然条件和人地关系结构差异，全球农业生产处于不同的价值体系下，农业在各国的战略地位和角色不是同等的，并不能简单地推崇适地化生产、寻求全球范围的农业"社会必要劳动时间"，而是必须把控住开放度。

农业家庭联产承包责任制实质上已带有市场化气息，但这只是局限化的市场。中国的农业发展长期受制于二元化的社会治理结构，农民被禁锢在土地上，造成农业发展的"内卷化"，城市消化自身的人口再生产的就业负担。改革开放后，工业化特别是外向型经济长足发展，固化的结构才被打破，劳动力资源得到了优化配置。如今，农村劳动力转移发生了根本性的结构变化，呈现出农村空心化和农业生产兼业化、非粮化态势，农业土地成本、物资成本、用工成本均在上涨，粮食供给结构不平衡。

中国是一个人口大国，对农业领域的市场开放一直是谨慎的，所有的农业改革都把确保粮食安全放在第一位。把藏粮于地作为重要保障条件，要求耕地占补平衡，划定粮食生产功能区，进而支持粮食主产区建设粮食生产核心区，为稳定粮食生产、提高粮食产能，推进高质量农田建设，改善耕作条件。

在中国的社会转型过程中，农业出于适应工业经济发展与价值体系调整，而作资源配置调整或作劳动价格与产品价格的调整，农业技术进步并非显性地与增收挂钩。而当农产品市场面向全球开放时，意

第七章 农业转型中的经营主体变迁逻辑与成长环境

味着对国内价值体系的修正，国内农业生产必然要作适应性调整。中国经济发展得益于工业领域的开放发展，在WTO框架下发展贸易，农业外部环境发生了深刻变化，农业保护政策受到了约束。在不同人地关系和经济社会结构背景下，我国的农业竞争愈加不利和被动。在由技术主导的价值体系下，我国大宗农产品价格已高于国际市场价格，农业生产明显受到农产品价格的"天花板"和农业生产成本的"地板"的双重挤压，农业生产和价格补贴逼近WTO规则的"黄线"，资源环境的"红灯"已亮起。另外，农业小规模、分散化经营模式已经制约农业资源整合，影响高产农田改造和农业基础设施建设，抑制农村生产要素潜能发挥。近年来，在市场决定资源配置导向下，全国各地土地流转在加速，以家庭农场、农民专业合作社和农业企业为代表的新型农业规模经营主体正在逐步发展起来，农业大户、农业企业代表中国的先进生产力。在严峻的市场竞争环境下，农业合作化愈加必要，通过合作与联合提升弱者的主体地位和面对市场的话语权，如控制农产品流通中一些私人粮食公司和粮食中转机构的恶意压低价格。

中国的农业仍肩负着重要社会功能，新型农业主体和小农户将长期并存。农业不同经营主体之间，在适应新的市场形态方面，存在雇佣关系或上下游关系，分工合作化加强，同时相互间难免会因利益诉求引发摩擦。在这样共存背景下的资源配置状态亦将是劳动工资收入与农民农业经营收入持平。由此，资本性质的农业经营就必须要寻找到新的盈利点。在全球化背景下，中国的新型农业生产经营主体还有待培育和壮大，还需积极构建产业链，立足产业体系提升价值链，参与全球资源配置并掌握话语权。在毛泽东时代，对外贸易的一条原则是强调调剂作用，在今天深度开放的时代，我们必须看到农业的特殊性和特殊的人地关系下土地的社会功能。因此，农产品贸易可以优化市场供给结构，重要的是发挥价值体系重塑作用，激发农业转型的意识，通过生产效率抑制农产品价格，为实现有序向城镇转移劳动力提供动力。

(三）乡村社会变迁与振兴战略下的农业

乡村社会发展涉及农业、农村与农民问题，可谓"三位一体"，显示了农业承担着一定的社会功能，农业发展的方式方法有其过渡性，问题体现在以资源配置为特点的社会结构上，影响农业的不仅仅是供给结构下的产品结构，它甚至关涉整个价值体系。不平衡可谓是社会有序化动力，结构性平衡可能是低效率资源配置平衡，这就需要引入诸如新型农业经营主体，通过各经营主体的行为取向，共同完成其特定时代的农业发展的社会使命。

历史地看，传统乡村经济有其自身的内循环，衍生出集市，进而形成小城镇到大城市的发展。由于历史原因，中国经济社会长期与世界脱轨，与世界经济对接一直是中国长远发展目标，实行工业化追赶，工业经济的大规模集聚效应，使得发展道路以先大城市后小城镇的发展序列演进。

乡村并非绝对的孤立存在，要维持乡村有序化运转，除自我循环体系外，还需通过外部系统进行物质与信息交换，需要接近城镇为其提供必要的服务，与城镇构筑一个相对完整的地域性经济生态。在没有现代工业经济或工业还不够发达，或城乡割裂治理体制下，农村就会陷入所谓的"内卷化"，迫于人口压力，通过有限土地容纳更多劳动力，使得边际报酬下降到近乎零。乡村社会的长期停滞，便会形成固化的、宿命的小农意识，掣肘发展。

传统式农业的示弱、乡村的空心化，引起社会各界关注，预示着大变革时代的到来。党的十六大强调"全面繁荣农村经济"，统筹城乡经济社会发展，建设现代农业，发展农村经济，增加农民收入。党的十七大强调"推进社会主义新农村建设"，城乡经济社会发展一体化。党的十八大强调"推动城乡发展一体化"，增强农村发展活力，缩小城乡差距。党的十九大正式提出"实施乡村振兴战略"，乡村振兴战略统领未来国家现代化进程中的农业农村发展，解决我国经济社会发展的不平衡、不充分问题。

第七章 农业转型中的经营主体变迁逻辑与成长环境

农业现代化进程就是农村社会变迁的过程,是资源配置调整的过程,使用机械化方式生产替代部分人的直接活劳动,推进农业规模化,形成新型农业经营主体,一方面,农业现代化需要城镇为农业提供精细化服务;另一方面,城市也需要农村提供精细化的产品,进而推进农业农村综合发展。由此,正吸引着越来越多的在外务工青年农民返乡创业,通过引导发展家庭农场、组建农民合作社,以延缓农业"老龄化"的进程[①]。农业合作社在很多国家已成为其农业经济、农民生活、农村建设中的重要依托和中介,推进着农业的规模化、社会化、产业化发展进程。这也正是乡村振兴战略的逻辑基点。

乡村为城市发展提供劳动力,推进城镇化进程。不限于此,乡村是食物的源头、农耕文明的源头,还是整个人类发展的源头,承载着厚重的传统文化。在很多农村地区尤其是经济欠发达的西部农村,农业承担着主要的生活和生存保障的社会功能,同时还是传统农耕文明智慧和精粹的载体,不能简单地否定传统农业经营模式。必须重视农户经营的基础地位,彰显农民的主体性,避免工商资本排挤农户或以政府的主导性压制农民的主体性[②]。必须按照《中共中央、国务院关于加快发展现代农业进一步增强农村发展活力的若干意见》要求,强调要"守住一条底线",保证农民土地承包经营权。在此转型节点,家庭农场化正是适应了规模经营需要,促进熟人社会的土地流转,降低农民市民化进程中的失地风险,这也是有助于降低土地使用成本(土地流转成本)的有效途径,为城镇化提供良好的社会环境。家庭农场经营改善了农村劳动力结构,促进增加对农业投资,为新农村建设提供动力。

应对村庄凋敝,乡村振兴战略的提出恰逢其时。在社会功能上需要城市与乡村相互融合,在产业层面上需要三产业融合,促进产业兴旺,重构地域经济生态。地方城镇与城市经济的繁荣是有效平衡城乡

---

① 孔祥智:《新型农业经营主体的地位和顶层设计》,《改革》2014年第5期。
② 倪慧、龚春明:《新型农业经营主体培育实践中的几个关键问题》,《农业经济》2015年第8期。

劳动配置、提高农民收入，也是推动消费升级的重要途径，进而为农业发展提出更高质量要求，也为农业多功能发展创造机遇。新的发展转型是建立在新的技术门槛与服务体系之上，需要在原有发展逻辑基础上，进一步整合资源，优化要素配置，谋划共享发展。

二 经济运行逻辑下的农业发展环境——平衡化与平衡突破

（一）农业的规模与效益关系的适用条件

规模经济理论是经济学的最基本理论之一，也是现代企业理论的重要范畴，在该理论的导向下，便有关于农业规模化实践要求。农业规模化反映着人地关系，农业规模经济有特定规律，具有国别差异，在特定国家有其适用范围，取决于资本与劳动的平衡乃至收入均等化，由此决定农业规模化与专业化的节奏。规模化是发展的趋势，是由小农到大农的变迁过程，是受特定价值体系下的效率与效益关系的决定，往往只有在特定转型节点才具有必要性，才有益于拓展劳动的价值空间。因而，农业规模化的效益有其门槛值，即所谓"适度"，需要纵向联合与横向联合，构建起有服务链条的农业经营体系，进而延伸产业链与价值链，重塑价值体系。

规模化的初级形态是农业专业大户，它可分为种植大户、养殖大户、加工大户、销售大户、服务大户等，其中，种植大户涉及土地流转。我国农地流转规模逐年增大，截至2012年6月，全国有4000多万农户流转出承包地，占总承包地面积20%左右。按照户均6.67hm^2计算，专业大户总经营耕地面积约1800万hm^2，占全国耕地面积的14.8%。

农户经营规模过小主要影响劳动力资源的潜力发挥和农民收入的增加。第一，经营规模太小，农户总产量难以提高。第二，农业生产和经营成本难以降低，不利于土地合理规划和整治，难以承担大规模的基础设施建设和生产辅助设施建设。第三，在市场化要素配置条件下，农业劳动成本趋向平衡化，农户经营规模过小与耕地零碎，农户通过选择性地对土地投入形成兼业农业，耕地产出率难以提高。因而，大户经营被认为可以有效提高土地生产效率，显然，土地大规模经营，是改造传统农业、实现农业现代化的关键与必要条件。而当今的专业大户主要通过租用方式获得土地，面临门槛较高、承受风险过大等成本问题，具有潜在的不稳定性。

农业经营方式的特殊性决定了不适合把工厂式的组织方式引入农业生产领域，特别是雇工带来劳动力成本和劳动监督难题。从生产效率角度看，小农、家庭农场和工商企业的全员生产效率依次降低，原因在于三者劳动力使用方式的差异，即农户不雇工，家庭农场少量雇工，而工商企业则全部雇工[1]。这也反映了当下我国农业生产中的价值链尚未拉开，基于农业生产的特性与中国人多地少的国情，学界认为不宜推行劳动力节约型的规模经营，只能是适度规模经营。相关研究指出，农业要符合农业生产特点和规律，种植业规模经营应该适可而止，事实上，土地产出率与经营规模没有必然联系，相反规模与产出呈负相关关系，农场规模越大，产出反而越少[2]。"适度"范围取决于自然条件、生产传统、科技水平和社会化服务获得等，重要的是寻求一种平衡，即每个农业生产者所能经营的农地面积，其产生的规模效应足以使农业劳动生产率大幅度提高到接近非农业部门劳动生产率，其所获收益不低于从事其他行业的收益。同时，基于农业雇佣管理成本和消除农业剥削的社会功能视角，一般认为合适的农业经营规模应是尽量不要雇工种地。事实上，家庭经营的农场由于没有代理成本而优于雇工经营的农场。

农业发展是一个渐进的过程，因而适度规模也是动态变化的，取决于经济发展水平、技术进步、制造业—农业工资（收入）比，以及劳动—资本价格（成本）比。农业规模化的后果是新型农业经

---

[1] 孙新华：《农业经营主体：类型比较与路径选择——以全员生产效率为中心》，《经济与管理研究》2013年第12期。

[2] 邹心平：《论家庭农场在新型农业经营体系中的主体地位》，《求实》2017年第2期。

营主体成长过程，也是农业生产分工精细化的过程和农业社会化服务大发展的过程。新型经营主体出于稳定生产和寻求利润最大化的资源配置，接受专业化、社会化的生产性服务。家庭农场的规模扩大是对经济发展程度的适应，是基于制造业对农村劳动力吸纳这样的前提条件，农业技术特别是农用机械对劳动力的替代是有效推进家庭农场规模化的必要条件。家庭农场的经营规模，首先规模收益必须能满足家庭人口的基本需要，以成就新型职业农民成长，再者就是在现有技术水平条件下，家庭经营的最大面积，以不雇工所能完成的规模作为其经营规模的上限[1]。家庭农场优势在于使用自有土地，较少受到土地流转成本与雇工成本的制约，且家庭农场更贴近当地社区，能充分依托地缘、血缘关系，减少交易谈判成本，稳定土地流转合同，改善和弥补专业大户的门槛较高、承受风险过大局面[2]。家庭农场为经营性质的综合经济体，出于效率和效益考虑，有必要将一些生产性服务外包给专业合作社等特定组织。家庭农场的兴起和发展是适合我国农村生产力和生产关系发展阶段的产物，成为推动现代农业发展的基本生产单元，达到劳动力和土地双重要素的集约化[3]。

（二）技术与资源约束下的农业主体演变

农业发展水平通常用劳动生产率、土地产出率和资本收益率来表征，也可以通过经济体间的横向比较，这更能反映价值体系层面的问题。2010年，9个发达国家的农业劳动者人均增加值平均是38347美元，4个中高收入国家平均是3607美元，4个中低收入国家平均是622美元。高收入国家的农业劳动生产率是中高收入国家的10.63倍，是中低收入国家的61.65倍。低收入国家较高收入国家的农业劳

---

[1] 朱启臻、胡鹏辉等：《论家庭农场：优势、条件与规模》，《农业经济问题》2014年第7期。
[2] 高强、刘同山等：《家庭农场的制度解析：特征、发生机制与效应》，《经济学家》2013年第6期。
[3] 王春来：《发展家庭农场的三个关键问题探讨》，《农业经济问题》2014年第1期。

动生产率差距巨大。农业的效率必定与国家的工业发展水平相关联，9个发达国家的农业对制造业的人均增加值之比平均是48.2%，4个中高收入国家的相应数据是15.5%，4个中低收入国家只有2.9%。显然，农业发展与转型离不开农业技术的贡献，而我国农业企业还有待培育，农业技术进步依赖于农业外部支持。因而，构建农业公共服务体系尤为必要。农业现代化的重要指标体系中，第一是效率指标，第二是价值指标。

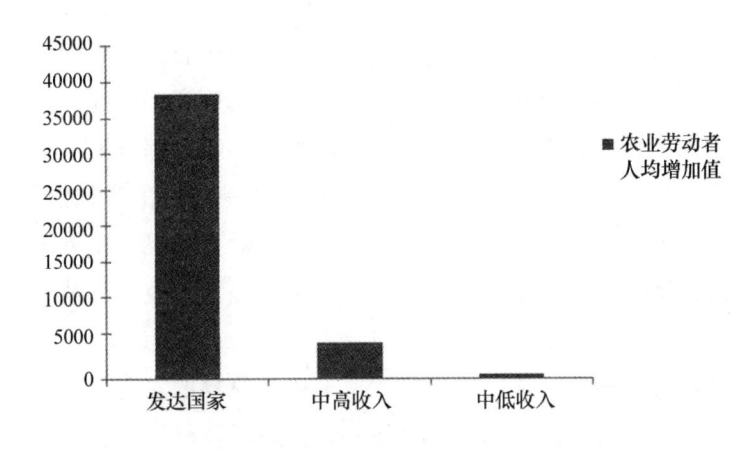

图7-1 不同收入水平国家的农业劳动人均增加值比较

1. 效率指标指向下的科技、规模与主体构想

农业现代化是现代科学技术和现代经济管理方法的运用，进而体现为规模效益。农业现代化代表着现代技术条件下的一种经营方式，而技术的应用也需要一定的规模，传统的分散经营的"小农经济"不具规模化基础。在马克思和恩格斯的理论体系里，小农或家庭经营势必将被资本主义农业大生产所吞没，或通过合作社走向集体生产道路。在农业现代化语境下，农户经营似乎就是落后生产力的代表，也就把以农户为经营单位的家庭经营视同为马克思和恩格斯所言的小农生产，意味着它是落后的，必然会走向灭亡。但更多的学者已认识到，当今农业技术和农业生产条件已取得巨大进步，商品货币经济成

为占社会主导地位的经济活动形式,我国的家庭经营早已不是马克思恩格斯所言的小农经济。诸如有人提出的"社会化小农"的概念,尽管农户经营规模小,但他们已进入或者被卷入到一个开放的、流动的、分工的社会化体系中。

我国农业机械化程度还很低。学界认为,中国农业走规模化、产业化道路需要通过大面积连片经营的机械化农场模式。规模连片的土地为机械化生产作业与统一布局和管理带来便利。传统小规模分散型农户经营的农业,阻碍现代"知识、技术"等无形生产要素的投入和先进的农业机械等有形生产要素的使用,不利于农业分工的深化与专业化发展,也不利于农业资源配置优化和劳动生产率提高。户主会因自身的人力资本特点,还受粮食补贴政策的影响,综合形成种粮意愿,进而影响农户对农业技术的需求。农户问题除了生产技能单一、陈旧,还主要表现在处于信息不对称状态下,对市场灵敏度低下、品牌意识淡薄等,无法自主优化农产品的品种结构,有效提高消费者对农产品供给的信任度。

以种植为主的农业现代化并非就是工业化模式的农业生产,由于农业生产中的劳动无法准确计量边际劳动与边际贡献,不利于对劳动的考核。农业生产特别是种植业对土地的依赖性强,农业生产的周期长,不确定性因素多,需要及时应对,对劳动力需求分布也极其不均匀,劳动分散不利于集中监督,因而制约雇工农业的发展。

新型农业经营主体是农业先进生产力的代表,是推进农业转型升级和粮食增产、农业增效、农民增收的主要力量。其中,家庭农场的发展是其方向,但当下我们的家庭农场的经营主体来自农民,经营意识近似于农民,基本排斥农业专业人才,因而影响到有限资源的合理配置和效率的提高。以自耕形式经营规模土地的中农阶层正是家庭农场的雏形,在走向正规化时面临着资本存量的"短板",即面临个体农户和农业公司的双重竞争压力,原子化的家庭农场制约着农产品市场议价能力。专业大户和家庭农场基本上将产品销售权让渡给了其他中介组织。

2. 价值导向下要素投入、体系完善与效用体现

作为价值指标，首先必须让各种农业生产要素投入的价值得到充分实现，其次展现产品的功能效用价值。当今，资源环境约束加剧，城乡居民食品消费的升级，迫切需要推行标准化生产，构建从田头到餐桌的农产品质量安全保障体系。传统农户的小生产与小商贩的分散流通相结合的生产供给模式，难以破解质量安全监管难题，进而达到实行农业标准化生产，保障农产品质量安全。要实现以现代农业科技助推农业产业升级，就需要多种涉农经济技术部门也参与到农业生产中，提供公益性涉农服务与营利性涉农服务。农民职业化程度不高、公益性服务组织与经营性服务组织发展的不完善正制约着新型农业经营主体的生产能力提升。我国新型农业主体还有待培育和发展，农业技术外部供给极其重要，有些科技产品或科技服务具有公共物品属性，就需要通过成本补偿的方式获取利润。传统农业或兼业化的农户满足劳动的价值实现，一般不会主动采纳先进技术与品种。

高质量的农业发展需要新型农业经营主体的参与，遵循规模经营规律，参与由技术升级和品种升级带来的价值链升级，引入先进科技要素提高集约化水平，提高土地生产率、劳动生产率和资本生产收益率。农产品价值链的现代化升级对农业生产的门槛提出了更高的要求，小农户正面临被逐渐地"挤出"市场的局面。大户和龙头企业由农村内部的资本形成，是资本的代表，在大户领办的农民专业合作社中，大户虽然也提供初级农产品，但其掌握着加工、营销环节，与上游环节的普通农产品生产者不具同质性。发展新型农业经营主体，也可以将分散的农户组织起来，统一生产资料供应和技术规程，实现全过程、全产业链的质量管理，建立起"从餐桌到田头"的质量追溯体系，保障农产品质量安全[1]。

---

[1] 张照新、赵海：《新型农业经营主体的困境摆脱及其体制机制创新》，《改革》2013年第2期。

由此，农业转型的探索中就有了合作化道路产生，重视家庭农产品生产者在农业现代化进程中的地位和作用，让农户有机参与到现代农业产业链条中来。农业合作社存在的必要性就在于将农业独立生产者组织起来，完成个体无法实现的功能。而合作社的成败则在于能否降低所有权成本，所有权成本主要受成员异质性和所有权是否明晰影响。通常很难组建不同类型客户分享所有权的企业组织架构，因为不同类型客户往往是相互对抗，造成这种组织的集体决策成本过高。同样，合作社内的服务提供者和利用者在服务价格问题上是零和博弈，资产归谁所有引出产权安排（权力配置）问题，产权安排决定相关方在谈判中的议价能力，进而决定各自的专用性投资大小与组织的效率。合作社运作中需要所有者的资本（资金），若在没有权利保障情况下，则所有者之外的他类资本不会提供风险性资本。事实上在新的市场环境下，农民合作社往往因人才匮乏或资本短缺无法实现标准化生产、品牌化销售、企业化运作，于是就有了资本进入农业并凭借其雄厚实力主导的股份合作化农业合作社。合作社初衷在于通过剥夺资本的权利来保护成员，把资本不参与分配作为其必要条件。因而，合作社不适宜套用投资者导向的企业所有者资本相关理论，把合作社所有者定义为出资者。合作社运转需要资本循环，满足合作社经营的资本需要，防止因成员退出而瓦解，并让进行交易的生产者提供合作社资本与合作社控制[①]。

（三）平衡趋势下的主体行为取向

经济运行的基础是资源配置结构与生产—消费结构。因而发展农业需要处理好几个平衡，即劳动收益平衡代表社会结构、主体间利益平衡代表产权属性，由此平衡衍生出土地规模化标准、合作原则、农业企业组织化的引领示范、服务体系创新与构建。从农业发展现实情

---

① 秦愚：《农业合作社的资本问题——基于相关理论与实践的思考》，《农业经济问题》2015 年第 7 期。

况来看，农业发展实质上是在适应价值体系与社会结构调整之需要，因而趋向平衡是农业发展的目标所在，追求平衡则是农业发展的主旋律，不平衡则是有序化转型动力所在，平衡就是要处理好替代性关系与互补性关系，平衡是与在技术动态决定的价值体系下由推进供需结构达到就业结构与产业结构平衡和由要素配置决定的不同部门收入平衡。

经济系统往往因为不平衡影响要素潜力充分发挥，进而制约产业进一步发展，农业也不例外。农业发展具有时代的特质性，最核心问题是，在伴随着技术变迁引发的价值体系调整中，劳动资源配置有必要作适应性调整，而劳动力调整或转移方式与节奏决定农业发展的结构问题。当前，我国农业生产面临人工成本、物资成本和土地成本上升等问题，这是价值体系的调整所应有的反应，当然要素配置问题也影响到价值体系，在被动适应性调整格局下，多表现为农业供需结构失衡、农民持续增收困难，这两者仍然是劳动要素与其他要素配置影响产业结构和供需结构表现形态。

在产业经营主体层面，伴随着我国经济社会发展，农业要素配置在不断优化调整，但农业家庭经营仍将是主流形态，即便在畜牧业也少有表现为大规模的工厂化经营。因而，在农业现代化进程中，必须为广大农户提供各类农业社会化服务，诸如构建以公共服务机构为依托、合作经济组织为基础、龙头企业为骨干、其他社会力量为补充、公益性服务和经营性服务相结合、专项服务和综合服务相协调的新型农业社会化服务体系[1]。各类经营主体间的平衡在于构建产业体系层面的共生关系，发挥主体各自比较优势，形成主体间合作与联合的组织形态，平等参与产前、产中、产后环节的价值链的分配。完善与广大农户的利益联结机制，避免中间环节的大规模垄断侵蚀新型农业经营主体的利润空间，避免资本大户利用小

---

[1] 楼栋、孔祥智:《新型农业经营主体的多维发展形式和现实观照》,《改革》2013年第2期。

❖ 转型中的中国与农业的转型环境 ❖

农户在农业产业链利益分配中的比较劣势,让小农户的利益受损。农业龙头企业为农业现代化的先导力量,扮演着极其重要的历史性角色。农业企业的市场化运作涉及大量使用雇工劳动力,农业企业以农业产业化经营的方式,发挥引领和组织农民进入市场的作用,一般倾向在农业生产的后续价值链布局。农户与大市场、大企业对接中就需要借助于合作社,在农产品流通领域,通过订单方式加强与农民合作社或农户合作。在农业生产服务领域,需要社会化服务,为农户提供有偿的农事作业服务,包括整地播种、农田设施安装、植保和收获等[①]。农业企业通常采取"公司+农户"的经营模式在农村设立种植基地,实施规模化生产,以此获取超额经济效益。"公司+农户"的合作模式中,雇佣农户只履行工作职责,不承担经营风险;合作农户既非完全受企业支配的员工,也非上下游的关系伙伴。多主体合作需要构建共生关系,若没有共生关系,一旦出现不确定性因素,就会导致农业生产的不稳定,当出现摩擦或利益诉求分歧,农户消极怠工、随意违约,企业以压低生产成本、降低质量来提高自身收益,最终无法实施严格有效的管理控制。

农户互助合作可以提高组织化程度,维护共同的利益,增强市场竞争力。不同形式的合作,有其不同的合作目的。农业合作社是非企业生产者,它是不同主体在产销、金融、服务等环节上的合作。对于耕地均等配置下的传统小农户而言其合作意义不大,合作意识也淡薄,就有了大户、龙头企业领办农业合作社成为主要合作形式,然而合作社章程并不能得到切实落实,农民的参与度较低。合作社被框定在专业生产领域,则大大限制了广大农民的参与以及合作社多种功能的发挥。以营利为目的的新型农业合作社,以资金、技术、信息、购销、加工、储运等环节为经营任务,主要为组织成员提供服务。新型农业合作社,其目的是追求经济利益最大

---

① 郭庆海:《新型农业经营主体功能定位及成长的制度供给》,《中国农村经济》2013年第4期。

❖ 第七章　农业转型中的经营主体变迁逻辑与成长环境 ❖

化,因而必须基于产权属性平衡成员间的收益,进而需要在合作社内部明晰合作社内部的所有权、控制权和受益权划分,在龙头企业与农民社员间建立紧密型公平合理的利益联结机制。当下,我国的农业种植大户、家庭农场只是具有规模优势,与散户亩均产出相差无几,普遍缺乏技术研发投入,还时常出现劳动力告缺。农业的非企业化经营,对外部服务构成依赖①。农业大户与家庭农场相仿,均为非企业生产者,与农民合作社处于共生地位,依赖于农民合作社的发展,农民合作社不仅提供专业生产领域的补助,还担负着包括农民的权利维护、社会诉求等社会功能。

专业生产的农民合作社存在对合作社参与主体的限制,非专业化生产农户被隔离于其外,受合作社的功能性限制,农民加入合作社的积极性不高。农业转型具有渐进性,中国农业将是小规模兼业农户与少数专业农户长期并存。因此,合作社的发展应遵循农业承担的社会功能,针对农村土地承包经营权流转,发展适度规模经营,在政策层面上需要把握弹性的软约束。发挥农民合作社引领促进小农户和现代农业发展有机衔接的作用。农业具有多功能性,要使农村经济更具活力,必须拓展多种功能农业的潜在发展空间。发挥合作经济组织对农民的组织化,由分散发展走向区域连片的规模化、集群化方向发展,推动城乡经济社会一体化发展,提高农业综合效益,促进农民就业增收。通过合作社平台提供培训和教育,提升农民知识素养;提升交通、物流、通信等基础设施水平;加强农村电子商务建设,促进农村一、二、三产业融合发展,推动农业产供销一体化管理乃至"从田头到餐桌"的关联业务整合,创造创业、就业空间②。

---

① 杨林生、论卫星:《论我国农业经营主体的经济属性及其企业化升级》,《现代经济探讨》2014 年第 6 期。
② 段禄峰、魏明:《以色列基布兹农业合作社演进历程及经验借鉴》,《世界农业》2017 年第 11 期。

三 制度演进逻辑下的农业发展环境——制度目标与结构锁定

(一) 土地制度的合理性与导向性

1. 土地制度调整的必要性

农业经营方式离不开土地制度，我国经历了封建地主—佃户制到均田的农民所有制，再到公社化经营的土地集体公有制，再到保持集体所有制下的均田制特征的家庭承包制。当下，适应规模化经营，土地流转被倡导，土地集中化过激便出现雇主再转包局面。因而，在制度设计时，我们需要反思离地地主的"食利者"，正视土地"三权分置"，处理好农场主与地主关系，让农业发展符合规律，少一些迂回，避免所有权的虚设，出现重重转包转租问题，造成改革重回原点。

制度是生产关系的集中体现，制度构建是在特定背景下产生的，背景环境变迁就会造成不适应的问题。中华人民共和国成立后，第一次农地制度改革（1950—1953年）回应了农民"耕者有其田"的强烈诉求，废除封建剥削土地所有制，实行农民个人所有制，农户生产积极性得到极大的调动，农业生产得到了迅速恢复和发展。在当时，基于农户资金和耕牛农具短缺，单家独户开展生产经营较为困难，农民有互助合作的愿望，同时政策层面有为了防止土地所有权从平均化到兼并、形成大地主的轮回的考虑。第二次农地制度改革（1956—1958年），基于国家工业化的原始积累及其从农业提取剩余所做出的制度安排，实行社员共有其田的农村集体所有制，推行人民公社体制下的集体经营。实行"政社合一"，单独的经济核算，行使管理农村经营活动的权利。由于忽视了农业生产自身的特点，使得生产责任制形同虚设，没法解决农业生产过程中对劳动的监督和激励等问题。第三次农地制度改革（1959—1978年），重回"耕者有其田"，农民成为土地主人，实现土地所有权与承包经营权的分离，实行家庭联产承包责任制（1984年全面推行），确立了农户在农业经营中作为微观主体的基础地位，再度激发农民的积极性。

适应工业化战略需要的第二次土地制度改革，意图在于农业向工业和城市提供廉价原料和食物，向城市工业发展提供资本原始积累，农民的物质利益未能得到重视，农民生产积极性低落。第三次制度安排是适应农村生产力要求，让农村土地所有权与承包经营权分离。家庭承包制延续基于公平的土地平均分配，造成小规模零碎化非规模经济问题。

城镇化或城市发展为农村土地流转创造了条件。当下农民自发进行土地流转，流转活动呈自然、自愿、随机、分散等自发状态，呈现转包、转让、反租倒包、出租、互换、入股、合作等。没有统一的组织或平台、专业人员、指导机构，流转方式不规范，大多以口头协议的方式约定双方行为，存在极大的不稳定性，流转和保障机制有待完善。土地基本是在亲戚、朋友之间流转。目前，土地流转中不少农民对流转土地心存顾虑，城乡收入、待遇方面的差距使农民不敢贸然长期流转土地。另外，农地流转价格太低，流转收益微不足道，因而，农户不参与流转，方便自己随时耕种，难免会发生土地撂荒现象。

2. 土地流转的成本与意愿

农民进城定居，土地逐渐流转至种田能手，形成承包大户，进而形成家庭农场。事实上农民对长期流转的意愿并不强，制约了专业大户、家庭农场和龙头企业发展。农业企业经营的土地主要靠租赁，过高、过快上涨的土地流转费，让很多专业大户和合作社"望地兴叹"。土地经营权是否稳定直接影响对土地的长期投资。导致目前专业大户、家庭农场大多采取掠夺性的生产方式，较少对土地实行可持续利用，实施轮作、休耕、整地、施用绿肥等维护土地地力的保护性措施。

土地在集体产权框架下，承包权必然是被平均化了的，承包权已包含作为成员的土地收益份额，因而集体所有权更多表现为所有权所要承担的基本税费，但放弃承包权则等于放弃了收益，因而承包权必然体现为财产权属性。基于此，国家将农村土地确定为所有权、承包权、经营权的"三权并行分置"农地制度。维持集体所有权和土地使用性质不变，而使用权依附于承包权，突出承包权的流转，不单是使用权，让农民与土地完全脱离关系。现行的《农村土地承包法》规定，"承包期内，承包方全家迁入设区的市，转为非农业户口的，应当将承包的耕地和草地交回发包方。承包方不交回的，发包方可以收回承包的耕地和草地"。这意味着当农民完成向市民的身份转变时，他们必须交回所承包的土地。而事实上农民即便不再依赖土地生存，也不愿放弃土地承包经营权。问题核心在于集体所有权的收益与分配问题。学界把市民化作为解决土地承包权关系的契机，让农民工和农民工子女变成城里人，永远脱离农民身份，将政府补贴直接给予土地使用者，即实际种田的人[①]，但这或将影响土地承包权流转，或以土地流转成本的形式转移到承包权所有者那里。在人口城镇化方面，解决农民进城能够实现职业转变，负担得起在城镇的生活成本，同等享有社会保障及市民待遇。

因此，对于农业发展而言，土地制度至关重要，土地制度决定土地能否流转及流转形态，而土地流转方式则决定土地成本，最终影响土地经营模式。土地只有在流转中才显示其价值，土地流转实质是增加农业生产成本，在集体产权制度下，农业效用价值趋近劳动价值，则土地使用（反映在农产品价格上）近乎零成本，土地与农业的社会功能挂钩，则会更增加土地流转成本。

（二）经营制度的合理性与导向性

1. 农业经营制度的时代性

现代农业是满足现代人需求的农业生产，因而必须保证质量、提高门槛，这就需要培养新型经营主体发挥引领与组织化作用，适应现

[①] 郭熙保：《"三化"同步与家庭农场为主体的农业规模化经营》，《社会科学研究》2013年第3期。

第七章 农业转型中的经营主体变迁逻辑与成长环境

代经济对资源配置的规模化要求,规模化也带动合作化、服务化,走向三产融合,进而优化地域经济社会的内循环体系。组织化模式是回应特定生产力水平的需要,组织化存在的必要性与其目的性休戚相关,核心问题是成员的利益诉求,由此延伸出耕地规模化程度与组织化程度构想。基于农业的自身规模和农业承担着重要社会功能,理想方式就是无代理、无雇佣农业经营方式,即在农业家庭经营的基础上构建新型农业经营体系。

当今我国农村劳动力急速向城镇转移,农业劳动力结构性矛盾突显,农业经营模式亟待改变。为适应农业农村新的形势变化与新矛盾,国家加强规范农村土地承包经营权流转行为,2005年以来,国家及地方政府先后出台相关土地流转与土地用途的管理办法。2013年中央一号文件提出,"引导农村土地承包经营权有序流转,鼓励和支持承包土地向专业大户、家庭农场、农民合作社流转","探索建立严格的工商企业租赁农户承包耕地准入和监管制度"。

然而在日趋全面开放的市场面前,农业的市场风险和国际竞争压力日益加剧,迫切需要发展新型经营主体,提升农业抗风险能力和市场竞争力。龙头企业、农民合作社等新型农业经营主体,通过提高产加销、贸工农一体化程度,延长产业链条,推动产前、产中、产后各环节深度融合,提高农业的组织化程度和农产品附加值,应对市场风险和国际竞争,还需要多种生产经营组织共同协作、相互融合。

由于农业还承担重要的社会功能,加上国家对农业发展的支持,在多头政策目标下,很多家庭农业经营满足于"保自给""不荒地"和"要补贴",农户的兼业化、副业化现象普遍,不太关注产量和收益,不去增加投入,对于大户而言,享受的扶持政策又可能难以弥补其所承担的巨大经营风险。土地流转存在不稳定性,另外就是土地成本动态性,必定会造成大户们"怕变""不敢投入"。所有问题我们都可谓之为供给侧问题。显然,劳动力的大量转移为土地流转和集中创造必要条件，而非充分条件①，"有田的不想种，想种的没田"现象足以说明编织制度化的社会安全网来替代依赖土地所起社会保障功能极其必要。从国外农业发展政策看，日本是以农户与市民的收入水平均等化为目标，1961 年出台了《农业基本法》，鼓励部分小农户脱离农业，释放土地并合理流转，促进农业经营向大规模经营方向发展。为培育年轻化农业经营主体，1970 年颁布《农民年金制度基金法案》，以保障农民晚年生活，达到实现耕地流转、规模化经营。为培育高效、稳定的农业经营主体，1992 年明确提出以所得和劳动时间为基准的《新粮食、农业、农村政策的基本方向》②。城乡居民收入均等化是农业作为被动适应现代产业升级的目标所在。

2. 适应农业发展的现代产业体系构建

在现代农业发展中，各类农业主体有其特殊的功能性作用，由此可共同构成完整的产业体系。通常所说的农业企业是指以农产品生产、加工和流通为对象的企业，包括种植业、养殖业、加工业、农业生产资料与农产品流通服务业的企业，农业企业更多的是从事耕地以外的经营。农业龙头企业中有一类是为农业提供产前、产中和产后服务的科技企业。

农业合作分为横向合作与纵向合作，农业合作经济可以促进农业技术革新、深化农业分工、拓展农业产业链、节省交易费用、实现规模经营。合作经济对家庭经营产生补充作用。农业合作社原本是弱者的联合，其存在的目的在于通过组织化力量提高农户抗风险、抗中间商盘剥的能力，它已成为现代农业发展的基本规律和内在要求，是帮助农户提升生产技能、对接市场的重要途径，使单个农户从规模经济中获益。在我国农业产业化过程中，农业合作社能够实现农民之间的横向联合，有效地整合农业和农村资源。如现代

---

① 钱克明、彭廷军：《关于现代农业经营主体的调研报告》，《农业经济问题》2013年第6期。

② 刘德娟、周琼等：《日本农业经营主体培育的政策调整及其启示》，《农业经济问题》2015年第9期。

❖ 第七章 农业转型中的经营主体变迁逻辑与成长环境 ❖

农机专业合作社组建后相继出现代耕经营、租赁经营和入社经营耕作模式。合作社在横向合作与纵向发展中，逐步联结生产、加工、经销、流通等环节，通过掌握市场定价权与话语权，与投资型企业相竞争，获得市场份额，帮助农民提高市场竞争力和创新力，提升农民在食品生产链中的地位等。农业的规模经济常被监管成本所抵消。另外，合作社组织存在个人利益与共有产权的矛盾，按劳分配与资本约束的矛盾，民主原则与管理低效率的矛盾[①]。我国农民合作社的发展中，存在普通农户难以创办合作社，而大量"合作社"变形，严重偏离农民合作社设置的制度要求[②]，"社员所有变异为利益相关者共同所有，民主控制变异为少数人控制，社员受益变异为少数人获利"[③]，进而一些专业合作社发展成"大农吃小农"的合作社[④]。合作社的组织性质取决于"所有者—利用者"共同体还是"所有者—业务相关者"组成的联盟关系，体现在成员关系、决策原则、收益分配规则和经营规则等方面[⑤]。在当前多导向性政策框架下，促进涉农企业和农民群众创办合作社，使得合作社的数量虚增，甚至出现"空壳社"。

家庭农场由来于对新疆国有农场的大农场套小农场的家庭承包改革尝试。2008年，"家庭农场"被重新写入中央决策文件，农业生产特性决定了家庭经营是农业最合适的经营主体，家庭经营中家庭农场是最优的选择，它以适度规模经营克服了普通农户规模过小的弊端，又避免了一些专业大户粗放经营的问题，还具有公司式农场或农业企业规模化、专业化等优势，同时克服了公司式农场的委

[①] 刘洁、祁春节：《我国农业合作社制度创新的动力机制及完善对策》，《农业现代化研究》2011年第2期。
[②] 李尚勇：《农民合作社的制度逻辑——兼谈其发展存在的问题》，《农业经济问题》2011年第7期。
[③] 王军：《中国农民合作社变异的经济逻辑》，《经济与管理研究》2015年第1期。
[④] 仝志辉、温铁军：《资本和部门下乡与小农户经济的组织化道路——兼对专业合作社道路提出质疑》，《开放时代》2009年第4期。
[⑤] 苑鹏：《中国特色的农民合作社制度的变异现象研究》，《中国农村观察》2013年第3期。

托代理等问题①。家庭农场具有较高的经营效率和技术先进性,代表着中国农业发展的方向,在各类新型农业经营主体中具有较高的稳定性。农村家庭农场的存在与制度变迁是适应规模经营、技术进步和专业分工的需要,是市场一般均衡的资源配置要求。因而家庭农场制度变迁需要土地稳定与土地流转制度、农村剩余劳动力转移与农村社会保障制度、农业社会化专业服务体系、农业相关市场制度等与之配套,否则,家庭农场制度也难以推进和发挥制度性效率②。发展家庭农场应满足从事农业生产经营能达到与非农产业一样甚至更高的收入,这是能留住人从事农业的条件,也是确保农地低成本流转的前提。另外,还必须强调以农业生产经营成为家庭收入和资本积累的主要来源,进而构成农业生产经营的压力,不至于偏离国家和社会发展目标,把家庭农场办成圈占农地而从事其他产业经营的一种手段③。

农业转型不是否定农业家庭生产方式,重在营造共享发展环境,农业转型方向是农业产业化、现代化,但不能武断地认为就是实现企业化生产和土地集中,形成农业资本家和农业产业工人,追求大规模的农业产业化示范区,动辄出现上千亩土地流转至个人手中。农业规模化是趋势,新型农业主体扮演着领导角色,我们不能以增加土地成本的方式为代价换取规模化经营模式,更不能在导向性政策催化下诱发工商资本进驻农业,恶意囤积土地和改变土地使用,甚至以家庭农场为名实行土地私有、土地兼并和雇佣剥削④。长时间、大面积租赁和经营农户承包地,加剧了土地的"非粮化"和"非农化",甚至破坏、污染、闲置、撂荒耕地,浪费流转的耕地资源,影响农业生产。因而,对于家庭农场成长的评价绝不能仅仅用效率标准,还要考虑公平尺度。

---

① 邹心平:《论家庭农场在新型农业经营体系中的主体地位》,《求实》2017年第2期。

② 伍开群:《制度变迁:从家庭承包到家庭农场》,《当代经济研究》2014年第1期。

③ 黄仕伟、王钰:《中国特色家庭农场:概念内涵与阶段特征》,《农村经济》2014年第10期。

④ 肖斌、付小红:《关于发展家庭农场的若干思考》,《当代经济研究》2013年第10期。

第八章 国家农业政策体系的演进与叠加

五年一度的党代会报告为未来几年发展确定总基调，也为农业、农村发展确定方向。中国的农业政策更多通过各年度的中央一号文件发布，每年中央一号文件都有确定一个主题，21世纪以来，围绕小康社会的实现、增加农民收入，进行了诸如农村税费改革、提高农业综合生产能力、推进社会主义新农村建设、统筹城乡发展与推进农业现代化、农产品供给保障与供给侧结构性改革乃至实施乡村振兴战略。从农业政策内容看，基本上都是围绕增收方式与补贴、农业支持与粮食生产投入，基础建设、现代化推进、技术支持与服务体系，粮食价格与市场调控、流通体系与供给结构，产权与经营体制、产业化与规模化及经营主体培育，发展质量、生态文明与特色化融合发展。农业发展是渐进的、社会结构问题是积累出来的，历年政策内容主题变化有所侧重，但政策仍呈现出连续性与叠加性，体量上由2004年的4700余字，逐步增加到2014年的17500余字和2018年的16400余字，从政策提出的概念化，到操作层面的具体化，再深入到政策效果层面的体系化。

一 党代会报告中关于农业发展政策基调

2002年党的十六大报告：小康社会目标与城乡统筹

城乡二元经济结构还没有改变，地区差距扩大的趋势尚未扭转，贫困人口还为数不少。

全面繁荣农村经济，加快城镇化进程。统筹城乡经济社会发展，建设现代农业，发展农村经济，增加农民收入，是全面建设小康社会的重大任务。加强农业基础地位，推进农业和农村经济结构调整，保护和提高粮食综合生产能力，健全农产品质量安全体系，增强农业的市场竞争力。积极推进农业产业化经营，提高农民进入市场的组织化程度和农业综合效益。发展农产品加工业，壮大县域经济。开拓农村市场，搞活农产品流通，健全农产品市场体系。要逐步提高城镇化水平，坚持大中小城市和小城镇协调发展，走中国特色的城镇化道路。发展小城镇要以现有的县城和有条件的建制镇为基础，科学规划，合理布局，同发展乡镇企业和农村服务业结合起来。消除不利于城镇化发展的体制和政策障碍，引导农村劳动力合理有序流动。

坚持党在农村的基本政策，长期稳定并不断完善以家庭承包经营为基础、统分结合的双层经营体制。有条件的地方可按照依法、自愿、有偿的原则进行土地承包经营权流转，逐步发展规模经营。尊重农户的市场主体地位，推动农村经营体制创新，增强集体经济实力，建立健全农业社会化服务体系，加大对农业的投入和支持，加快农业科技进步和农村基础设施建设。改善农村金融服务，继续推进农村税费改革，减轻农民负担，保护农民利益。

中部地区要加大结构调整力度，推进农业产业化，改造传统产业，培育新的经济增长点，加快工业化和城镇化进程。东部地区要加快产业结构升级，发展现代农业，发展高新技术产业和高附加值加工制造业，进一步发展外向型经济。

2007年党的十七大报告：社会主义新农村建设

农村综合改革逐步深化，农业税、牧业税、特产税全部取消，支农惠农政策不断加强。农村免费义务教育全面实现。农业基础薄弱、农村发展滞后的局面尚未改变，缩小城乡、区域发展差距和促进经济社会协调发展任务艰巨。

统筹城乡发展，推进社会主义新农村建设。解决好农业、农村、农民问题，事关全面建设小康社会大局，必须始终作为全党工作的重中之重。要加强农业基础地位，走中国特色农业现代化道路，建立以工促农、以城带乡长效机制，形成城乡经济社会发展一体化新格局。坚持把发展现代农业、繁荣农村经济作为首要任务，加强农村基础设施建设，健全农村市场和农业服务体系。加大支农惠农政策力度，严格保护耕地，增加农业投入，促进农业科技进步，增强农业综合生产能力，确保国家粮食安全。加强动植物疫病防控，提高农产品质量安全水平。以促进农民增收为核心，发展乡镇企业，壮大县域经济，多渠道转移农民就业。提高扶贫开发水平。深化农村综合改革，推进农村金融体制改革和创新，改革集体林权制度。坚持农村基本经营制度，稳定和完善土地承包关系，按照依法自愿有偿原则，健全土地承包经营权流转市场，有条件的地方可以发展多种形式的适度规模经营。探索集体经济有效实现形式，发展农民专业合作组织，支持农业产业化经营和龙头企业发展。培育有文化、懂技术、会经营的新型农民，发挥亿万农民建设新农村的主体作用。

实施扩大就业的发展战略，促进以创业带动就业。……健全面向全体劳动者的职业教育培训制度，加强农村富余劳动力转移就业培训。建立统一规范的人力资源市场，形成城乡劳动者平等就业的制度。完善面向所有困难群众的就业援助制度，及时帮助零就业家庭解决就业困难。积极做好高校毕业生就业工作。规范和协调劳动关系，完善和落实国家对农民工的政策，依法维护劳动者权益。

2012年党的十八大报告：转变经济发展方式

坚持走中国特色新型工业化、信息化、城镇化、农业现代化道路，推动信息化和工业化深度融合、工业化和城镇化良性互动、城镇化和农业现代化相互协调，促进工业化、信息化、城镇化、农业现代化同步发展。

推进经济结构战略性调整。这是加快转变经济发展方式的主攻方向。必须以改善需求结构、优化产业结构、促进区域协调发展、推进城镇化为重点，着力解决制约经济持续健康发展的重大结构性问题。

科学规划城市群规模和布局，增强中小城市和小城镇产业发展、公共服务、吸纳就业、人口集聚功能。加快改革户籍制度，有序推进农业转移人口市民化，努力实现城镇基本公共服务常住人口全覆盖。

推动城乡发展一体化。解决好农业农村农民问题是全党工作重中之重，城乡发展一体化是解决"三农"问题的根本途径。要加大统筹城乡发展力度，增强农村发展活力，逐步缩小城乡差距，促进城乡共同繁荣。坚持工业反哺农业、城市支持农村和多予少取放活方针，加大强农惠农富农政策力度，让广大农民平等参与现代化进程、共同分享现代化成果。加快发展现代农业，增强农业综合生产能力，确保国家粮食安全和重要农产品有效供给。坚持把国家基础设施建设和社会事业发展重点放在农村，深入推进新农村建设和扶贫开发，全面改善农村生产生活条件。着力促进农民增收，保持农民收入持续较快增长。坚持和完善农村基本经营制度，依法维护农民土地承包经营权、宅基地使用权、集体收益分配权，壮大集体经济实力，发展农民专业合作和股份合作，培育新型经营主体，发展多种形式规模经营，构建集约化、专业化、组织化、社会化相结合的新型农业经营体系。改革征地制度，提高农民在土地增值收益中的分配比例。加快完善城乡发展一体化体制机制，着力在城乡规划、基础设施、公共服务等方面推进一体化，促进城乡要素平等交换和公共资源均衡配置，形成以工促农、以城带乡、工农互惠、城乡一体的新型工农、城乡关系。

深化行政体制改革。……优化行政层级和行政区划设置，有条件的地方可探索省直接管理县（市）改革，深化乡镇行政体制改革。创新行政管理方式，提高政府公信力和执行力，推进政府绩效管理。严格控制机构编制，减少领导职数，降低行政成本。

大力推进生态文明建设。优化国土空间开发格局。……要按照人口资源环境相均衡、经济社会生态效益相统一的原则，控制开发强度，调整空间结构，促进生产空间集约高效、生活空间宜居适度、生态空间山清水秀，给自然留下更多修复空间，给农业留下更多良田，给子孙后代留下天蓝、地绿、水净的美好家园。加快实施主体功能区战略，推动各地区严格按照主体功能定位发展，构建科学合理的城镇化格局、农业发展格局、生态安全格局。

2017年党的十九大报告：乡村振兴战略

坚持新发展理念。发展是解决我国一切问题的基础和关键，发展必须是科学发展，必须坚定不移贯彻创新、协调、绿色、开放、共享的发展理念。必须坚持和完善我国社会主义基本经济制度和分配制度，毫不动摇巩固和发展公有制经济，毫不动摇鼓励、支持、引导非公有制经济发展，使市场在资源配置中起决定性作用，更好发挥政府作用，推动新型工业化、信息化、城镇化、农业现代化同步发展，主动参与和推动经济全球化进程，发展更高层次的开放型经济，不断壮大我国经济实力和综合国力。

实施乡村振兴战略。农业农村农民问题是关系国计民生的根本性问题，必须始终把解决好"三农"问题作为全党工作重中之重。要坚持农业农村优先发展，按照产业兴旺、生态宜居、乡风文明、治理有效、生活富裕的总要求，建立健全城乡融合发展体制机制和政策体系，加快推进农业农村现代化。巩固和完善农村基本经营制度，深化农村土地制度改革，完善承包地"三权"分置制度。保持土地承包关系稳定并长久不变，第二轮土地承包到期后再延长三十年。深化农村集体产权制度改革，保障农民财产权益，壮大集体经济。确保国家粮食安全，把中国人的饭碗牢牢端在自己手中。构建现代农业产业体系、生产体系、经营体系，完善农业支持保护制度，发展多种形式适度规模经营，培育新型农业经营主体，健全农业社会化服务体系，实现小农户和现代农业发展有机衔接。促进农村一、二、三产业融合发展，支持和鼓励农民就业创业，拓宽增收渠道。加强农村基层基础工作，健全自治、法治、德治相结合的乡村治理体系。培养造就一支懂农业、爱农村、爱农民的"三农"工作队伍。

实施区域协调发展战略。……以城市群为主体构建大中小城市和小城镇协调发展的城镇格局，加快农业转移人口市民化。

着力解决突出环境问题。……加快水污染防治，实施流域环境和近岸海域综合治理。强化土壤污染管控和修复,加强农业面源污染防治,开展农村人居环境整治行动。加强固体废弃物和垃圾处置。提高污染排放标准,强化排污者责任,健全环保信用评价、信息强制性披露、严惩重罚等制度。构建政府为主导、企业为主体、社会组织和公众共同参与的环境治理体系。积极参与全球环境治理,落实减排承诺。

二 党的十六大以来中央一号文件的农业政策主题

2003年:全面推进农村税费改革试点

中央财政继续安排一定资金支持地方试点工作,试点地区省级财政和有条件的市、县财政,都要加大对改革试点的支持力度,千方百计安排足够资金支持农村税费改革,实行专款专用,确保顺利推进试点工作。切实做到"三个确保",确保改革后农民负担明显减轻、不反弹,确保乡镇机构和村级组织正常运转,确保农村义务教育经费正常需要,是衡量农村税费改革是否成功的重要标志,也是顺利推进试点工作、巩固改革成果的必然要求。进一步调整完善有关农业税收政策,加强和规范农业税及其附加征收工作,健全和完善农业税减免制度,妥善处理农民公平负担问题,积极探索化解乡村债务的措施和办法。各地区要通过加快发展农村经济、深化农村改革,积极探索通过债权债务抵冲、依法削减高利贷、加强内部控制、节约开支、盘活集体存量资产等有效办法逐步化解乡村债务。乡镇机构的债务,要靠发展经济、完善财政体制等办法妥善解决;村级组织的债务,要在防止发生新债的基础上,摸清底数,分清责任,结合实际制定办法,逐步化解。各地区要暂停向农民收缴农村税费改革前的税费尾欠。

2004年:促进农民增加收入

当前农业和农村发展中还存在着许多矛盾和问题,突出的是农民增收困难。全国农民人均纯收入连续多年增长缓慢,粮食主产区农民

◆ 第八章 国家农业政策体系的演进与叠加 ◆

收入增长幅度低于全国平均水平，许多纯农户的收入持续徘徊甚至下降，城乡居民收入差距仍在不断扩大。农民收入长期上不去，不仅影响农民生活水平提高，而且影响粮食生产和农产品供给；不仅制约农村经济发展，而且制约整个国民经济增长；不仅关系农村社会进步，而且关系全面建设小康社会目标的实现；不仅是重大的经济问题，而且是重大的政治问题。现阶段农民增收困难，是农业和农村内外部环境发生深刻变化的现实反映，也是城乡二元结构长期积累的各种深层次矛盾的集中反映。在农产品市场约束日益增强、农民收入来源日趋多元化的背景下，促进农民增收必须有新思路，采取综合性措施，在发展战略、经济体制、政策措施和工作机制上有一个大的转变。当前和今后一个时期做好农民增收工作的总体要求是：按照统筹城乡经济社会发展的要求，坚持"多予、少取、放活"的方针，调整农业结构，扩大农民就业，加快科技进步，深化农村改革，增加农业投入，强化对农业支持保护，力争实现农民收入较快增长，尽快扭转城乡居民收入差距不断扩大的趋势。

2005年：提高农业综合生产能力

农业依然是国民经济发展的薄弱环节，投入不足、基础脆弱的状况并没有改变，粮食增产、农民增收的长效机制并没有建立，制约农业和农村发展的深层次矛盾并没有消除，农村经济社会发展明显滞后的局面并没有根本改观，农村改革和发展仍然处在艰难的爬坡和攻坚阶段，保持农村发展好势头的任务非常艰巨。认为提高农业综合生产能力，既是确保国家粮食安全的物质基础，又是促进农民增收的必要条件；既是解决当前农业发展突出矛盾的迫切需要，又是增强农业发展后劲的战略选择；既是推动农村经济发展的重大举措，又是实现农村社会进步的重要保障。抓住了这个重点，就抓住了农业发展的关键；把握了这个环节，就把握了农业现代化的根本；做好了这项工作，就为农村全面建设小康社会打下了坚实的基础。

农业和农村工作的总体要求是：坚持统筹城乡发展的方略，坚持"多予、少取、放活"的方针，稳定、完善和强化各项支农政策，切实加强农业综合生产能力建设,继续调整农业和农村经济结构,进一步深化农村改革,努力实现粮食稳定增产、农民持续增收,促进农村经济社会全面发展。当前和今后一个时期,要把加强农业基础设施建设,加快农业科技进步,提高农业综合生产能力,作为一项重大而紧迫的战略任务,切实抓紧抓好。力争经过几年的努力,使农业的物质技术条件明显改善,土地产出率和劳动生产率明显提高,农业综合效益和竞争力明显增强。农业发展的综合配套体系建设。搞好种养业良种体系、农业科技创新与应用体系、动植物保护体系、农产品质量安全体系、农产品市场信息体系、农业资源与生态保护体系、农业社会化服务与管理体系等"七大体系"建设。

2006年：推进社会主义新农村建设

党的十六届五中全会通过的《中共中央关于制定国民经济和社会发展第十一个五年规划的建议》,明确了今后5年我国经济社会发展的奋斗目标和行动纲领,提出了建设社会主义新农村的重大历史任务,为做好当前和今后一个时期的"三农"工作指明了方向。

当前农业和农村发展仍然处在艰难的爬坡阶段,农业基础设施脆弱、农村社会事业发展滞后、城乡居民收入差距扩大的矛盾依然突出,解决好"三农"问题仍然是工业化、城镇化进程中重大而艰巨的历史任务。各级党委和政府必须按照党的十六届五中全会的战略部署,始终把"三农"工作放在重中之重,切实把建设社会主义新农村的各项任务落到实处,加快农村全面小康和现代化建设步伐。深化以农村税费改革为主要内容的农村综合改革。在全国范围取消农业税。通过试点,推进乡镇机构改革,创新乡镇事业站所运行机制,精简机构和人员。加快推进"省直管县"财政管理体制和"乡财县管乡用"财政管理方式的改革。选择部分县（市）开展化解乡村债务试点工作。深化国有农场税费改革,转变经营机制,在现代农业建设中发挥示范作用。

2007年：发展现代农业推进社会主义新农村建设

当前农村发展仍存在许多突出矛盾和问题,农业基础设施依然薄弱，农民稳定增收依然困难，农村社会事业发展依然滞后，改变农村落后面貌、缩小城乡差距仍需付出艰苦努力。发展现代农业是社会主义新农村建设的首要任务，顺应我国经济发展的客观趋势，符合当今世界农业发展的一般规律，是促进农民增加收入的基本途径，是提高农业综合生产能力的重要举措，是建设社会主义新农村的产业基础。要用现代物质条件装备农业，用现代科学技术改造农业，用现代产业体系提升农业，用现代经营形式推进农业，用现代发展理念引领农业，用培养新型农民发展农业，提高农业水利化、机械化和信息化水平，提高土地产出率、资源利用率和农业劳动生产率，提高农业素质、效益和竞争力。建设现代农业的过程，就是改造传统农业、不断发展农村生产力的过程，就是转变农业增长方式、促进农业又好又快发展的过程。

建设现代农业作为贯穿新农村建设和现代化全过程的一项长期艰巨任务，切实抓紧抓好。2007年农业和农村工作的总体要求是：统筹城乡经济社会发展，实行工业反哺农业、城市支持农村和多予少取放活的方针，巩固、完善、加强支农惠农政策，切实加大农业投入，积极推进现代农业建设，强化农村公共服务，深化农村综合改革，促进粮食稳定发展、农民持续增收、农村更加和谐，确保新农村建设取得新的进展，巩固和发展农业农村的好形势。农业农村综合配套改革突出在全省范围内开展乡镇机构改革试点，扩大市、县试点范围。进一步完善财政转移支付制度，增强基层政府公共产品和公共服务的供给能力。

2008年：加强农业基础建设进一步促进农业发展农民增收

必须加强农业基础地位，走中国特色农业现代化道路，建立以工促农、以城带乡长效机制，形成城乡经济社会发展一体化新格局。坚持把解决好"三农"问题作为全党工作的重中之重，不断强化对农业和农村工作的领导；坚持统筹城乡发展，不断加大工业反哺农业、城市支持农村的力度；坚持多予少取放活，不断完善农业支持保护体系；坚持市场取向改革，不断解放和发展农村生产力；坚持改善民生,不断解决农民生产生活最迫切的实际问题。

当前,工业化、信息化、城镇化、市场化、国际化深入发展,农业和农村正经历着深刻变化。农业资源环境和市场约束增强,保障农产品供求平衡难度加大,要求加速转变农业发展方式。农产品贸易竞争加剧,促进优势农产品出口和适时适度调控进口难度加大,要求加快提升农业竞争力。农业比较效益下降,保持粮食稳定发展、农民持续增收难度加大,要求健全农业支持保护体系。农村生产要素外流加剧,缩小城乡差距难度加大,要求加大统筹城乡发展力度。农村社会结构深刻转型,兼顾各方利益和搞好社会管理难度加大,要求进一步完善乡村治理机制。

2008年和今后一个时期,农业和农村工作的总体要求是:按照形成城乡经济社会发展一体化新格局的要求,突出加强农业基础建设,积极促进农业稳定发展、农民持续增收,努力保障主要农产品基本供给,切实解决农村民生问题,扎实推进社会主义新农村建设。推进乡镇机构和县乡财政管理体制改革。建立健全村级组织运转经费保障机制,探索建立农村公益事业建设新机制。

2009年:促进农业稳定发展农民持续增收

当前,国际金融危机持续蔓延、世界经济增长明显减速,对我国经济的负面影响日益加深,对农业农村发展的冲击不断显现。在国内外资源性产品价格普遍下行的态势中,保持农产品价格合理水平的难度更加凸显;在全社会高度关注食品质量安全的氛围里,保持农产品质量进一步提升和规避经营风险的要求更加迫切;在当前农民工就业形势严峻的情况下,保持农民收入较快增长的制约更加突出。必须切实增强危机意识,充分估计困难,紧紧抓住机遇,果断采取措施,坚决防止粮食生产滑坡,坚决防止农民收入徘徊,确保农业稳定发展,确保农村社会安定。

扩大国内需求,最大潜力在农村;实现经济平稳较快发展,基础支撑在农业;保障和改善民生,重点难点在农民。2009年农业农村工作的总体要求是:把保持农业农村经济平稳较快发展作为首要任务，围绕稳粮、增收、强基础、重民生，进一步强化惠农政策，增强科技支撑，加大投入力度，优化产业结构，推进改革创新，千方百计保证国家粮食安全和主要农产品有效供给，千方百计促进农民收入持续增长，为经济社会又好又快发展继续提供有力保障。推进"乡财县管"改革，加强县乡财政对涉农资金的监管。积极稳妥化解乡村债务。继续推进省直管县财政管理体制改革，提高县乡基本财力保障水平，落实村级组织运转经费保障政策。

2010年：统筹城乡发展，夯实农业农村发展基础

面对历史罕见国际金融危机的严重冲击，面对多年不遇自然灾害的重大考验，面对国内外农产品市场异常波动的不利影响，粮食生产再获丰收，连续6年实现增产；农民工就业快速回升，农民收入连续6年较快增长；集体林权制度改革全面推进，农村体制创新取得新的突破……

面对复杂多变的发展环境，促进农业生产上新台阶的制约越来越多，保持农民收入较快增长的难度越来越大，转变农业发展方式的要求越来越高，破除城乡二元结构的任务越来越重。突出强化农业农村的基础设施，建立健全农业社会化服务的基层体系，协调推进工业化、城镇化和农业现代化，努力形成城乡经济社会发展一体化新格局。

2010年农业农村工作的总体要求是：把统筹城乡发展作为全面建设小康社会的根本要求，把改善农村民生作为调整国民收入分配格局的重要内容，把扩大农村需求作为拉动内需的关键举措，把发展现代农业作为转变经济发展方式的重大任务，把建设社会主义新农村和推进城镇化作为保持经济平稳较快发展的持久动力，按照稳粮保供给、增收惠民生、改革促统筹、强基增后劲的基本思路，毫不松懈地抓好农业农村工作，继续为改革发展稳定大局做出新的贡献。

2011年：加快水利改革发展的决定

水资源供需矛盾突出仍然是可持续发展的主要瓶颈，农田水利建设滞后仍然是影响农业稳定发展和国家粮食安全的最大硬伤，水利设

施薄弱仍然是国家基础设施的明显短板。随着工业化、城镇化深入发展，全球气候变化影响加大，我国水利面临的形势更趋严峻，增强防灾减灾能力要求越来越迫切，强化水资源节约保护工作越来越繁重。着力加快农田水利建设，推动水利实现跨越式发展。

加快水利工程建设和管理体制改革。区分水利工程性质，分类推进改革，健全良性运行机制。落实好公益性、准公益性水管单位基本支出和维修养护经费。深化小型水利工程产权制度改革，明确所有权和使用权，落实管护主体和责任。

2012年：推进农业科技创新，增强农产品供给保障能力

国际经济形势复杂严峻，全球气候变化影响加深，我国耕地和淡水资源短缺压力加大，农业发展面临的风险和不确定性明显上升，巩固和发展农业农村好形势的任务更加艰巨。实现农业持续稳定发展、长期确保农产品有效供给，根本出路在科技。农业科技是确保国家粮食安全的基础支撑，是突破资源环境约束的必然选择，是加快现代农业建设的决定力量，具有显著的公共性、基础性、社会性。把农业科技摆上更加突出的位置，下决心突破体制机制障碍，大幅度增加农业科技投入，推动农业科技跨越发展，为农业增产、农民增收、农村繁荣注入强劲动力。

2013年：加快发展现代农业，增强农村发展活力

伴随工业化、城镇化深入推进，我国农业农村发展正在进入新的阶段，呈现出农业综合生产成本上升、农产品供求结构性矛盾突出、农村社会结构加速转型、城乡发展加快融合的态势。人多地少水缺的矛盾加剧，农产品需求总量刚性增长、消费结构快速升级，农业对外依存度明显提高，保障国家粮食安全和重要农产品有效供给任务艰巨；农村劳动力大量流动，农户兼业化、村庄空心化、人口老龄化趋势明显，农民利益诉求多元，加强和创新农村社会管理势在必行；国民经济与农村发展的关联度显著增强，农业资源要素流失加快，建立城乡要素平等交换机制的要求更为迫切，缩小城乡区域发展差距和居民收入分配差距任重道远。

2013年农业农村工作的总体要求是：落实"四化同步"的战略部署，按照保供增收惠民生、改革创新添活力的工作目标，加大农村改革力度、政策扶持力度、科技驱动力度，围绕现代农业建设，充分发挥农村基本经营制度的优越性，着力构建集约化、专业化、组织化、社会化相结合的新型农业经营体系，进一步解放和发展农村社会生产力，巩固和发展农业农村大好形势。

2014年：全面深化农村改革加快推进农业现代化

我国经济社会发展正处在转型期，农村改革发展面临的环境更加复杂、困难挑战增多。工业化、信息化、城镇化快速发展对同步推进农业现代化的要求更为紧迫，保障粮食等重要农产品供给与资源环境承载能力的矛盾日益尖锐，经济社会结构深刻变化对创新农村社会管理提出了亟待破解的课题。

全面深化农村改革，坚持社会主义市场经济改革方向，处理好政府和市场的关系，激发农村经济社会活力；鼓励探索创新，在明确底线的前提下，支持地方先行先试，尊重农民群众实践创造；因地制宜、循序渐进，不搞"一刀切"、不追求一步到位，允许采取差异性、过渡性的制度和政策安排；城乡统筹联动，赋予农民更多财产权利，推进城乡要素平等交换和公共资源均衡配置，让农民平等参与现代化进程、共同分享现代化成果。

推进中国特色农业现代化，要始终把改革作为根本动力，立足国情农情，顺应时代要求，坚持家庭经营为基础与多种经营形式共同发展，传统精耕细作与现代物质技术装备相辅相成，实现高产高效与资源生态永续利用协调兼顾，加强政府支持保护与发挥市场配置资源决定性作用功能互补。要以解决好地怎么种为导向加快构建新型农业经营体系，以解决好地少水缺的资源环境约束为导向深入推进农业发展方式转变，以满足吃得好吃得安全为导向大力发展优质安全农产品，努力走出一条生产技术先进、经营规模适度、市场竞争力强、生态环境可持续的中国特色新型农业现代化道路。2014年及今后一个时期，力争在体制机制创新上取得新突破，在现代农业发展上取得新成就，在社会主义新农村建设上取得新进展，为保持经济社会持续健康发展提供有力支撑。

2015年：加大改革创新力度加快农业现代化

我国经济发展进入新常态，如何在经济增速放缓背景下继续强化农业基础地位、促进农民持续增收，是必须破解的一个重大课题。国内农业生产成本快速攀升，大宗农产品价格普遍高于国际市场，如何在"双重挤压"下创新农业支持保护政策、提高农业竞争力，是必须面对的一个重大考验。我国农业资源短缺，开发过度、污染加重，如何在资源环境硬约束下保障农产品有效供给和质量安全、提升农业可持续发展能力，是必须应对的一个重大挑战。城乡资源要素流动加速，城乡互动联系增强，如何在城镇化深入发展背景下加快新农村建设步伐、实现城乡共同繁荣，是必须解决好的一个重大问题。

主动适应经济发展新常态，按照稳粮增收、提质增效、创新驱动的总要求，继续全面深化农村改革，全面推进农村法治建设，推动新型工业化、信息化、城镇化和农业现代化同步发展，努力在提高粮食生产能力上挖掘新潜力，在优化农业结构上开辟新途径，在转变农业发展方式上寻求新突破，在促进农民增收上获得新成效，在建设新农村上迈出新步伐，为经济社会持续健康发展提供有力支撑。加快供销合作社和农垦改革发展，把供销合作社打造成为"三农"提供综合服务的全国性骨干力量。抓紧制定供销合作社条例。深化农场企业化、垦区集团化、股权多元化改革，发挥农垦独特优势，积极培育规模化农业经营主体，把农垦建成重要农产品生产基地和现代农业的示范带动力量。

2016年：落实发展新理念加快农业现代化

新型城镇化加快推进，为以工促农、以城带乡带来持续牵引力；城乡居民消费结构加快升级，为拓展农业农村发展空间增添巨大带动力；新一轮科技革命和产业变革正在孕育兴起，为农业转型升级注入强劲驱动力；农村各项改革全面展开，为农业农村现代化提供不竭动力。在经济发展新常态背景下，如何促进农民收入稳定较快增长，加快缩小城乡差距,确保如期实现全面小康,是必须完成的历史任务;在资源环境约束趋紧背景下,如何加快转变农业发展方式,确保粮食等重要农产品有效供给,实现绿色发展和资源永续利用,是必须破解的现实难题;在受国际农产品市场影响加深背景下,如何统筹利用国际国内两个市场、两种资源,提升我国农业竞争力,赢得参与国际市场竞争的主动权,是必须应对的重大挑战。

"十三五"时期推进农村改革发展,坚持全面建成小康社会、全面深化改革、全面依法治国、全面从严治党的战略布局,把坚持农民主体地位、增进农民福祉作为农村一切工作的出发点和落脚点,用发展新理念破解"三农"新难题,厚植农业农村发展优势,加大创新驱动力度,推进农业供给侧结构性改革,加快转变农业发展方式,保持农业稳定发展和农民持续增收,走产出高效、产品安全、资源节约、环境友好的农业现代化道路,推动新型城镇化与新农村建设双轮驱动、互促共进,让广大农民平等参与现代化进程、共同分享现代化成果。

2017年:推进农业供给侧结构性改革,培育农业农村发展新动能

农业的主要矛盾由总量不足转变为结构性矛盾,突出表现为阶段性供过于求和供给不足并存,矛盾的主要方面在供给侧。农产品供求结构失衡、要素配置不合理、资源环境压力大、农民收入持续增长乏力等问题仍很突出,增加产量与提升品质、成本攀升与价格低迷、库存高企与销售不畅、小生产与大市场、国内外价格倒挂等矛盾亟待破解。必须顺应新形势新要求,坚持问题导向,调整工作重心,深入推进农业供给侧结构性改革,加快培育农业农村发展新动能,开创农业现代化建设新局面。

在确保国家粮食安全的基础上,紧紧围绕市场需求变化,以增加农民收入、保障有效供给为主要目标,以提高农业供给质量为主攻方向,以体制改革和机制创新为根本途径,优化农业产业体系、生产体系、经营体系,提高土地产出率、资源利用率、劳动生产率,促进农

业农村发展由过度依赖资源消耗、主要满足量的需求,向追求绿色生态可持续、更加注重满足质的需求转变。

推进农业供给侧结构性改革是一个长期的过程,处理好政府和市场关系、协调好各方面利益,面临许多重大考验。必须直面困难和挑战,坚定不移推进改革,勇于承受改革阵痛,尽力降低改革成本,积极防范改革风险,确保粮食生产能力不降低、农民增收势头不逆转、农村稳定不出问题。

2017年农业农村工作,坚持新发展理念,协调推进农业现代化与新型城镇化,以推进农业供给侧结构性改革为主线,围绕农业增效、农民增收、农村增绿,加强科技创新引领,加快结构调整步伐,加大农村改革力度,提高农业综合效益和竞争力,推动社会主义新农村建设取得新的进展,力争农村全面小康建设迈出更大步伐。统筹推进农村各项改革。全面推行河长制,确保2018年年底前全面建立省、市、县、乡四级河长体系。扩大水资源税改革试点。开展农村综合性改革试点试验。

2018年:实施乡村振兴战略

全面贯彻党的十九大精神,落实高质量发展的要求,坚持农业、农村优先发展,按照产业兴旺、生态宜居、乡风文明、治理有效、生活富裕的总要求,建立健全城乡融合发展体制机制和政策体系,统筹推进农村经济建设、政治建设、文化建设、社会建设、生态文明建设和党的建设,加快推进乡村治理体系和治理能力现代化,加快推进农业农村现代化,走中国特色社会主义乡村振兴道路,让农业成为有奔头的产业,让农民成为有吸引力的职业,让农村成为安居乐业的美丽家园。

实施乡村振兴战略的目标任务是:到2020年,乡村振兴取得重要进展,制度框架和政策体系基本形成。农业综合生产能力稳步提升,农业供给体系质量明显提高,农村一、二、三产业融合发展水平进一步提升;农民增收渠道进一步拓宽,城乡居民生活水平差距持续缩小;农村基础设施建设深入推进,农村人居环境明显改善,美丽宜居乡村建设扎实推进;城乡基本公共服务均等化水平进一步提高,城乡融合发展体制机制初步建立；农村对人才吸引力逐步增强；农村生态环境明显好转，农业生态服务能力进一步提高，到2035年，乡村振兴取得决定性进展，农业农村现代化基本实现。

在要素配置上优先满足，在资金投入上优先保障，在公共服务上优先安排，加快补齐农业农村短板。坚持农民主体地位。充分尊重农民意愿，切实发挥农民在乡村振兴中的主体作用，调动亿万农民的积极性、主动性、创造性，把维护农民群众根本利益、促进农民共同富裕作为出发点和落脚点，促进农民持续增收，不断提升农民的获得感、幸福感、安全感。坚持城乡融合发展。坚决破除体制机制弊端，使市场在资源配置中起决定性作用，更好发挥政府作用，推动城乡要素自由流动、平等交换，推动新型工业化、信息化、城镇化、农业现代化同步发展，加快形成工农互促、城乡互补、全面融合、共同繁荣的新型工农城乡关系。坚持质量兴农、绿色兴农，以农业供给侧结构性改革为主线，加快构建现代农业产业体系、生产体系、经营体系，提高农业创新力、竞争力和全要素生产率，加快实现由农业大国向农业强国转变。

三　农业政策内容的变迁

（一）增收方式与补贴、农业支持与粮食生产投入

1. 内生增收方式

2004年　发展农村二、三产业，拓宽农民增收渠道。推进乡镇企业改革和调整。全面发展农村经济、拓展农村内部就业空间的重要途径。调整乡镇企业发展战略和发展模式，重点发展农产品加工业、服务业和劳动密集型企业。鼓励有条件的乡镇企业建立现代企业制度。大力发展农村个体私营等非公有制经济。繁荣小城镇经济。增强小城镇吸纳农村人口、带动农村发展的能力。

2006年　充分挖掘农业内部增收潜力，按照国内外市场需求，发展品质优良、特色明显、附加值高的优势农产品，推进"一村一品"，实现增值增效。加快转移农村劳动力，不断增加农民的务工收

入。鼓励和支持符合产业政策的乡镇企业发展，特别是劳动密集型企业和服务业。着力发展县城和在建制的重点镇。

2008年　形成农业增效与农民增收良性互动格局。要通过结构优化增收，继续搞好农产品优势区域布局规划和建设，支持优质农产品生产和特色农业发展，推进农产品精深加工。要通过降低成本增收，大力发展节约型农业，促进秸秆等副产品和生活废弃物资源化利用。要通过非农就业增收，提高乡镇企业、家庭工业和乡村旅游发展水平。合理调控重要农产品和农业生产资料价格。保障农民对集体财产的收益权，创造条件让更多农民获得财产性收入。

2015年　拓宽农村外部增收渠道。实施农民工职业技能提升计划。落实同工同酬政策，保障进城农民工及其随迁家属平等享受城镇基本公共服务，完善随迁子女在当地接受义务教育和参加中高考相关政策。加快户籍制度改革，建立居住证制度。

2016年　完善农业产业链与农民的利益联结机制。促进农业产加销紧密衔接、农村一、二、三产业深度融合，推进农业产业链整合和价值链提升，让农民共享产业融合发展的增值收益。支持供销合作社创办领办农民合作社，引领农民参与农村产业融合发展、分享产业链收益。创新发展订单农业，支持农业产业化龙头企业建设稳定的原料生产基地、为农户提供贷款担保和资助订单农户参加农业保险。鼓励发展股份合作，引导农户自愿以土地经营权等入股龙头企业和农民合作社，采取"保底收益+按股分红"等方式，让农户分享加工销售环节收益。实施农村产业融合发展试点示范工程。财政支农资金使用要与建立农民分享产业链利益机制相联系。巩固和完善"合同帮农"机制。

2018年　促进农村劳动力转移就业和农民增收。健全覆盖城乡的公共就业服务体系，大规模开展职业技能培训，促进农民工多渠道转移就业，提高就业质量。实施乡村就业创业促进行动，大力发展文化、科技、旅游、生态等乡村特色产业，振兴传统工艺。培育一批家庭工场、手工作坊、乡村车间，鼓励在乡村地区兴办环境友好型企业，实现乡村经济多元化，提供更多就业岗位。

2. 农业补贴

2004年　继续推进农村税费改革。逐步降低农业税税率。有条件的地方，可以免征农业税。精简乡镇机构，调整乡镇建制，提倡干部交叉任职。积极探索化解乡村债务的有效途径。

2005年　继续加大"两减免、三补贴"等政策实施力度。减免农业税、取消农业特产税，对种粮农民实行直接补贴，对部分地区农民实行良种补贴和农机具购置补贴。扩大农业税免征范围，加大农业税减征力度。在国家扶贫开发工作重点县实行免征农业税试点。中央财政安排专项转移支付给予适当补助。继续对种粮农民实行直接补贴，继续对短缺的重点粮食品种在主产区实行最低收购价政策，逐步建立和完善稳定粮食市场价格、保护种粮农民利益的制度和机制。继续实行化肥出厂限价政策，控制农资价格过快上涨。

2006年　粮食主产区要将种粮直接补贴的资金规模提高到粮食风险基金的50%以上，其他地区也要根据实际情况加大对种粮农民的补贴力度。增加良种补贴和农机具购置补贴。

2007年　逐步形成目标清晰、受益直接、类型多样、操作简便的农业补贴制度。各地用于种粮农民直接补贴的资金要达到粮食风险基金的50%以上。加大良种补贴力度，扩大补贴范围和品种。扩大农机具购置补贴规模、补贴机型和范围。加大农业生产资料综合补贴力度。

2008年　巩固、完善、强化强农惠农政策。继续加大对农民的直接补贴力度，增加粮食直补、良种补贴、农机具购置补贴和农资综合直补。全面落实对粮食、油料、生猪和奶牛生产的各项扶持政策，加大对生产大县的奖励补助，逐步形成稳定规范的制度。强农惠农政策要向重点产区倾斜，向提高生产能力倾斜。继续对重点地区、重点粮食品种实行最低收购价政策。

2009年　较大幅度增加农业补贴。

2010年　完善农业补贴制度和市场调控机制。增加良种补贴，扩大马铃薯补贴范围，启动青稞良种补贴，实施花生良种补贴试点。进一步增加农机具购置补贴，扩大补贴种类。按照存量不动、增量倾斜的原则，新增农业补贴适当向种粮大户、农民专业合作社倾斜。落实小麦最低收购价政策，继续提高稻谷最低收购价。扩大销区粮食储备规模。

2012年 加大农业投入和补贴力度。持续加大财政用于"三农"的支出，确保增量和比例均有提高。逐步提高农业研发投入占农业增加值的比重。新增补贴向主产区、种养大户、农民专业合作社倾斜。提高对种粮农民的直接补贴水平。落实农资综合补贴动态调整机制，适时增加补贴。加大良种补贴力度，扩大农机具购置补贴规模和范围。增加产粮（油）大县奖励资金，加大生猪调出大县奖励力度。探索完善森林、草原、水土保持等生态补偿制度，研究建立公益林补偿标准动态调整机制。

2013年 加大农业补贴力度。完善主产区利益补偿、耕地保护补偿、生态补偿办法，加快让农业获得合理利润、让主产区财力逐步达到全国或全省平均水平。新增补贴向主产区和优势产区集中，向专业大户、家庭农场、农民合作社等新型生产经营主体倾斜。启动低毒低残留农药和高效缓释肥料使用补助试点。支持发展肉牛肉羊，落实远洋渔业补贴及税收减免政策。现代农业生产发展资金重点支持粮食及地方优势特色产业加快发展。

2014年 完善农业补贴政策。按照稳定存量、增加总量、完善方法、逐步调整的要求，积极开展改进农业补贴办法的试点试验。新增补贴向粮食等重要农产品、新型农业经营主体、主产区倾斜。在有条件的地方提高补贴精准性、指向性。强化农业防灾减灾稳产增产关键技术补助。降低或取消产粮大县直接用于粮食生产等建设项目资金配套。完善森林、草原、湿地、水土保持等生态补偿制度，建立江河源头区、重要水源地、重要水生态修复治理区和蓄滞洪区生态补偿机制。

2015年 提高农业补贴政策效能。逐步扩大"绿箱"支持政策实施规模和范围，调整改进"黄箱"支持政策，充分发挥政策惠农增收效应。实施农业生产重大技术措施推广补助政策。扩大现代农业示范区奖补范围。

2017年 完善农业补贴制度。提高农业补贴政策的指向性和精准性，重点补主产区、适度规模经营、农民收入、绿色生态。推进农业"三项补贴"制度改革。

2018年 建立市场化多元化生态补偿机制。加大重点生态功能区转移支付力度，完善生态保护成效与资金分配挂钩的激励约束机制。健全地区间、流域上下游之间横向生态保护补偿机制，探索建立生态产品购买、森林碳汇等市场化补偿制度。建立长江流域重点水域禁捕补偿制度。推行生态建设和以工代赈，提供更多生态公益岗位。

3. 农业资金支持

2005年 建立稳定增长的支农资金渠道。调整国民收入分配结构，新增财政支出和固定资产投资要切实向农业、农村、农民倾斜，逐步建立稳定的农业投入增长机制。从2005年起，要在继续搞好大中型农田水利基础设施建设的同时，不断加大对小型农田水利基础设施建设的投入力度。设立小型农田水利设施建设补助专项资金。市、县两级政府也要切实增加对小型农田水利建设的投入。发挥国家农业资金投入的导向作用，鼓励社会资本积极投资开发农业和建设农村基础设施。逐步降低中西部地区对涉农固定资产投资的资金配套比例。

2007年 大幅度增加对"三农"的投入。建立"三农"投入稳定增长机制，中央和县级以上地方财政每年对农业总投入的增长幅度应当高于其财政经常性收入的增长幅度，尽快形成新农村建设稳定的资金来源。加大支农资金整合力度，抓紧建立支农投资规划、计划衔接和部门信息沟通工作机制，完善投入管理办法，集中用于重点地区、重点项目，提高支农资金使用效益。

2008年 按照统筹城乡发展要求，加大"三农"投入力度。落实工业反哺农业、城市支持农村和多予少取放活的方针，坚持做到县级以上各级财政每年对农业总投入增长幅度高于其财政经常性收入增长幅度,坚持把国家基础设施建设和社会事业发展的重点转向农村。

2009年　耕地占用税税率提高后新增收入全部用于农业,土地出让收入重点支持农业土地开发和农村基础设施建设。大幅度增加对中西部地区农村公益性建设项目的投入。

2010年　继续加大国家对农业农村的投入力度。按照总量持续增加、比例稳步提高的要求,不断增加"三农"投入。积极引导社会资源投向农业农村。鼓励各种社会力量开展与乡村结对帮扶,参与农村产业发展和公共设施建设。

2013年　鼓励社会资本投向新农村建设。

2014年　健全"三农"投入稳定增长机制。整合和统筹使用涉农资金。加大农业保险支持力度。

2016年　健全农业农村投入持续增长机制。

2017年　改革财政支农投入机制。

4. 粮食生产投入

2004年　突出增加对粮食主产区的投入。现有农业固定资产投资、农业综合开发资金、土地复垦基金等要相对集中使用,向主产区倾斜。从2004年起,确定一定比例的国有土地出让金,用于支持农业土地开发,建设高标准基本农田,提高粮食综合生产能力。主销区和产销平衡区也要加强粮食生产能力建设。加强主产区粮食生产能力建设。实施优质粮食产业工程,选择一部分有基础、有潜力的粮食大县和国有农场,集中力量建设一批国家优质专用粮食基地。重点建设旱涝保收、稳产高产基本农田。扩大沃土工程实施规模。加强大宗粮食作物良种繁育、病虫害防治工程建设,强化技术集成能力,优先支持主产区推广一批有重大影响的优良品种和先进适用技术。提高农业机械化水平,对农民个人、农场职工、农机专业户和直接从事农业生产的农机服务组织购置和更新大型农机具给予一定补贴。支持主产区进行粮食转化和加工。充分利用主产区丰富的饲料资源,积极发展农区畜牧业。引导农产品加工业合理布局,扶持主产区发展以粮食为主要原料的农产品加工业,重点是发展精深加工。支持主产区建立和改造一批大型农产品加工、种子营销和农业科技型企业。

2005年　加强对粮食主产区的支持。缓解中西部地区特别是粮食主产区县乡的财政困难，中央财政根据粮食播种面积、产量和商品量等因素，对粮食主产县通过转移支付给予奖励和补助。建立粮食主产区与主销区之间的利益协调机制，调整中央财政对粮食风险基金的补助比例，并通过其他经济手段筹集一定资金，支持粮食主产区加强生产能力建设。重点支持粮食主产区发展农产品加工业。大力扶持食品加工业特别是粮食主产区以粮食为主要原料的加工业。进一步抓好粮食生产。满足国内实现粮食基本自给的方针，以市场需求为导向，改善品种结构，优化区域布局，着力提高单产，努力保持粮食供求总量大体平衡。稳定和增加粮食播种面积，改革种植制度，提高复种指数。实施优质粮食产业工程，建设商品粮生产基地，推进优质粮食产业带建设。加强粮食生产技术、农机、信息和产销等服务，搞好良种培育和供应。完善和落实粮食省长负责制，保证必要的粮食储备，维护粮食市场的稳定。

2006年　稳定发展粮食生产。适度利用国际市场，积极保持供求平衡。坚决落实最严格的耕地保护制度，保护农民的土地承包经营权。坚持和完善重点粮食品种最低收购价政策，保持合理的粮价水平，加强农业生产资料价格调控，保护种粮农民利益。

2007年　促进粮食稳定发展。努力稳定粮食播种面积，提高单产、优化品种、改善品质。鼓励有条件的地方适度发展连片种植，加大对粮食加工转化的扶持力度。

2008年　根据粮食产销格局的变化，进一步完善粮食风险基金政策。实施粮食战略工程，集中力量建设一批基础条件好、生产水平高和调出量大的粮食核心产区；在保护生态前提下，着手开发一批资源有优势、增产有潜力的粮食后备产区。扩大西部退耕地区基本口粮田建设。支持农垦企业建设大型粮食和农产品生产基地，充分发挥其在现代农业建设中的示范带动作用。

2009年　加大力度扶持粮食生产。增加一般性转移支付和产粮大县奖励补助等资金，优先安排农业基础设施建设投资和农业综合开发等资金，扶持粮食产业和龙头企业发展，引导产销区建立利益衔接机制，促进主产区经济社会加快发展，确保主产区得到合理利益补偿，确保种粮农民得到合理经济收益。推进全国新增千亿斤粮食生产能力建设，以主产区重点县（场）为单位，集中投入、整体开发。进一步强化"米袋子"省长负责制，各地区都要承担本地耕地和水资源保护、粮食产销和市场调控责任。

2010年 稳定发展粮食等大宗农产品生产。大力优化品种结构，着力提高粮食单产和品质。全面实施全国新增千亿斤粮食生产能力规划。大力发展油料生产，加快优质油菜、花生生产基地县建设，积极发展油茶、核桃等木本油料。支持优势产区发展棉花、糖料生产。

2012年 保障农产品有效供给，稳住粮食生产。落实"米袋子"省长负责制，千方百计稳定粮食播种面积，扩大紧缺品种生产，着力提高单产和品质。加快提升800个产粮大县（市、区、场）生产能力。继续实施粮食丰产科技工程、超级稻新品种选育和示范项目。支持优势产区加强棉花、油料、糖料生产基地建设。加快推进农作物病虫害专业化统防统治，完善重大病虫疫情防控支持政策。

2013年 稳定发展农业生产。深入实施测土配方施肥，加强重大病虫害监测预警与联防联控能力建设。加大新一轮"菜篮子"工程实施力度，扩大园艺作物标准园和畜禽水产品标准化养殖示范场创建规模。推进种养业良种工程，加快农作物制种基地和新品种引进示范场建设。

2014年 抓紧构建新形势下的国家粮食安全战略。把饭碗牢牢端在自己手上的基本方针。综合考虑国内资源环境条件、粮食供求格局和国际贸易环境变化，实施以我为主、立足国内、确保产能、适度进口、科技支撑的国家粮食安全战略。严守耕地保护红线，划定永久基本农田，不断提升农业综合生产能力，确保谷物基本自给、口粮绝对安全。更加积极地利用国际农产品市场和农业资源，有效调剂和补充国内粮食供给。在重视粮食数量的同时，更加注重品质和质量安全；在保障当期供给的同时，更加注重农业可持续发展。加大力度落实"米袋子"省长负责制，进一步明确中央和地方的粮食安全责任与分工，主销区也要确立粮食面积底线、保证一定的口粮自给率。

2015年　不断增强粮食生产能力。全面开展永久基本农田划定工作。统筹实施全国高标准农田建设总体规划。全面推进建设占用耕地剥离耕作层土壤再利用。探索建立粮食生产功能区，将口粮生产能力落实到田块地头、保障措施落实到具体项目。集中力量加快建设一批重大引调水工程、重点水源工程、江河湖泊治理骨干工程。实施粮食丰产科技工程和盐碱地改造科技示范。深入推进粮食高产创建和绿色增产模式攻关。

2018年　完善农业支持保护制度。以提升农业质量效益和竞争力为目标，强化绿色生态导向，创新完善政策工具和手段，扩大"绿箱"政策的实施范围和规模，加快建立新型农业支持保护政策体系。深化农产品收储制度和价格形成机制改革，加快培育多元市场购销主体，改革完善中央储备粮管理体制。通过完善拍卖机制、定向销售、包干销售等，加快消化政策性粮食库存。提高补贴效能。探索开展稻谷、小麦、玉米三大粮食作物完全成本保险和收入保险试点，加快建立多层次农业保险体系。

（二）基础建设、现代化推进、技术支持与服务体系

1. 农业基础建设

2004年　加强农业和农村基础设施建设。围绕节水灌溉、人畜饮水、乡村道路、农村沼气、农村水电、草场围栏等"六小工程"，对改善农民生产生活条件、带动农民就业、增加农民收入发挥着积极作用。继续搞好生态建设，对天然林保护、退耕还林还草和湿地保护等生态工程。

2005年　努力培肥地力。较大幅度增加农业综合开发投入，新增资金主要安排在粮食主产区集中用于中低产田改造，建设高标准基本农田。搞好"沃土工程"建设，增加投入，加大土壤肥力调查和

监测工作力度，尽快建立全国耕地质量动态监测和预警系统，为农民科学种田提供指导和服务。发展保护性耕作，推广测土配方施肥，推行有机肥综合利用与无害化处理。加大农村小型基础设施建设力度。增加农村"六小工程"的投资规模，扩大建设范围，提高工程质量。实施以节水改造为中心的大型灌区续建配套。着力搞好田间工程建设，更新改造老化机电设备，完善灌排体系。开展续建配套灌区的末级渠系建设试点。继续推进节水灌溉示范，在粮食主产区进行规模化建设试点。

2006年 加快乡村基础设施建设。加快农村饮水安全工程建设。要加快农村能源建设步伐，在适宜地区积极推广沼气、秸秆气化、小水电、太阳能、风力发电等清洁能源技术。支持养殖场建设大中型沼气，以沼气池建设带动农村改圈、改厕、改厨。尽快完成农村电网改造的续建配套工程。到"十一五"末期基本实现全国所有乡镇通油（水泥）路，东、中部地区所有具备条件的建制村通油（水泥）路，西部地区基本实现具备条件的建制村通公路。重点抓好"金农"工程和农业综合信息服务平台建设工程。大力加强农田水利、耕地质量和生态建设。加快发展节水灌溉。加大大型排涝泵站技术改造力度，配套建设田间工程。大力推广节水技术。切实抓好以小型灌区节水改造、雨水集蓄利用为重点的小型农田水利工程建设和管理。继续搞好病险水库除险加固，加强中小河流治理。实施新一轮沃土工程，科学施用化肥，引导增施有机肥，全面提升地力。增加测土配方施肥补贴，继续实施保护性耕作示范工程和土壤有机质提升补贴试点。农业综合开发要重点支持粮食主产区改造中低产田和中型灌区节水改造。继续推进生态建设，切实搞好退耕还林、天然林保护等重点生态工程。继续推进退牧还草、山区综合开发。建立和完善生态补偿机制。

2007年 加大乡村基础设施建设力度。"十一五"时期，要解决1.6亿农村人口的饮水安全问题。加快户户通电工程建设，实施新农村电气化建设"百千万"工程。治理农村人居环境，搞好村庄治理规划和试点。继续发展小城镇和县域经济，促进基础设施和公共服务向农村延伸。抓好农田水利建设。加快大型灌区续建配套和节水改造，搞好末级渠系建设，推行灌溉用水总量控制和定额管理。扩大大型泵站技术改造实施范围和规模。切实提高耕地质量。合理引导农村节约集约用地，切实防止破坏耕作层的农业生产行为。加大土地复垦、整理力度。加快建设旱涝保收、高产稳产的高标准农田。加快实施沃土工程，重点支持有机肥积造和水肥一体化设施建设。

2008年　狠抓小型农田水利建设。抓紧编制和完善县级农田水利建设规划，整体推进农田水利工程建设和管理。大幅度增加建设补助专项资金，将大中型灌区末级渠系改造和小型排涝设施建设纳入补助范围。以雨水集蓄利用为重点，兴建山区小型抗旱水源工程。推进小型农田水利工程产权制度改革，探索非经营性农村水利工程管理体制改革办法，明确建设主体和管护责任。大力发展节水灌溉。力争到2020年基本完成大型灌区续建配套与节水改造任务。抓紧实施病险水库除险加固。加强耕地保护和土壤改良。切实控制建设占用耕地和林地。土地出让收入用于农村的投入，要重点支持基本农田整理、灾毁复垦和耕地质量建设。继续增加投入，加大力度改造中低产田。加快沃土工程实施步伐，扩大测土配方施肥规模。支持农民秸秆还田、种植绿肥、增施有机肥。加快实施旱作农业示范工程，建设一批旱作节水示范区。

2009年　农村基础设施建设。加快推进城乡同网同价。到2010年底基本实现全国乡镇和东中部地区具备条件的建制村通油（水泥）路，西部地区具备条件的建制村通公路，建立农村客运政策性补贴制度。增加农村沼气工程建设投资，扩大秸秆固化气化试点示范。发展农村信息化。加快国有林区、垦区棚户区改造，实施游牧民定居工程，扩大农村危房改造试点。高标准农田建设。集中连片推进农村土地整治，实行田、水、路、林综合治理，大规模开展中低产田改造，提高高标准农田比重。继续推进"沃土工程"，扩大测土配方施肥实施范围。开展鼓励农民增施有机肥、种植绿肥、秸秆还田奖补试点。大力开展保护性耕作，加快实施旱作农业示范工程。水利基础设施建设。加强大江大河和重点中小河流治理，建成一批大中型水利骨干工程。加快大中型和重点小型病险水库除险加固进度。重点加快大型灌区续建配套和节水改造。继续加大农业综合开发中型灌区骨干工程节水改造力度。推进大中型灌区田间工程和小型灌区节水改造，推广高效节水灌溉技术，因地制宜修建小微型抗旱水源工程，发展牧区水利。加强重要水源工程及配套灌区建设。推进水利工程管理和农村水利体制改革，启动减轻农业用水负担综合改革试点。2009年起国家在中西部地区安排的病险水库除险加固、生态建设、农村饮水安全、大中型灌区配套改造等公益性建设项目，取消县及县以下资金配套。

2010年　抓好水利基础设施建设。启动大中型病险水闸除险加固。加快大型灌排泵站更新改造。新增一批小型农田水利建设重点县。支持山丘区建设雨水集蓄等小微型水利设施。深化水利工程管理体制改革。推广农民用水户参与管理模式，加大财政对农民用水合作组织的扶持力度，加强基层抗旱排涝和农村水利技术服务体系建设。

2010年　大力建设高标准农田。按照统筹规划、分工协作、集中投入、连片推进的要求，加快建设高产稳产基本农田。支持农田排灌、土地整治、土壤改良、机耕道路和农田林网建设，把800个产粮大县的基本农田加快建成高标准农田，建立稳固的商品粮基地。有计划分片推进中低产田改造。扩大测土配方施肥、土壤有机质提升补贴规模和范围。推广保护性耕作技术，实施旱作农业示范工程，对应用旱作农业技术给予补助。

2011年　大兴农田水利建设。到2020年，基本完成大型灌区、重点中型灌区续建配套和节水改造任务。结合全国新增千亿斤粮食生产能力规划实施，在水土资源条件具备的地区，新建一批灌区，增加农田有效灌溉面积。实施大中型灌溉排水泵站更新改造，加强重点涝区治理，完善灌排体系。加快推进小型农田水利重点县建设，优先安排产粮大县，加强灌区末级渠系建设和田间工程配套，促进旱涝保收高标准农田建设。支持山丘区小水窖、小水池、小塘坝、小泵站、小水渠等"五小水利"工程建设，重点向革命老区、民族地区、边疆地区、贫困地区倾斜。大力发展节水灌溉，推广渠道防渗、管道输水、喷灌滴灌等技术，扩大节水、抗旱设备补贴范围。积极发展旱作农业，采用地膜覆盖、深松深耕、保护性耕作等技术。稳步发展牧区水利，建设节水高效灌溉饲草料地。加快中小河流治理和小型水库除险加固。抓紧解决工程性缺水问题。加快推进西南等工程性缺水地区重点水源工程建设，坚持蓄引提与合理开采地下水相结合，以县域为单元，尽快建设一批中小型水库、引提水和连通工程，支持农民兴建小微型水利设施，显著提高雨洪资源利用和供水保障能力。

2012年 坚持不懈加强农田水利建设。加快推进水源工程建设、大江大河大湖和中小河流治理、病险水库水闸除险加固、山洪地质灾害防治，加大大中型灌区续建配套与节水改造、大中型灌溉排水泵站更新改造力度，在水土资源条件具备的地方新建一批灌区，努力扩大有效灌溉面积。实现小型农田水利重点县建设基本覆盖农业大县。加大山丘区"五小水利"工程建设、农村河道综合整治、塘堰清淤力度，发展牧区水利。大力推广高效节水灌溉新技术、新设备，扩大设备购置补贴范围和贷款贴息规模，完善节水灌溉设备税收优惠政策。加快推进土地出让收益用于农田水利建设资金。发展水利科技推广、防汛抗旱、灌溉试验等方面的专业化服务组织。加强高标准农田建设。加快永久基本农田划定工作，启动耕地保护补偿试点。制定全国高标准农田建设总体规划和相关专项规划，开展农村土地整治重大工程和示范建设，集中力量加快推进旱涝保收高产稳产农田建设，实施东北四省区高效节水农业灌溉工程。占用耕地建设重大工程，要积极推行"移土培肥"经验和做法。加快推进现代农业示范区建设，支持垦区率先发展现代农业。

2013年 加强农村基础设施建设。解决农村饮水安全问题。支持农村水电供电区电网改造和农村水电增效扩容改造。推进区县乡公路改造、连通工程建设，继续推进农村乡镇客运站网建设。加快宽带网络等农村信息基础设施建设。促进农村沼气可持续发展。加大力度推进农村危房改造，实施游牧民定居工程和渔民上岸安居工程。积极推进公益性乡村债务清理化解试点。不提倡、不鼓励在城镇规划区外拆并村庄、建设大规模的农民集中居住区。加大避灾移民搬迁投入。

2014年 完善农田水利建设管护机制。开展农田水利设施产权制度改革和创新运行管护机制试点，落实小型水利工程管护主体、责任和经费。完善大中型水利工程建设征地补偿政策。加强水源工程建设和雨洪水资源化利用，启动实施全国抗旱规划，提高农业抗御水旱灾害能力。实施全国高标准农田建设总体规划，加大投入力度，规范建设标准，探索监管维护机制。

2016年 加快农村基础设施建设。强化农村饮用水水源保护，实施农村饮水安全巩固提升工程。加快实施农村电网改造升级工程。加快乡镇和建制村通硬化路、通班车，推动一定人口规模的自然村通公路。创造条件推进城乡客运一体化。大规模推进高标准农田建设。到2020年确保建成8亿亩，力争建成10亿亩集中连片、旱涝保收、稳产高产、生态友好的高标准农田。提高建设标准，充实建设内容，完善配套设施。健全管护监督机制，明确管护责任主体。将高标准农田划为永久基本农田，实行特殊保护。将高标准农田建设情况纳入地方各级政府耕地保护责任目标考核内容。大规模推进农田水利建设。到2020年农田有效灌溉面积达到10亿亩以上，农田灌溉水有效利用系数提高到0.55以上。加快重大水利工程建设。完善小型农田水利设施，加强农村河塘清淤整治、山丘区"五小水利"、田间渠系配套、雨水集蓄利用、牧区节水灌溉饲草料地建设。大力开展区域规模化高效节水灌溉行动，稳步推进农业水价综合改革，实行农业用水总量控制和定额管理。完善用水权初始分配制度，培育水权交易市场。深化小型农田水利工程产权制度改革，创新运行管护机制。

2017年 持续加强农田基本建设。深入实施藏粮于地、藏粮于技战略，严守耕地红线，保护优化粮食产能。全面落实永久基本农田特殊保护政策措施，持续推进中低产田改造。加快高标准农田建设。有条件的地区可以将晒场、烘干、机具库棚、有机肥积造等配套设施纳入高标准农田建设范围。推进重大水利工程建设，抓紧修复水毁灾损农业设施和水利工程，加强水利薄弱环节和"五小水利"工程建设。

2018年　夯实农业生产能力基础。全面落实永久基本农田特殊保护制度，加快划定和建设粮食生产功能区、重要农产品生产保护区，完善支持政策。大规模推进农村土地整治和高标准农田建设。高标准建设国家南繁育种基地。推进我国农机装备产业转型升级。大力发展数字农业，实施智慧农业林业水利工程，推进物联网试验示范和遥感技术应用。推动农村基础设施提挡升级。推动城乡基础设施互联互通。以示范县为载体全面推进"四好农村路"建设，加快实施通村组硬化路建设。加大成品油消费税转移支付资金用于农村公路养护力度。推进节水供水重大水利工程，实施农村饮水安全巩固提升工程。新一轮农村电网改造升级，制定农村通动力电规划。实施数字乡村战略，加快农村地区宽带网络和第四代移动通信网络覆盖步伐，开发适应"三农"特点的信息技术、产品、应用和服务，推动远程医疗、远程教育等应用普及。提升气象为农服务能力。

2. 机械化与信息化建设

2005年　加强农业信息化建设。气象工作要加强对农业的服务。加快开通整车运输鲜活农产品的绿色通道，实现省际互通。推进农业标准化。

2007年　改善农机装备结构，提升农机装备水平。因地制宜地拓展农业机械化的作业和服务领域，在重点农时季节组织开展跨区域的机耕、机播、机收作业服务。建设农机化试验示范基地，大力推广水稻插秧、土地深松、化肥深施、秸秆粉碎还田等农机化技术。积极培育和发展农机大户和农机专业服务组织，推进农机服务市场化、产业化。健全农业信息收集和发布制度，整合涉农信息资源，推动农业信息数据收集整理规范化、标准化。加强信息服务平台建设，深入实施"金农"工程，建立国家、省、市、县四级农业信息网络互联中心。加快建设一批标准统一、实用性强的公用农业数据库。加强农村一体化的信息基础设施建设，创新服务模式，启动农村信息化示范工程。积极发挥气象为农业生产和农民生活服务的作用。鼓励有条件的地方在农业生产中积极采用全球卫星定位系统、地理信息系统、遥感和管理信息系统等技术。

2008年 加快推进粮食作物生产全程机械化，稳步发展经济作物和养殖业机械化。加强先进适用、生产急需农业机械的研发，重点在粮食主产区、南方丘陵区和血吸虫疫区加快推广应用。对农机作业服务实行减免税，对从事田间作业的拖拉机免征养路费，继续落实农机跨区作业免费通行政策。扶持发展农机大户、农机合作社和农机专业服务公司。加强农机安全监理工作。整合资源，共建平台，健全农村信息服务体系。推进"金农"、"三电合一"、农村信息化示范和农村商务信息服务等工程建设。在全国推广资费优惠的农业公益性服务电话。健全农业信息收集和发布制度，为农民和企业提供及时有效的信息服务。

2009年 启动农业机械化推进工程，重点加强示范基地、机耕道建设，提高农机推广服务和安全监理能力。普及主要粮油作物播种、收获等环节机械化，加快研发适合丘陵山区使用的轻便农业机械和适合大面积作业的大型农业机械。支持农机工业技术改造，提高农机产品适用性和耐用性，切实加强售后服务。实行重点环节农机作业补贴试点。对农机大户、种粮大户和农机服务组织购置大中型农机具，给予信贷支持。完善农用燃油供应保障机制，建立高能耗农业机械更新报废经济补偿制度。

2012年 充分发挥农业机械集成技术、节本增效、推动规模经营的重要作用，不断拓展农机作业领域，提高农机服务水平。着力解决水稻机插和玉米、油菜、甘蔗、棉花机收等突出难题，大力发展设施农业、畜牧水产养殖等机械装备，探索农业全程机械化生产模式。积极推广精量播种、化肥深施、保护性耕作等技术。加强农机关键零部件和重点产品研发。鼓励种养大户、农机大户、农机合作社购置大中型农机具。推动农机服务市场化和产业化。全面推进农业农村信息化，着力提高农业生产经营、质量安全控制、市场流通的信息服务水平。搭建三网融合的信息服务快速通道。加快国家农村信息化示范省建设，重点加强面向基层的涉农信息服务站点和信息示范村建设。继续实施星火计划，推进科技富民强县行动、科普惠农兴村计划等工作。

2014年　加快推进大田作物生产全程机械化，实现作物品种、栽培技术和机械装备的集成配套。积极发展农机作业、维修、租赁等社会化服务，支持发展农机合作社等服务组织。

3. 技术与创新支持

2004年　加强农业科研和技术推广。要围绕增强我国农业科技的创新能力、储备能力和转化能力，改革农业科技体制，较大幅度地增加预算内农业科研投入。继续安排引进国外先进农业科技成果的资金。增加农业科技成果转化资金。支持已有科研成果的中试和大面积示范推广。引导和推动企业成为农业技术创新主体。深化农业科技推广体制改革，积极发挥农业科技示范场、科技园区、龙头企业和农民专业合作组织在农业科技推广中的作用。建立与农业产业带相适应的跨区域、专业性的新型农业科技推广服务组织。

2005年　加快改革农业技术推广体系。国家的公益性农技推广机构主要承担关键技术的引进、试验、示范，农作物病虫害、动物疫病及农业灾害的监测、预报、防治和处置，农产品生产过程中的质量安全检测、监测和强制性检验，农业资源、农业生态环境和农业投入品使用监测，农业公共信息和培训教育服务等职能。发挥农业院校在农业技术推广中的作用。积极培育农民专业技术协会和农业科技型企业。探索农业技术推广的新机制和新办法，对农技推广项目实行招投标制度，鼓励各类农技推广组织、人员及有关企业公平参与申报。加强农业科技创新能力建设。加快建立以政府为主导、社会力量广泛参与的多元化农业科研投入体系。不断提高农业科研投入比重，大幅度增加农业重大科技项目和攻关计划的科研投资的规模。加强国家基地的创新能力建设，加快生物技术和信息技术等高新技术的研究。建设区域性的农业科研中心。加强农业领域的国家实验室、改良中心、工程中心和重点实验室建设,改善农业科研机构设施条件和装备水平,加快建设国家农业科研高级人才培养基地。加大良种良法的推广力度。继续实施"种子工程"、"畜禽水产良种工程",搞好大宗农作物、畜禽良种繁育基地建设和扩繁推广。从2005年起,国家设立超级稻推广项目。组织实施"科技入户工程",扶持科技示范户,提高他们的辐射带动能力。继续安排农业科技成果转化资金和国外先进农业技术引进资金。

2006年 大力提高农业科技创新和转化能力。加快建设国家创新基地和区域性农业科研中心。鼓励企业建立农业科技研发中心。加快农作物和畜禽良种繁育、动植物疫病防控、节约资源和防治污染技术的研发、推广。积极探索对公益性职能与经营性服务实行分类管理的办法,完善农技推广的社会化服务机制。加强气象为农业服务。

2007年 加强农业科技创新体系建设。启动农业行业科研专项。加快推进农业技术成果的集成创新和中试熟化。引导涉农企业开展技术创新活动,企业与科研单位进行农业技术合作、向基地农户推广农业新品种新技术。大力推广资源节约型农业技术。大力普及节水灌溉技术,启动旱作节水农业示范工程。扩大测土配方施肥的实施范围和补贴规模,进一步推广诊断施肥、精准施肥等先进施肥技术。开展免耕栽培技术推广补贴试点,加快普及农作物精量半精量播种技术。积极推广集约、高效、生态畜禽水产养殖技术。推进农业科技进村入户。形成以技术指导员为纽带,以示范户为核心,连接周边农户的技术传播网络。推进农科教结合,发挥农业院校在农业技术推广中的积极作用。着力培育科技大户,发挥对农民的示范带动作用。

2008年 加快推进农业科技研发和推广应用。重点支持公益性农业科研机构和高等学校开展基础性、前沿性研究,加强先进实用技术集成配套。加强产学研密切结合。推动现代农业产业技术体系建设。启动转基因生物新品种培育科技重大专项,加快实施种子工程和畜禽水产良种工程。通过3年到5年的建设,力争使基层公益性农技推广机构具备必要的办公场所、仪器设备和试验示范基地。国家可采取委托、招标等形式，调动各方面力量参与农业技术推广，形成多元化农技推广网络。

2009年 加快农业科技创新步伐。建立农业科技创新基金，重点支持关键领域、重要产品、核心技术的科学研究。加快推进转基因生物新品种培育科技重大专项，尽快培育一批抗病虫、抗逆、高产、优质、高效的转基因新品种，并促进产业化。实施主要农作物强杂交优势技术研发重大项目。支持龙头企业承担国家科技计划项目。加强和完善现代农业产业技术体系。推进粮棉油高产创建活动，支持科技人员和大学毕业生到农技推广一线工作。采取委托、招标等形式，引导农民专业技术协会等社会力量承担公益性农技推广服务项目。

2010年 提高农业科技创新和推广能力。加快农业生物育种创新和推广应用体系建设。在科学评估、依法管理基础上，推进转基因新品种产业化。推动国内种业加快企业并购和产业整合，引导种子企业与科研单位联合，抓紧培育有核心竞争力的大型种子企业。培养农业科技领军人才，发展农业产学研联盟，加强农业重点实验室、工程技术中心、科技基础条件平台建设。抓紧建设乡镇或区域性农技推广等公共服务机构，扩大基层农技推广体系改革与建设示范县范围。启动基层农技推广机构特设岗位计划。创建国家现代农业示范区。

2012年 强化基层公益性农技推广服务。普遍健全乡镇或区域性农业技术推广、动植物疫病防控、农产品质量监管等公共服务机构，明确公益性定位，根据产业发展实际设立公共服务岗位。加强对农技推广工作的管理和指导。基层农业技术推广体系改革与建设示范县项目基本覆盖农业县（市、区、场）、农业技术推广机构条件建设项目覆盖全部乡镇。加快把基层农技推广机构的经营性职能分离出去，按市场化方式运作，探索公益性服务多种实现形式。健全农业标准化服务体系。明确农业科技创新方向。超前部署农业前沿技术和基础研究。立足国情，遵循农业科技规律，把保障国家粮食安全作为首要任务，把提高土地产出率、资源利用率、劳动生产率作为主要目标，把增产增效并重、良种良法配套、农机农艺结合、生产生态协调作为基本要求，促进农业技术集成化、劳动过程机械化、生产经营信息化，构建适应高产、优质、高效、生态、安全农业发展要求的技术体系。推进国家农业高新技术产业示范区和国家农业科技园区建设。增加涉农领域国家工程实验室、国家重点实验室、国家工程技术研究中心、科技资源共享平台的数量，支持部门开放实验室和试验示范基地建设。加强国际农业科技交流与合作，加大力度引进消化吸收国外先进农业技术。强化人工影响天气基础设施和科技能力建设。引导科研教育机构积极开展农技服务。

2013年　强化农业物质技术装备。推进高标准农田建设。加快大中型灌区配套改造、灌排泵站更新改造、中小河流治理，扩大小型农田水利重点县覆盖范围，大力发展高效节水灌溉，加大雨水集蓄利用、堰塘整治等工程建设力度。继续实施种业发展等重点科技专项，加快粮棉油糖等农机装备、高效安全肥料农药兽药研发。推进国家农业科技园区和高新技术产业示范区建设。加快用信息化手段推进现代农业建设，启动金农工程二期，推动国家农村信息化试点省建设。重点开发信息采集、精准作业、农村远程数字化和可视化、气象预测预报、灾害预警等技术。

2014年　推行科技特派员制度，发挥高校在农业科研和农技推广中的作用。

2015年　强化农业科技创新驱动作用。健全农业科技创新激励机制，推进科研成果使用、处置、收益管理和科技人员股权激励改革试点。完善国家重大科研基础设施和大型科研仪器向社会开放机制。加强对企业开展农业科技研发的引导扶持，使企业成为技术创新和应用的主体。建立农业科技协同创新联盟，依托国家农业科技园区搭建农业科技融资、信息、品牌服务平台。探索建立农业科技成果交易中心。积极推进种业科研成果权益分配改革试点，完善成果完成人分享制度。推进海南、甘肃、四川三大国家级育种制种基地建设。加强农业转基因生物技术研究、安全管理、科学普及。支持农机、化肥、农药企业技术创新。加快发展现代种业。建立以企业为主体的育种创新体系，推进种业人才、资源、技术向企业流动，做大做强育繁推一体化种子企业，培育推广一批高产、优质、抗逆、适应机械化生产的突破性新品种。推行种子企业委托经营制度，强化种子全程可追溯管理。

2016年 农业科技创新推广体系建设。建设现代农业产业科技创新中心，实施农业科技创新重点专项和工程，重点突破生物育种、农机装备、智能农业、生态环保等领域关键技术。加强农业转基因技术研发和监管，在确保安全的基础上慎重推广。大力推进"互联网+"现代农业，推动农业全产业链改造升级。大力发展智慧气象和农业遥感技术应用。深入开展粮食绿色高产高效创建。对基层农技推广公益性与经营性服务机构提供精准支持。推行科技特派员制度，鼓励支持科技特派员深入一线创新创业。发挥农村专业技术协会的作用。鼓励发展农业高新技术企业。深化国家现代农业示范区、国家农业科技园区建设。加快推进现代种业发展。大力推进育繁推一体化，提升种业自主创新能力，保障国家种业安全。实施现代种业建设工程和种业自主创新重大工程。全面推进良种重大科研联合攻关，培育和推广适应机械化生产、优质高产多抗广适新品种，加快主要粮食作物新一轮品种更新换代。实施畜禽遗传改良计划，加快培育优异畜禽新品种。贯彻落实种子法，全面推进依法治种。

2017年 加强农业科技研发。加强中低产田改良、经济作物、草食畜牧业、海洋牧场、智慧农业、农林产品精深加工、仓储物流等科技研发。加快研发适宜丘陵山区、设施农业、畜禽水产养殖的农机装备，提升农机核心零部件自主研发能力。支持地方开展特色优势产业技术研发。推行政府购买服务，支持各类社会力量广泛参与农业科技推广。支持农技推广人员与家庭农场、农民合作社、龙头企业开展技术合作。深入推进绿色高产高效创建，重点推广优质专用品种和节本降耗、循环利用技术模式。实施智慧农业工程，推进农业物联网试验示范和农业装备智能化。发展智慧气象，提高气象灾害监测预报预警水平。深入推行科技特派员制度，打造一批"星创天地"。建设现代农业产业园。以规模化种养基地为基础，依托农业产业化龙头企业带动，聚集现代生产要素，建设"生产＋加工＋科技"的现代农业产业园，发挥技术集成、产业融合、创业平台、核心辐射等功能作用。统筹布局生产、加工、物流、研发、示范、服务等功能板块。吸引龙头企业和科研机构建设运营产业园，发展设施农业、精准农业、精深加工、现代营销，带动新型农业经营主体和农户专业化、标准化、集约化生产，推动农业全环节升级、全链条增值。鼓励农户和返乡下乡人员通过订单农业、股份合作、入园创业就业等多种方式，参与建设，分享收益。完善农业科技创新激励机制。深入推进科研成果权益改革试点。发展面向市场的新型农业技术研发、成果转化和产业孵化机构。建立差别化农业科技评价制度。提升农业科技园区建设水平。突出科技创新、研发应用、试验示范、科技服务与培训等功能，建设农业科技成果转化中心、科技人员创业平台、高新技术产业孵化基地，打造现代农业创新高地。支持园区产学研合作建立各类研发机构、测试检测中心、院士专家工作站、技术交易机构等科研和服务平台。支持开展特色优势产业关键共性技术研发和推广。

4. 服务体系建设

2007年 建立农业风险防范机制。加强自然灾害和重大动植物病虫害预测预报和预警应急体系建设。积极发展农业保险，建立完善农业保险体系。扩大农业政策性保险试点范围，各级财政对农户参加农业保险给予保费补贴，完善农业巨灾风险转移分摊机制，探索建立中央、地方财政支持的农业再保险体系。鼓励龙头企业、中介组织帮助农户参加农业保险。

2009年 推进基层农业公共服务机构建设。按照3年内在全国普遍健全乡镇或区域性农业技术推广、动植物疫病防控、农产品质量监管等公共服务机构的要求，尽快明确职责、健全队伍、完善机制、保障经费，切实增强服务能力。将服务人员收入与岗位职责、工作业绩挂钩。农业公共服务机构履行职责所需经费纳入地方各级财政预算。逐步推进村级服务站点建设试点。

2012年 培育和支持新型农业社会化服务组织。通过政府订购、定向委托、招投标等方式，扶持农民专业合作社、供销合作社、专业技术协会、农民用水合作组织、涉农企业等社会力量广泛参与农业产前、产中、产后服务。充分发挥农民专业合作社组织农民进入市场、应用先进技术、发展现代农业的积极作用，加大支持力度，加强辅导服务，推进示范社建设行动，促进农民专业合作社规范运行。支持农民专业合作社兴办农产品加工企业或参股龙头企业。探索有效实现形式，增强集体组织对农户生产经营的服务能力。鼓励有条件的基层站所创办农业服务型企业，推行科工贸一体化服务的企业化试点，由政府向其购买公共服务。支持发展农村综合服务中心。

2013年 提升乡镇或区域性农业技术推广、动植物疫病防控、农产品质量监管等公共服务机构的服务能力。继续实施基层农技推广体系改革与建设项目，建立补助经费与服务绩效挂钩的激励机制。支持高等学校、职业院校、科研院所通过建设新农村发展研究院、农业综合服务示范基地等方式，面向农村开展农业技术推广。充分发挥供销合作社在农业社会化服务中的重要作用。加快推进农村气象信息服务和人工影响天气工作体系与能力建设，提高农业气象服务和农村气象灾害防御水平。

2014年 健全农业社会化服务体系。采取财政扶持、税费优惠、信贷支持等措施，大力发展主体多元、形式多样、竞争充分的社会化服务，推行合作式、订单式、托管式等服务模式，扩大农业生产全程社会化服务试点范围。通过政府购买服务等方式，支持具有资质的经营性服务组织从事农业公益性服务。扶持发展农民用水合作组织、防汛抗旱专业队、专业技术协会、农民经纪人队伍。完善农村基层气象防灾减灾组织体系，开展面向新型农业经营主体的直通式气象服务。

2015年 强化农业社会化服务。抓好农业生产全程社会化服务机制创新试点，重点支持为农户提供代耕代收、统防统治、烘干储藏等服务。稳定和加强基层农技推广等公益性服务机构。发挥农村专业技术协会在农技推广中的作用。将主要粮食作物制种保险纳入中央财政保费补贴目录。支持邮政系统更好地服务"三农"。创新气象为农服务机制,推动融入农业社会化服务体系。

(三)粮食价格与市场调控、流通体系与供给结构

1. 粮食价格、市场开放与调控

2004年 扩大优势农产品出口。外贸发展基金要向促进农产品出口倾斜,扶持出口生产基地。鼓励和引导农产品出口加工企业进入出口加工贸易区。加快建立健全禽肉、蔬菜、水果等重点出口农产品的行业和商品协会。

2007年 加强农产品进出口调控。加快实施农业"走出去"战略。实行企业出口产品卫生注册制度和国际认证。支持农产品出口企业在国外市场注册品牌,开展海外市场研究、营销策划、产品推介活动。加快农产品特别是鲜活产品出口的通关速度。加强对大宗农产品进口的调控和管理,保护农民利益,维护国内生产和市场稳定。

2008年 加强和改善农产品市场调控。统筹利用两个市场、两种资源,保障国内农产品供给和生产发展。运用经济杠杆引导农产品价格保持合理水平。加强粮食等重要农产品储备体系建设,完善吞吐调节机制,引导企业建立商业性储备。抓紧建立健全重要农产品供求和价格监测预警体系。鼓励优势农产品出口,推进出口农产品质量追溯体系建设,支持发展农产品出口信贷和信用保险。完善大宗农产品进口管理和贸易救济预警制度。探索采取符合国际惯例的有效手段,调节农产品进出口。

2009年 保持农产品价格合理水平。密切跟踪国内外农产品市场变化,适时加强政府调控,保障农业经营收入稳定增长。继续提高粮食最低收购价。适时启动主要农产品临时收储,鼓励企业增加商业收储。加强"北粮南运"、新疆棉花外运协调,继续实行相关运费补贴和减免政策,支持销区企业到产区采购。把握好主要农产品进出口时机和节奏,支持优势农产品出口,防止部分品种过度进口冲击国内市场。加强农产品进出口调控。健全高效灵活的农产品进出口调控机

制，协调内外贸易，密切政府、协会、企业之间的沟通磋商。扩大农产品出口信用保险承保范围，探索出口信用保险与农业保险、出口信贷相结合的风险防范机制。对劳动密集型和技术密集型农产品出口实行优惠信贷政策。培育农业跨国经营企业。按照世界贸易组织规则，健全外商经营农产品和农资准入制度，明确外资并购境内涉农企业安全审查范围和程序。

2010年　提高农业对外开放水平。支持建设出口基地。积极应对国际贸易壁垒，支持行业协会和龙头企业维护自身权益。发展农产品加工贸易。加强国际农业科技和农业资源开发合作，支持有条件的企业"走出去"。加强农产品进出口调控，实行灵活高效的农产品进出口政策，建立健全农产品和农用物资进出口监测预警机制。

2012年　完善农产品市场调控。准确把握国内外农产品市场变化，确保主要农产品有效供给和市场稳定，保持价格合理水平。稳步提高小麦、稻谷最低收购价，适时启动玉米、大豆、油菜籽、棉花、食糖等临时收储，健全粮棉油糖等农产品储备制度。抓紧完善鲜活农产品市场调控办法，健全生猪市场价格调控预案。加强国内外农产品市场监测预警。抓紧建立全国性、区域性农产品信息共享平台，加强农业统计调查和预测分析，提高对农业生产大县的统计调查能力，推行重大信息及时披露和权威发布制度。

2013年　完善农产品市场调控。按照生产成本加合理利润的原则，继续提高小麦、稻谷最低收购价，适时启动玉米、大豆、油菜籽、棉花、食糖等农产品临时收储。优化粮食等大宗农产品储备品种结构和区域布局，完善粮棉油糖进口转储制度。健全重要农产品市场监测预警机制，认真执行生猪市场价格调控预案，改善鲜活农产品调控办法。加强进口关税配额管理，强化敏感品种进口监测。推动进口来源多元化，规范进出口秩序。加强和完善农产品信息统计发布制度，建立市场调控效果评估制度。扩大农资产品储备品种。

2014年　合理利用国际农产品市场。抓紧制定重要农产品国际贸易战略，加强进口农产品规划指导，优化进口来源地布局，建立稳定可靠的贸易关系。加快实施农业走出去战略，培育具有国际竞争力的粮棉油等大型企业。探索建立农产品国际贸易基金和海外农业发展基金。完善粮食等重要农产品价格形成机制。探索推进农产品价格形成机制与政府补贴脱钩的改革，逐步建立农产品目标价格制度，在市场价格过高时补贴低收入消费者，在市场价格低于目标价格时按差价补贴生产者，切实保证农民收益。启动东北和内蒙古大豆、新疆棉花目标价格补贴试点，探索粮食、生猪等农产品目标价格保险试点，开展粮食生产规模经营主体营销贷款试点。继续执行稻谷、小麦最低收购价政策和玉米、油菜籽、食糖临时收储政策。健全农产品市场调控制度。科学确定重要农产品储备功能和规模，强化地方尤其是主销区的储备责任，优化区域布局和品种结构。完善中央储备粮管理体制，鼓励符合条件的多元市场主体参与大宗农产品政策性收储。健全"菜篮子"市长负责制考核激励机制，完善生猪市场价格调控体系，抓好牛羊肉生产供应。进一步开展国家对农业大县的直接统计调查。编制发布权威性的农产品价格指数。

2015年 完善农产品价格形成机制。完善重要农产品临时收储政策。完善国家粮食储备吞吐调节机制，加强储备粮监管。落实新增地方粮食储备规模计划，建立重要商品商贸企业代储制度。完善种植面积和产量统计调查，改进成本和价格监测办法。提高统筹利用国际国内两个市场两种资源的能力。把握好农产品进口规模、节奏。完善粮食、棉花、食糖等重要农产品进出口和关税配额管理。加快培育具有国际竞争力的农业企业集团。健全农业对外合作部际联席会议制度，抓紧制定农业对外合作规划。

2016年 改革完善粮食等重要农产品价格形成机制和收储制度。坚持市场化改革取向与保护农民利益并重，采取"分品种施策、渐进式推进"的办法，完善农产品市场调控制度。按照市场定价、价补分离的原则，积极稳妥推进玉米收储制度改革，综合考虑农民合理收益、财政承受能力、产业链协调发展等因素，建立玉米生产者补贴制度。按照政策性职能和经营性职能分离的原则，改革完善中央储备粮管理体制。发展多元化市场购销主体。统筹用好国际国内两个市场、两种资源。完善农业对外开放战略布局,统筹农产品进出口,加快形成农业对外贸易与国内农业发展相互促进的政策体系,实现补充国内市场需求、促进结构调整、保护国内产业和农民利益的有机统一。加大对农产品出口支持力度,巩固农产品出口传统优势,培育新的竞争优势,扩大特色和高附加值农产品出口。确保口粮绝对安全,利用国际资源和市场,优化国内农业结构,缓解资源环境压力。优化重要农产品进口的全球布局,推进进口来源多元化。健全贸易救济和产业损害补偿机制。加强与"一带一路"沿线国家和地区及周边国家和地区的农业投资、贸易、科技、动植物检疫合作。支持我国企业开展多种形式的跨国经营,加强农产品加工、储运、贸易等环节合作,培育具有国际竞争力的粮商和农业企业集团。

2017年 深化粮食等重要农产品价格形成机制和收储制度改革。合理调整最低收购价水平,形成合理比价关系。促进过腹转化、加工转化,多渠道拓展消费需求,加快消化玉米等库存。优化中央储备粮品种结构和区域布局,改革完善中央储备粮管理体制,充分发挥政策性职能作用。支持家庭农场、农民合作社科学储粮。创造良好农产品国际贸易环境。统筹利用国际市场,优化国内农产品供给结构,健全公平竞争的农产品进口市场环境。健全农产品贸易反补贴、反倾销和保障措施法律法规,依法对进口农产品开展贸易救济调查。鼓励扩大优势农产品出口,加大海外推介力度。以"一带一路"沿线及周边国家和地区为重点,支持农业企业开展跨国经营,建立境外生产基地和加工、仓储物流设施,培育具有国际竞争力的大企业大集团。

2018年 构建农业对外开放新格局。优化资源配置,着力节本增效,提高我国农产品国际竞争力。实施特色优势农产品出口提升行动,扩大高附加值农产品出口。建立健全我国农业贸易政策体系。深化与"一带一路"沿线国家和地区农产品贸易关系。培育具有国际竞争力的大粮商和农业企业集团。积极参与全球粮食安全治理和农业贸易规则制定,促进形成更加公平合理的农业国际贸易秩序。

2. 流通体系建设

2004年 深化粮食流通体制改革，培育农产品营销主体。从2004年开始，国家将全面放开粮食收购和销售市场，实行购销多渠道经营。加快国有粮食购销企业改革步伐，完善粮食现货和期货市场，严禁地区封锁，搞好产销区协作，优化储备布局，加强粮食市场管理和宏观调控。粮食主产区要发挥国有及国有控股粮食购销企业的主渠道作用。建立对农民的直接补贴制度，国家从粮食风险基金中拿出部分资金，用于主产区种粮农民的直接补贴。要本着调动农民种粮积极性的原则，确保补贴资金真正落实到农民手中。鼓励发展各类农产品专业合作组织、购销大户和农民经纪人。推进有关农民专业合作组织的立法工作。从2004年起，中央和地方要安排专门资金，支持农民专业合作组织开展信息、技术、培训、质量标准与认证、市场营销等服务。深化供销社改革，发挥其带动农民进入市场的作用。加快发展农产品连锁、超市、配送经营，鼓励有条件的地方将城市农贸市场改建成超市，支持农业龙头企业到城市开办农产品超市，逐步把网络延伸到城市社区。进一步加强产地和销地批发市场建设，创造条件发展现代物流业。加强农业生产资料市场管理。支持鲜活农产品运销，在全国建立高效率的绿色通道，改善农产品的流通环境。

2005年 加快农产品流通和检验检测设施建设。在继续搞好集贸市场和批发市场建设的同时，注重发挥期货市场的引导作用，鼓励发展现代物流、连锁经营、电子商务等新型业态和流通方式。改造现有农产品批发市场，发展经纪人代理、农产品拍卖、网上交易等方式，增强交易功能。加快建设以冷藏和低温仓储运输为主的农产品冷链系统。重视发挥供销合作社在农产品流通和生产资料供应等方面的作用。鼓励邮政系统开展直接为农民生产生活服务的连锁配送业务。加强农产品检验检测基础设施建设，实施农产品认证认可。

2006年 加强农村现代流通体系建设。推进农产品批发市场升级改造，促进入市农产品质量等级化、包装规格化。在农村发展现代流通业。发展农产品、农业生产资料和消费品连锁经营，建立以集中采购、统一配送为核心的新型营销体系，改善农村市场环境。继续实施"万村千乡市场工程"，建设连锁化"农家店"。培育和发展农村经纪人队伍。加快农业标准化工作，健全检验检测体系，强化农业生产资料和饲料质量管理。供销合作社创新服务方式，广泛开展联合、合作经营，加快现代经营网络建设，为农产品流通和农民生产生活资料供应提供服务。完善全国鲜活农产品"绿色通道"网络，实现省际互通。

2007年 发展多元化市场流通主体。加快培育农村经纪人、农产品运销专业户和农村各类流通中介组织。采取财税、金融等措施，鼓励各类工商企业通过收购、兼并、参股和特许经营等方式，参与农村市场建设和农产品、农资经营，培育一批大型涉农商贸企业集团。供销合作社推进开放办社，发展联合与合作，提高经营活力和市场竞争力。加快国有粮食企业改革步伐，发挥衔接产销、稳定市场的作用。建设农产品流通设施和发展新型流通业态。加快建设一批设施先进、功能完善、交易规范的鲜活农产品批发市场。大力发展农村连锁经营、电子商务等现代流通方式。加快建设"万村千乡市场""双百市场""新农村现代流通网络"和"农村商务信息服务"等工程。支持龙头企业、农民专业合作组织等直接向城市超市、社区菜市场和便利店配送农产品。积极支持农资超市和农家店建设。

2008年 加强农村市场体系建设。建立健全适应现代农业发展要求的大市场、大流通。落实农产品批发市场用地按工业用地对待的政策。加强粮食现代物流体系建设，开展鲜活农产品冷链物流试点。供销合作社要加快组织创新和经营创新，推进新农村现代流通网络工程建设。完善农产品期货市场，积极稳妥发展农产品期货品种。加快落实鲜活农产品绿色通道省内外车辆无差别减免通行费政策。

2009年 加强农产品市场体系建设。加大力度支持重点产区和集散地农产品批发市场、集贸市场等流通基础设施建设。推进大型粮食物流节点、农产品冷链系统和生鲜农产品配送中心建设。支持大型连锁超市和农产品流通企业开展农超对接，建设农产品直接采购基地。

❖ 转型中的中国与农业的转型环境 ❖

　　2010 年　健全农产品市场体系。统筹制定全国农产品批发市场布局规划,支持重点农产品批发市场建设和升级改造,发展农产品大市场大流通。加大力度建设粮棉油糖等大宗农产品仓储设施,完善鲜活农产品冷链物流体系,支持大型涉农企业投资建设农产品物流设施。加快发展农产品期货市场,拓展交易品种。发展农业会展经济。全面推进双百市场工程和农超对接,重点扶持农产品生产基地与大型连锁超市、学校及大企业等产销对接,减少流通环节,降低流通成本。加强市场动态监测和信息服务。

　　2012 年　创新农产品流通方式。发展农产品电子商务等现代交易方式。探索建立生产与消费有效衔接、灵活多样的农产品产销模式。大力发展订单农业,支持生产基地、农民专业合作社在城市社区增加直供直销网点。扶持供销合作社、农民专业合作社等发展联通城乡市场的双向流通网络。开展"南菜北运""西果东送"现代流通综合试点。开展农村商务信息服务,举办多形式、多层次的农产品展销活动,培育具有全国性和地方特色的农产品展会品牌。发挥农产品期货市场引导生产、规避风险的积极作用。免除蔬菜批发和零售环节增值税,落实和完善鲜活农产品运输绿色通道政策。加强农产品流通设施建设。统筹规划全国农产品流通设施布局,加快完善覆盖城乡的农产品流通网络。推进全国性、区域性骨干农产品批发市场建设和改造,重点支持交易场所、电子结算、信息处理、检验检测等设施建设。把农产品批发市场、城市社区菜市场、乡镇集贸市场建设纳入土地利用总体规划和城乡建设规划。建设一批非营利性农产品批发、零售市场。继续推进粮棉油糖等大宗农产品仓储物流设施建设,支持拥有全国性经营网络的供销合作社和邮政物流、粮食流通、大型商贸企业等参与农产品批发市场、仓储物流体系的建设经营。加快发展鲜活农产品连锁配送物流中心,支持建立一体化冷链物流体系。扶持产地农产品收集、加工、包装、贮存等配套设施建设。

　　2013 年　提高农产品流通效率。统筹规划农产品市场流通网络布局,重点支持重要农产品集散地、优势农产品产地市场建设,加强农产品期货市场建设，适时增加新的农产品期货品种，培育具有国内外影响力的农产品价格形成和交易中心。加快推进以城市标准化菜市场、生鲜超市、城乡集贸市场为主体的农产品零售市场建设。加强粮油仓储物流设施建设，发展农产品冷冻贮藏、分级包装、电子结算。健全覆盖农产品收集、加工、运输、销售各环节的冷链物流体系。大力培育现代流通方式和新型流通业态，发展农产品网上交易、连锁分销和农民网店。深入实施商标富农工程，强化农产品地理标志和商标保护。

2014年 加强农产品市场体系建设。完善农村物流服务体系，推进农产品现代流通综合示范区创建，加快邮政系统服务"三农"综合平台建设。实施粮食收储、供应安全保障工程。启动农村流通设施和农产品批发市场信息化提升工程，加强农产品电子商务平台建设。加快清除农产品市场壁垒。

2015年 创新农产品流通方式。加快全国农产品市场体系转型升级，着力加强设施建设和配套服务，健全交易制度。完善全国农产品流通骨干网络，加大重要农产品仓储物流设施建设力度。加快千亿斤粮食新建仓容建设进度，形成中央和地方职责分工明确的粮食收储机制，提高粮食收储保障能力。加强农产品产地市场建设，加快构建跨区域冷链物流体系。

2016年 加强农产品流通设施和市场建设。完善跨区域农产品冷链物流体系，开展冷链标准化示范，实施特色农产品产区预冷工程。支持农产品营销公共服务平台建设。促进农村电子商务加快发展，形成线上线下融合、农产品进城与农资和消费品下乡双向流通格局。实施"快递下乡"工程。鼓励大型电商平台企业开展农村电商服务，支持地方和行业健全农村电商服务体系。建立健全适应农村电商发展的农产品质量分级、采后处理、包装配送等标准体系。深入开展电子商务进农村综合示范。

3. 生产结构与供给平衡

2006年 积极推进农业结构调整。按照高产、优质、高效、生态、安全的要求，调整优化农业结构。加快建设优势农产品产业带，积极发展特色农业、绿色食品和生态农业,保护农产品知名品牌。推广健康养殖方式,支持标准化畜禽养殖小区建设试点。扩大优质水产品养殖,发展远洋渔业,保护渔业资源。扩大园艺、畜牧、水产等优势农产品出口。

2008年 切实抓好"菜篮子"产品生产。继续强化"菜篮子"市长负责制。积极推动蔬菜等园艺产品的规模化种植。完善原料奶价格形成机制,严格执行液态奶标识制度。有条件的地方要积极发展设施农业和精细农业。建立健全生猪、奶牛等政策性保险制度。

2009年 支持优势产区集中发展油料等经济作物生产。加快实施新一轮优势农产品区域布局规划。加强东北和内蒙古优质大豆、长江流域"双低"油菜生产基地建设。重点支持适宜地区发展油茶等木本油料产业。启动长江流域、黄淮海地区棉花生产基地建设。支持优势产区发展糖料、马铃薯、天然橡胶等作物,积极推进蔬菜、水果、茶叶、花卉等园艺产品设施化生产。

2012年 狠抓"菜篮子"产品供给。要加快推进区域化布局、标准化生产、规模化种养。大力发展设施农业,继续开展园艺作物标准园、畜禽水产示范场创建,启动农业标准化整体推进示范县建设。支持优势区域加强菜地基础设施建设。稳定发展生猪生产,扶持肉牛肉羊生产大县标准化养殖和原良种场建设,启动实施振兴奶业苜蓿发展行动,推进生猪和奶牛规模化养殖小区建设。开展水产养殖生态环境修复试点。充分发挥农业产业化龙头企业在"菜篮子"产品生产和流通中的积极作用。强化食品质量安全监管综合协调,加强检验检测体系和追溯体系建设。大力推广高效安全肥料、低毒低残留农药,严格规范使用食品和饲料添加剂。落实"菜篮子"市长负责制,充分发挥都市农业应急保障功能,大中城市要坚持保有一定的蔬菜等生鲜食品自给能力。

2015年 深入推进农业结构调整。启动实施油料、糖料、天然橡胶生产能力建设规划。开展粮改饲和种养结合模式试点,促进粮食、经济作物、饲草料三元种植结构协调发展。立足各地资源优势,大力培育特色农业。推进农业综合开发布局调整。支持粮食主产区发展畜牧业和粮食加工业，发展农产品精深加工。实施园艺产品提质增效工程。实施畜禽良种工程，加快推进规模化、集约化、标准化畜禽养殖，增强畜牧业竞争力。

2016年 优化农业生产结构和区域布局。树立大食物观，面向整个国土资源，全方位、多途径开发食物资源，满足日益多元化的食物消费需求。在确保谷物基本自给、口粮绝对安全的前提下，基本形成与市场需求相适应、与资源禀赋相匹配的现代农业生产结构和区域布局，提高农业综合效益。启动实施种植业结构调整规划，稳定水稻和小麦生产，适当调减非优势区玉米种植。扩大粮改饲试点，加快建设现代饲草料产业体系。合理调整粮食统计口径。积极推进马铃薯主食开发。根据环境容量调整区域养殖布局，优化畜禽养殖结构。启动实施种养结合循环农业示范工程，推动种养结合、农牧循环发展。大力发展旱作农业、热作农业、优质特色杂粮、特色经济林、木本油料、竹藤花卉、林下经济。

2017年 进一步优化农业区域布局。以主体功能区规划和优势农产品布局规划为依托，科学合理划定稻谷、小麦、玉米粮食生产功能区和大豆、棉花、油菜籽、糖料蔗、天然橡胶等重要农产品生产保护区。功能区和保护区内地块全部建档立册、上图入库，实现信息化精准化管理。抓紧研究制定功能区和保护区建设标准，层层落实建设管护主体责任。制定特色农产品优势区建设规划，建立评价标准和技术支撑体系，鼓励各地争创园艺产品、畜产品、水产品、林特产品等特色农产品优势区。统筹调整粮经饲种植结构。按照稳粮、优经、扩饲的要求，加快构建粮经饲协调发展的三元种植结构。确保口粮绝对安全，重点发展优质稻米和强筋弱筋小麦，继续调减非优势区籽粒玉米，增加优质食用大豆、薯类、杂粮杂豆等。饲料作物要扩大种植面积，发展青贮玉米、苜蓿等优质牧草，大力培育现代饲草料产业体系。加快北方农牧交错带结构调整，形成以养带种、牧林农复合、草果菜结合的种植结构。继续开展粮改饲、粮改豆补贴试点。

(四) 产权与经营体制、产业化与规模化及经营主体培育

1. 土地制度与经营体制

2004 年 加快土地征用制度改革。严格遵守对非农占地的审批权限和审批程序，严格执行土地利用总体规划。要严格区分公益性用地和经营性用地，明确界定政府土地征用权和征用范围。完善土地征用程序和补偿机制，提高补偿标准，改进分配办法，妥善安置失地农民，并为他们提供社会保障。积极探索集体非农建设用地进入市场的途径和办法。

2005 年 严格保护耕地。严禁占用基本农田挖塘养鱼、种树造林或进行其他破坏耕作层的活动。提高耕地占用税税率，搞好乡镇土地利用总体规划和村庄、集镇规划，引导农户和农村集约用地。鼓励农村开展土地整理和村庄整治，推动新办乡村工业向镇区集中，提高农村各类用地的利用率。落实农村土地承包政策。针对一些地方存在的随意收回农户承包地、强迫农户流转承包地等问题，对土地二轮承包政策落实情况进行全面检查，对违反法律和政策的要坚决予以纠正，并追究责任。尊重和保障外出务工农民的土地承包权和经营自主权。承包经营权流转和发展适度规模经营，防止片面追求土地集中。

2007 年 稳定土地承包关系，规范土地承包经营权流转。稳定渔民的水域滩涂养殖使用权。加快推进农村集体林权制度改革，明晰林地使用权和林木所有权，放活经营权，落实处置权。积极搞好水权制度改革，探索建立水权分配、登记、转让等各项管理制度。继续推进农垦体制改革，转换企业经营机制，发挥农垦企业在现代农业建设中的示范带动作用。

2008 年 保障农民土地权益。规范征地程序，提高补偿标准，健全对被征地农民的社会保障制度。严格农村集体建设用地管理，严禁通过"以租代征"等方式提供建设用地。城镇居民不得到农村购买宅基地、农民住宅或"小产权房"。完善双层经营体制。确保农村土地承包经营权证到户。加快建立土地承包经营权登记制度。严格执

行土地承包期内不得调整、收回农户承包地的法律规定。按照依法自愿有偿原则,健全土地承包经营权流转市场。依法制止乡、村组织通过"反租倒包"等形式侵犯农户土地承包经营权等行为。稳步推进草原家庭承包经营,稳定渔民的水域滩涂养殖使用权。将林地使用权和林木所有权落实到户。

2009年 实行最严格的耕地保护制度和最严格的节约用地制度。基本农田必须落实到地块、标注在土地承包经营权登记证书上,并设立统一的永久基本农田保护标志,严禁地方擅自调整规划改变基本农田区位。实行耕地和基本农田保护领导干部离任审计制度。从严控制城乡建设用地总规模,从规划、标准、市场配置、评价考核等方面全面建立和落实节约用地制度。抓紧编制乡镇土地利用规划和乡村建设规划,科学合理安排村庄建设用地和宅基地,根据区域资源条件修订宅基地使用标准。必须符合土地利用总体规划,纳入土地计划管理。稳定农村土地承包关系。现有土地承包关系保持稳定并长久不变。做好集体土地所有权确权登记颁证工作,将权属落实到法定行使所有权的集体组织;稳步开展土地承包经营权登记试点,把承包地块的面积、空间位置和权属证书落实到农户,坚决禁止和纠正违法收回农民承包土地的行为。规范土地承包经营权流转。土地承包经营权流转,不得改变土地集体所有性质,不得改变土地用途,不得损害农民土地承包权益。尊重农民的土地流转主体地位,任何组织和个人不得强迫流转,也不能妨碍自主流转。

2010年 完善农村基本经营制度。全面落实承包地块、面积、合同、证书"四到户",扩大农村土地承包经营权登记试点范围。加强土地承包经营权流转管理和服务,健全流转市场,在依法自愿有偿流转的基础上发展多种形式的适度规模经营。严格执行农村土地承包经营纠纷调解仲裁法,加快构建农村土地承包经营纠纷调解仲裁体系。农村土地管理制度改革。坚决守住耕地保护红线,建立保护补偿机制,加快划定基本农田,实行永久保护。加快农村集体土地所有权、宅基地使用权、集体建设用地使用权等确权登记颁证工作。力争用3年时间把农村集体土地所有权证确认到每个具有所有权的农民集体经济组织。有序开展农村土地整治，规范农村土地管理制度改革试点。

2012年　稳定和完善农村土地政策。引导土地承包经营权流转，发展多种形式的适度规模经营。完成覆盖农村集体各类土地的所有权确权登记颁证。

2013年　稳定农村土地承包关系。鼓励和支持承包土地向专业大户、家庭农场、农民合作社流转，发展多种形式的适度规模经营。结合农田基本建设，鼓励农民采取互利互换方式，解决承包地块细碎化问题。土地流转不得搞强迫命令，确保不损害农民权益、不改变土地用途、不破坏农业综合生产能力。探索建立严格的工商企业租赁农户承包耕地（林地、草原）准入和监管制度。规范土地流转程序，逐步健全县乡村三级服务网络。深化国有农垦管理体制改革，扩大国有农场办社会职能改革试点。农村集体"三资"管理。以清产核资、资产量化、股权管理为主要内容，加快推进农村集体"三资"管理的制度化、规范化、信息化。健全农村集体财务预决算、收入管理、开支审批、资产台账和资源登记等制度，严格农村集体资产承包、租赁、处置和资源开发利用的民主程序，支持建设农村集体"三资"信息化监管平台。鼓励具备条件的地方推进农村集体产权股份合作制改革。探索集体经济组织成员资格界定的具体办法。

2014年　完善农村土地承包政策。赋予农民对承包地占有、使用、收益、流转及承包经营权抵押、担保权能。在落实农村土地集体所有权的基础上，稳定农户承包权、放活土地经营权，允许承包土地的经营权向金融机构抵押融资。建立配套的抵押资产处置机制，推动修订相关法律法规。引导和规范农村集体经营性建设用地入市。允许农村集体经营性建设用地出让、租赁、入股，实行与国有土地同等入市、同权同价，加快建立农村集体经营性建设用地产权流转和增值收益分配制度。推进征地制度改革。保障农民公平分享土地增值收益，改变对被征地农民的补偿办法，除补偿农民被征收的集体土地外，还必须对农民的住房、社保、就业培训给予合理保障。因地制宜采取留地安置、补偿等多种方式，确保被征地农民长期受益。健全征地争议调处裁决机制，保障被征地农民的知情权、参与权、申诉权、监督权。

2015年 农村土地制度改革试点。审慎稳妥推进农村土地制度改革。分类实施农村土地征收、集体经营性建设用地入市、宅基地制度改革试点。推进农村集体产权制度改革。抓紧抓实土地承包经营权确权登记颁证工作，扩大整省推进试点范围，确地到户，从严掌握确权确股不确地的范围。对非经营性资产，重点是探索有利于提高公共服务能力的集体统一运营管理有效机制。对经营性资产，重点是明晰产权归属，将资产折股量化到本集体经济组织成员，发展多种形式的股份合作。开展赋予农民对集体资产股份权能改革试点，防止侵蚀农民利益，严格限制在本集体经济组织内部。健全农村集体"三资"管理监督和收益分配制度。

2016年 稳定农户承包权，放活土地经营权，完善"三权分置"办法。推进土地经营权有序流转，鼓励和引导农户自愿互换承包地块实现连片耕种。适当提高农民集体和个人分享的增值收益，抓紧出台土地增值收益调节金征管办法。完善和拓展城乡建设用地增减挂钩试点，将指标交易收益用于改善农民生产生活条件。探索将通过土地整治增加的耕地作为占补平衡补充耕地的指标，按照谁投入、谁受益的原则返还指标交易收益。加快编制村级土地利用规划。探索将财政资金投入农业农村形成的经营性资产，通过股权量化到户，让集体组织成员长期分享资产收益。到2020年，基本完成土地等农村集体资源性资产确权登记颁证、经营性资产折股量化到本集体经济组织成员，健全非经营性资产集体统一运营管理机制。

2017年 农村集体产权制度改革。落实农村土地集体所有权、农户承包权、土地经营权"三权分置"办法。落实宅基地集体所有权，维护农户依法取得的宅基地占有和使用权，探索农村集体组织以出租、合作等方式盘活利用空闲农房及宅基地，增加农民财产性收入。全面开展农村集体资产清产核资。稳妥有序、由点及面推进农村集体经营性资产股份合作制改革，确认成员身份，量化经营性资产，保障农民集体资产权利。鼓励地方开展资源变资产、资金变股金、农民变股东等改革，增强集体经济发展活力和实力。加快水权水市场建设，推进水资源使用权确权和进场交易。加快农村产权交易市场建设。农业农村发展用地保障机制。优化城乡建设用地布局，合理安排农业农村各业用地。将年度新增建设用地计划指标确定一定比例用于支持农村新产业新业态发展。加快编制村级土地利用规划。允许通过村庄整治、宅基地整理等节约的建设用地采取入股、联营等方式，重点支持乡村休闲旅游养老等产业和农村三产融合发展。改进耕地占补平衡管理办法，严格落实耕地占补平衡责任。

2018年 深化农村土地制度改革。完善农民闲置宅基地和闲置农房政策，探索宅基地所有权、资格权、使用权"三权分置"，落实宅基地集体所有权，保障宅基地农户资格权和农民房屋财产权，适度放活宅基地和农民房屋使用权，不得违规违法买卖宅基地，严格实行土地用途管制。预留部分规划建设用地指标用于单独选址的农业设施和休闲旅游设施等建设。对利用收储农村闲置建设用地发展农村新产业新业态的。农村集体产权制度改革。全面开展农村集体资产清产核资、集体成员身份确认，加快推进集体经营性资产股份合作制改革。推动资源变资产、资金变股金、农民变股东，探索农村集体经济新的实现形式和运行机制。防止内部少数人控制和外部资本侵占集体资产。农村基本经营制度。落实农村土地承包关系稳定并长久不变政策，衔接落实好第二轮土地承包到期后再延长30年的政策。完善农村承包地"三权分置"制度，平等保护土地经营权。农村承包土地经营权可以依法向金融机构融资担保、入股从事农业产业化经营。实施新型农业经营主体培育工程，培育发展家庭农场、合作社、龙头企业、社会化服务组织和农业产业化联合体，发展多种形式适度规模经营。

2. 产业化与规模化

2004年 安排支持农业产业化发展的专项资金，较大幅度地增加对龙头企业的投入。对龙头企业的技改贷款,给予财政贴息。对新办的中小型农副产品加工企业,加强创业扶持和服务。龙头企业只要能带动农户,与农民建立起合理的利益联结机制,给农民带来实惠,都要在财政、税收、金融等方面一视同仁地给予支持。2005年继续加大对农业产业化龙头企业的支持力度。鼓励龙头企业以多种利益联结方式,带动基地和农户发展。

2006年 要着力培育一批竞争力、带动力强的龙头企业和企业集群示范基地,推广龙头企业、合作组织与农户有机结合的组织形式,让农民从产业化经营中得到更多的实惠。支持龙头企业发展,并可通过龙头企业资助农户参加农业保险。发展大宗农产品期货市场和"订单农业"。开展农产品精深加工增值税改革试点。

2008年 支持龙头企业跨区域经营,促进优势产业集群发展。增加农业产业化专项资金,支持龙头企业开展技术研发、节能减排和基地建设等。龙头企业要增强社会责任,与农民结成更紧密的利益共同体,让农民更多地分享产业化经营成果。引导各类市场主体参与农业产业化经营。鼓励农民专业合作社兴办农产品加工企业或参股龙头企业。支持发展"一村一品"。

2013年 努力提高农户集约经营水平。引导农户采用先进适用技术和现代生产要素,加快转变农业生产经营方式。扶持联户经营、专业大户、家庭农场。大力培育新型农民和农村实用人才,着力加强农业职业教育和职业培训。加大专业大户、家庭农场经营者培训力度,提高他们的生产技能和经营管理水平。

2014年 发展多种形式规模经营。加快健全土地经营权流转市场,完善县乡村三级服务和管理网络。探索建立工商企业流转农业用地风险保障金制度,严禁农用地非农化。

2016年 充分发挥多种形式适度规模经营在农业机械和科技成果应用、绿色发展、市场开拓等方面的引领功能。加快形成培育新型农业经营主体的政策体系,进一步发挥财政资金引导作用,撬动规模化经营主体增加生产性投入。适应新型农业经营主体和服务主体发展需要，允许将集中连片整治后新增加的部分耕地，按规定用于完善农田配套设施。支持多种类型的新型农业服务主体开展代耕代种、联耕联种、土地托管等专业化规模化服务。实施农业社会化服务支撑工程。加快发展农业生产性服务业。健全县乡农村经营管理体系，加强对土地流转和规模经营的管理服务。

2017年 大力培育新型农业经营主体和服务主体，通过经营权流转、股份合作、代耕代种、土地托管等多种方式，加快发展土地流转型、服务带动型等多种形式规模经营。通过村组内互换并地等方式，实现按户连片耕种。完善家庭农场认定办法，扶持规模适度的家庭农场。积极发展生产、供销、信用"三位一体"综合合作。总结推广农业生产全程社会化服务试点经验，扶持培育农机作业、农田灌排、统防统治、烘干仓储等经营性服务组织。支持供销、邮政、农机等系统发挥为农服务综合平台作用，促进传统农资流通网点向现代农资综合服务商转型。鼓励地方探索土地流转履约保证保险。研究建立农业适度规模经营评价指标体系，引导规模经营健康发展。

3. 就业转移与创业

2007年 加强农民转移就业培训和权益保护。加大"阳光工程"等农村劳动力转移就业培训支持力度。从农民工中培育一批中高级技工。鼓励用工企业和培训机构开展定向、订单培训。组织动员社会力量广泛参与农民转移就业培训。完善农民外出就业的制度保障。加快解决农民工的子女上学、工伤、医疗和养老保障等问题，切实提高农民工的生活质量和社会地位。

2009年 积极扩大农村劳动力就业。最大限度安置好农民工，督促企业及时足额发放工资，妥善解决劳资纠纷。采取以工代赈等方式引导农民参与农业农村基础设施建设。大规模开展针对性、实用性强的农民工技能培训。充分挖掘农业内部就业潜力鼓励农民就近就地创业。解决养老保险关系跨社保统筹地区转移接续问题。

2010年 努力促进农民就业创业。建立覆盖城乡的公共就业服务体系，积极开展农业生产技术和农民务工技能培训，增强农民科学种田和就业创业能力。因地制宜发展特色高效农业、林下种养业，挖掘农业内部就业潜力。推进乡镇企业结构调整和产业升级，扶持发展农产品加工业，积极发展休闲农业、乡村旅游、森林旅游和农村服务业，拓展农村非农就业空间。将农民工返乡创业和农民就地就近创业纳入政策扶持范围。深入开展工伤保险全覆盖行动，加强职业病防治和农民工健康服务，将与企业建立稳定劳动关系的农民工纳入城镇职工基本医疗保险。解决好农民工子女入学问题的政策，关心农村留守儿童。

2013年 有序推进农业转移人口市民化。把推进人口城镇化作为城镇化的重要任务。加快改革户籍制度，落实放宽中小城市和小城镇落户条件的政策。推动农民工平等享有劳动报酬、子女教育、公共卫生、计划生育、住房租购、文化服务等基本权益，努力实现城镇基本公共服务常住人口全覆盖。

2014年 加快推动农业转移人口市民化。全面实行流动人口居住证制度，逐步推进居住证持有人享有与居住地居民相同的基本公共服务，保障农民工同工同酬。解决好辖区内农业转移人口在本地城镇的落户问题。

2016年 推进农村劳动力转移就业创业和农民工市民化。大力促进就地就近转移就业创业。大力发展特色县域经济和农村服务业，加快培育中小城市和特色小城镇，增强吸纳农业转移人口能力。实施新生代农民工职业技能提升计划。进一步推进户籍制度改革，落实1亿左右农民工和其他常住人口在城镇定居落户的目标。全面实施居住证制度，建立健全与居住年限等条件相挂钩的基本公共服务提供机制，努力实现基本公共服务常住人口全覆盖。落实和完善农民工随迁子女在当地参加中考、高考政策。将符合条件的农民工纳入城镇社会保障和城镇住房保障实施范围。维护进城落户农民土地承包权、宅基地使用权、集体收益分配权，支持引导其依法自愿有偿转让上述权益。

2017年 健全农业劳动力转移就业和农村创业创新体制。完善城乡劳动者平等就业制度,健全农业劳动力转移就业服务体系,鼓励多渠道就业,切实保障农民工合法权益,着力解决新生代、身患职业病等农民工群体面临的突出问题。支持进城农民工返乡创业,带动现代农业和农村新产业新业态发展。鼓励高校毕业生、企业主、农业科技人员、留学归国人员等各类人才回乡下乡创业创新,将现代科技、生产方式和经营模式引入农村。整合落实支持农村创业创新的市场准入、财政税收、金融服务、用地用电、创业培训、社会保障等方面优惠政策。鼓励各地建立返乡创业园、创业孵化基地、创客服务平台,开设开放式服务窗口,提供一站式服务。

4. 经营主体培育与组织化

2005 年　全面开展农民职业技能培训工作。结合农业结构调整、发展特色农业和生产实际的需要,开展针对性强、务实有效、通俗易懂的农业科技培训。进一步搞好农民转业转岗培训工作,扩大"农村劳动力转移培训阳光工程"实施规模,加快农村劳动力转移。广泛调动社会各方面力量参与农民职业技能培训的积极性。

2006 年　大规模开展农村劳动力技能培训。培养造就有文化、懂技术、会经营的新型农民,继续支持新型农民科技培训。发展农村职业教育和成人教育。培育农村新型社会化服务组织。鼓励、引导和支持农村发展各种新型的社会化服务组织。推动农产品行业协会发展,引导农业生产者和农产品加工、出口企业加强行业自律,搞好信息服务,维护成员权益。

2007 年　大力发展农民专业合作组织。各地要加快制定推动农民专业合作社发展的实施细则,出台具体登记办法、财务会计制度和配套支持措施。着力支持农民专业合作组织开展市场营销、信息服务、技术培训、农产品加工储藏和农资采购经营。培育现代农业经营主体。组织实施新农村实用人才培训工程。积极发展种养专业大户、农民专业合作组织、龙头企业和集体经济组织等各类适应现代农业发展要求的经营主体。鼓励外出务工农民带技术、带资金回乡创业,成为建设现代农业的带头人。支持工商企业、大专院校和中等职业学校毕业生、乡土人才创办现代农业企业。扶持农业产业化龙头企业发展。通过贴息补助、投资参股和税收优惠等政策，支持农产品加工业发展。支持龙头企业开展技术引进和技术改造。完善农产品加工业增值税政策，减轻农产品加工企业税负。落实扶持农业产业化经营的各项政策，逐步增加对农业产业化的资金投入。

2008年　发展农民专业合作社和农村服务组织。农民专业合作社可以申请承担国家的有关涉农项目。支持发展农业生产经营服务组织，为农民提供代耕代种、用水管理和仓储运输等服务。鼓励发展农村综合服务组织，具备条件的地方可建立便民利民的农村社区服务中心和公益服务站。大力培养农村实用人才。组织实施新农村实用人才培训工程，重点培训种养业能手、科技带头人、农村经纪人和专业合作组织领办人等。加快构建县域农村职业教育和培训网络，发展城乡一体化的中等职业教育。

2009年　扶持农民专业合作社和龙头企业发展。加强合作社人员培训。扶持农业产业化经营，鼓励发展农产品加工，让农民更多分享加工流通增值收益。增加农业产业化专项资金规模，重点支持对农户带动力强的龙头企业开展技术研发、基地建设、质量检测。鼓励龙头企业在财政支持下参与担保体系建设。

2012年　实施卓越农林教育培养计划，办好一批涉农学科专业，加强农科教合作人才培养基地建设。鼓励和引导高等学校毕业生到农村基层工作。深入推进大学生"村官"计划。大力培训农村实用人才。大力培育新型职业农民，免费提供农业技能培训。加快培养农业科技人才。加快培养农业科技领军人才和创新团队。广泛开展基层农技推广人员分层分类定期培训。开展农业技术推广服务特岗计划试点。

2013年　培育壮大龙头企业。支持龙头企业通过兼并、重组、收购、控股等方式组建大型企业集团。创建农业产业化示范基地，促进龙头企业集群发展。推动龙头企业与农户建立紧密型利益联结机制，采取保底收购、股份分红、利润返还等方式，让农户更多分享加工销售收益。鼓励和引导城市工商资本到农村发展适合企业化经营的种养业。支持龙头企业建设原料基地、节能减排、培育品牌。培育农业经营性服务组织。支持农民合作社、专业服务公司、专业技术协会、农民用水合作组织、农民经纪人、涉农企业等为农业生产经营提供低成本、便利化、全方位的服务，发挥经营性服务组织的生力军作用。采取政府订购、定向委托、奖励补助、招投标等方式，引导经营性服务组织参与公益性服务。推进科技特派员农村科技创业行动。鼓励搭建区域性农业社会化服务综合平台。发展专家大院、院县共建、农村科技服务超市、庄稼医院、专业服务公司加合作社加农户、涉农企业加专家加农户等服务模式，积极推行技物结合、技术承包、全程托管服务，促进农业先进适用技术到田到户。开展农业社会化服务示范县创建。

2014年 扶持发展新型农业经营主体。鼓励发展专业合作、股份合作等多种形式的农民合作社，引导规范运行，着力加强能力建设。推进财政支持农民合作社创新试点，引导发展农民专业合作社联合社。鼓励发展混合所有制农业产业化龙头企业，推动集群发展，密切与农户、农民合作社的利益联结关系。在国家年度建设用地指标中单列一定比例专门用于新型农业经营主体建设配套辅助设施。加快供销合作社改革发展。按照改造自我、服务农民的要求，创新组织体系和服务机制。支持供销合作社加强新农村现代流通网络和农产品批发市场建设。

2015年 积极发展多种形式适度规模经营，提高农民组织化程度。鼓励发展规模适度的农户家庭农场，完善对粮食生产规模经营主体的支持服务体系。引导农民专业合作社拓宽服务领域，促进规范发展，深入推进示范社创建行动。推进农业产业化示范基地建设和龙头企业转型升级。引导农民以土地经营权入股合作社和龙头企业。鼓励工商资本发展适合企业化经营的现代种养业、农产品加工流通和农业社会化服务。

2016年 加快培育新型职业农民。将全日制农业中等职业教育纳入国家资助政策范围。鼓励农民通过"半农半读"等方式就地就近接受职业教育。开展新型农业经营主体带头人培育行动。优化财政支农资金使用,把一部分资金用于培养职业农民。

2017年 开发农村人力资源。建立政府主导、部门协作、统筹安排、产业带动的培训机制。探索政府购买服务等办法,发挥企业培训主体作用,提高农民工技能培训针对性和实效性。深入推进现代青年农场主、林场主培养计划和新型农业经营主体带头人轮训计划,探索培育农业职业经理人,培养适应现代农业发展需要的新农民。培养一批专业人才,扶持一批乡村工匠。

2018年 大力培育新型职业农民。全面建立职业农民制度,完善配套政策体系。实施新型职业农民培育工程。支持新型职业农民通过弹性学制参加中高等农业职业教育。创新培训机制,支持农民专业合作社、专业技术协会、龙头企业等主体承担培训。加强农村专业人才队伍建设。发挥科技人才支撑作用。全面建立高等院校、科研院所等事业单位专业技术人员到乡村和企业挂职、兼职和离岗创新创业制度。健全种业等领域科研人员以知识产权明晰为基础、以知识价值为导向的分配政策。探索公益性和经营性农技推广融合发展机制,允许农技人员通过提供增值服务合理取酬。全面实施农技推广服务特聘计划。促进小农户和现代农业发展有机衔接。培育各类专业化市场化服务组织,推进农业生产全程社会化服务。发展多样化的联合与合作,提升小农户组织化程度。注重发挥新型农业经营主体带动作用,开展农超对接、农社对接,帮助小农户对接市场。

(五)发展质量、生态文明与特色化融合发展

1. 发展质量

2004年 全面提高农产品质量安全水平。按照高产、优质、高效、生态、安全的要求,走精细化、集约化、产业化的道路。加快实施优势农产品区域布局规划。农产品市场和加工布局、技术推广和质量安全检验等服务体系的建设,都要着眼和有利于促进优势产业带的形成。在小麦、大豆等粮食优势产区扩大良种补贴范围。进一步加强农业标准化工作，深入开展农业标准化示范区建设。要进一步完善农产品的检验检测、安全监测及质量认证体系，推行农产品原产地标记制度，开展农业投入品强制性产品认证试点，扩大无公害食品、绿色食品、有机食品等优质农产品的生产和供应。加强动物防疫体系建设，实施重点区域动物疫病应急防治工程，鼓励乡村建立畜禽养殖小区，启动兽医管理体制改革试点。

2006年　加快发展循环农业。大力开发节约资源和保护环境的农业技术，重点推广废弃物综合利用技术、相关产业链接技术和可再生能源开发利用技术。组织实施生物质工程，推广秸秆气化、固化成型、发电、养畜等技术，开发生物质能源和生物基材料，培育生物质产业。积极发展节地、节水、节肥、节药、节种的节约型农业，鼓励生产和使用节电、节油农业机械和农产品加工设备，努力提高农业投入品的利用效率。加大力度防治农业面源污染。

2007年　加快完善农产品质量安全标准体系，建立农产品质量可追溯制度。在重点地区、品种、环节和企业，加快推行标准化生产和管理。实行农药、兽药专营和添加剂规范使用制度，实施良好农业操作规范试点。严格执行转基因食品、液态奶等农产品标识制度。启动实施农产品质量安全检验检测体系建设规划。加强对农资生产经营和农村食品药品质量安全监管，探索建立农资流通企业信用档案制度和质量保障赔偿机制。发展健康养殖业。加强饲料安全管理，从源头上把好养殖产品质量安全关。牧区要积极推广舍饲半舍饲饲养，农区有条件的要发展规模养殖和畜禽养殖小区。加强基层兽医队伍建设，健全重大动物疫情监测和应急处置机制，建立和完善动物标识及疫病可追溯体系。水产养殖业要推广优良品种，加强水产养殖品种病害防治，提高健康养殖水平。

2008年　加强农业标准化和农产品质量安全工作。继续实施农业标准化示范项目，扶持龙头企业、农民专业合作组织、科技示范户和种养大户率先实行标准化生产。依法开展质量安全监测和检查，巩固农产品质量安全专项整治成果。深入实施无公害农产品行动计划，建立农产品质量安全风险评估机制,健全农产品标识和可追溯制度。强化农业投入品监管,启动实施"放心农资下乡进村"示范工程。积极发展绿色食品和有机食品,培育名牌农产品,加强农产品地理标志保护。加快发展畜牧水产规模化标准化健康养殖。

2009年 严格农产品质量安全全程监控。抓紧出台食品安全法,制定和完善农产品质量安全法配套规章制度,健全部门分工合作的监管工作机制,进一步探索更有效的食品安全监管体制,实行严格的食品质量安全追溯制度、召回制度、市场准入和退出制度。加快农产品质量安全检验检测体系建设,完善农产品质量安全标准,加强检验检测机构资质认证。健全饲料安全监管体系。强化企业质量安全责任,对上市产品实行批批自检。建立农产品和食品生产经营质量安全征信体系。开展专项整治,坚决制止违法使用农药、兽(渔)药行为。加快农业标准化示范区建设,支持建设绿色和有机农产品生产基地。

2010年 推进菜篮子产品标准化生产。加快园艺作物生产设施化、畜禽水产养殖规模化。支持建设生猪、奶牛规模养殖场(小区),发展园艺作物标准生产基地和水产健康养殖示范场,开展标准化创建活动,推进畜禽养殖加工一体化。支持畜禽良种繁育体系建设。

2013年 改革和健全食品安全监管体制,加强综合协调联动,落实从田头到餐桌的全程监管责任,加快形成符合国情、科学完善的食品安全体系。健全农产品质量安全和食品安全追溯体系。强化农业生产过程环境监测,严格农业投入品生产经营使用管理,积极开展农业面源污染和畜禽养殖污染防治。健全基层食品安全工作体系,全面提升监管能力和水平。

2014年 强化农产品质量和食品安全监管。建立最严格的覆盖全过程的食品安全监管制度,完善法律法规和标准体系,落实地方政府属地管理和生产经营主体责任。支持标准化生产、重点产品风险监测预警、食品追溯体系建设。严格农业投入品管理,大力开展园艺作物标准园、畜禽规模化养殖、水产健康养殖等创建活动。开展示范市、县创建试点。

2015 年　提升农产品质量和食品安全水平。加强县乡农产品质量和食品安全监管能力建设。严格农业投入品管理，大力推进农业标准化生产。建立全程可追溯、互联共享的农产品质量和食品安全信息平台。大力发展名特优新农产品，培育知名品牌。健全食品安全监管综合协调制度，落实生产经营者主体责任，严惩各类食品安全违法犯罪行为。

2016 年　实施食品安全战略。到 2020 年农兽药残留限量指标基本与国际食品法典标准接轨。加强产地环境保护和源头治理，实行严格的农业投入品使用管理制度。推广高效低毒低残留农药，实施兽用抗菌药治理行动。加快健全从农田到餐桌的农产品质量和食品安全监管体系，建立全程可追溯、互联共享的信息平台，加强标准体系建设，健全风险监测评估和检验检测体系。实施食品安全创新工程。

2017 年　全面提升农产品质量和食品安全水平。实施农业标准化战略，突出优质、安全、绿色导向，健全农产品质量和食品安全标准体系。支持新型农业经营主体申请"三品一标"认证，强化品牌保护。引导企业争取国际有机农产品认证。切实加强产地环境保护和源头治理，推行农业良好生产规范，推广生产记录台账制度。严厉打击违禁超限量使用农兽药、非法添加和超范围超限量使用食品添加剂等行为。健全农产品质量和食品安全监管体制，强化风险分级管理和属地责任，加大抽检监测力度。建立全程可追溯、互联共享的追溯监管综合服务平台。抓紧修订农产品质量安全法。发展规模高效养殖业。引导产能向环境容量大的地区和玉米主产区转移。加快品种改良，重点支持适度规模的家庭牧场，培育国产优质品牌。科学有序开发滩涂资源。支持集约化海水健康养殖，发展现代化海洋牧场。建立海洋渔业资源总量管理制度。

2018 年　实施质量兴农战略。制定和实施国家质量兴农战略规划，建立健全质量兴农评价体系、政策体系、工作体系和考核体系。深入推进农业绿色化、优质化、特色化、品牌化，调整优化农业生产力布局，推动农业由增产导向转向提质导向。推进特色农产品优势区创建，建设现代农业产业园、农业科技园。实施产业兴村强县行动，打造一村一品、一县一业发展新格局。优化养殖业空间布局，大力发展绿色生态健康养殖，做大做强民族奶业。统筹海洋渔业资源开发，建设现代化海洋牧场。建立产学研融合的农业科技创新联盟，加强农业绿色生态、提质增效技术研发应用。

2. 生态文明与生态产品

2005年 生态重点工程建设。继续实施天然林保护等工程，在退耕还林地区建设好基本口粮田，培育后续产业，切实解决农民的长期生计问题，进一步巩固退耕还林成果。抓好防护林体系和农田林网建设，为建设高标准农田营造良好的生态屏障。加快实施退牧还草工程。加强水土流失综合治理。

2007年 加快发展农村清洁能源。支持有条件的地方开展养殖场大中型沼气建设。在适宜地区积极发展秸秆气化和太阳能、风能等清洁能源，加快绿色能源示范县建设，实施西北地区百万户太阳灶建设工程。加快实施乡村清洁工程，推进人畜粪便、农作物秸秆、生活垃圾和污水的综合治理和转化利用。提高农业可持续发展能力。鼓励发展循环农业、生态农业，有条件的地方可加快发展有机农业。启动石漠化综合治理工程，继续实施沿海防护林工程。完善森林生态效益补偿基金制度，探索建立草原生态补偿机制。加快实施退牧还草工程。加快长江、黄河上中游和西南石灰岩等地区水土流失治理，启动坡耕地水土流失综合整治工程。减少农业面源污染，搞好江河湖海的水污染治理。

2008年 继续加强生态建设。

2009年 推进生态重点工程建设。延长天然林保护工程实施期限，完善三北防护林工程投入和建设机制。建设现代林业，发展山区林特产品、生态旅游业和碳汇林业。扩大退牧还草工程实施范围，加强人工饲草地和灌溉草场建设。启动坡耕地水土流失综合整治工程，加强山洪和泥石流等地质灾害防治。启动草原、湿地、水土保持等生态效益补偿试点。

2010年 构筑牢固的生态安全屏障。在重点生态脆弱区和重要生态区位,结合扶贫开发和库区移民,适当增加安排退耕还林。提高中央财政对属集体林的国家级公益林森林生态效益补偿标准。启动森林经营工程,增强森林生态服务功能,提高林地综合产出能力。大力增加森林碳汇。落实草畜平衡制度,继续推行禁牧休牧轮牧,发展舍饲圈养,搞好人工饲草地和牧区水利建设。启动坡耕地水土流失综合治理工程,搞好清洁小流域建设。加强农业面源污染治理,发展循环农业和生态农业。

2011年 搞好水土保持和水生态保护。

2012年 搞好生态建设。落实天然林资源保护工程二期实施方案。探索国家级公益林赎买机制。支持发展木本粮油、林下经济、森林旅游、竹藤等林产业。鼓励企业等社会力量运用产业化方式开展防沙治沙。加强牧区半牧区草原监理工作。把农村环境整治作为环保工作的重点,推进农业清洁生产,引导农民合理使用化肥农药,加强农村沼气工程和小水电代燃料生态保护工程建设,加快农业面源污染治理和农村污水、垃圾处理,改善农村人居环境。

2013年 推进农村生态文明建设。努力建设美丽乡村。探索开展沙化土地封禁保护区建设试点工作。加强农作物秸秆综合利用。搞好农村垃圾、污水处理和土壤环境治理,实施乡村清洁工程,加快农村河道、水环境综合整治。发展乡村旅游和休闲农业。创建生态文明示范县和示范村镇。开展宜居村镇建设综合技术集成示范。

2014年 开展农业资源休养生息试点。抓紧编制农业环境突出问题治理总体规划和农业可持续发展规划。启动重金属污染耕地修复试点。开展华北地下水超采漏斗区综合治理、湿地生态效益补偿和退耕还湿试点。加大生态保护建设力度。抓紧划定生态保护红线。在东北、内蒙古重点国有林区,进行停止天然林商业性采伐试点。推进矿区植被恢复,加强沙化土地封禁保护。启动南方草地开发利用和草原自然保护区建设工程。加强海岛基础设施建设。严格控制渔业捕捞强度，继续实施增殖放流和水产养殖生态环境修复补助政策。实施江河湖泊综合整治、水土保持重点建设工程，开展生态清洁小流域建设。促进生态友好型农业发展。分区域规模化推进高效节水灌溉行动。大力推进机械化深松整地和秸秆还田等综合利用，加快实施土壤有机质提升补贴项目，支持开展病虫害绿色防控和病死畜禽无害化处理。支持高效肥和低残留农药使用、规模养殖场畜禽粪便资源化利用、新型农业经营主体使用有机肥、推广高标准农膜和残膜回收等试点。

2015年 加强农业生态治理。落实畜禽规模养殖环境影响评价制度，大力推动农业循环经济发展。提高天然林资源保护工程补助和森林生态效益补偿标准。继续扩大停止天然林商业性采伐试点。实施湿地生态效益补偿、湿地保护奖励试点和沙化土地封禁保护区补贴政策。加快实施退牧还草、牧区防灾减灾、南方草地开发利用等工程。建立健全农业生态环境保护责任制。

2016年 加强农业生态保护和修复。实施山水林田湖生态保护和修复工程，进行整体保护、系统修复、综合治理。到2020年森林覆盖率提高到23%以上，湿地面积不低于8亿亩。实施湿地保护与恢复工程，开展退耕还湿。建立沙化土地封禁保护制度。加强历史遗留工矿废弃和自然灾害损毁土地复垦利用。严格实行休渔禁渔制度，开展近海捕捞限额管理试点，按规划实行退养还滩。加快推进水生态修复工程建设。建立健全生态保护补偿机制，开展跨地区跨流域生态保护补偿试点。编制实施耕地、草原、河湖休养生息规划。加快农业环境突出问题治理。探索实行耕地轮作休耕制度试点，通过轮作、休耕、退耕、替代种植等多种方式，对地下水漏斗区、重金属污染区、生态严重退化地区开展综合治理。推进荒漠化、石漠化、水土流失综合治理。加强农业资源保护和高效利用。坚守耕地红线，全面划定永久基本农田，大力实施农村土地整治，推进耕地数量、质量、生态"三位一体"保护。落实和完善耕地占补平衡制度，严禁毁林开垦。全面推进建设占用耕地耕作层剥离再利用。实施渤海粮仓科技示范工程，加大科技支撑力度，加快改造盐碱地。创建农业可持续发展试验示范区。划定农业空间和生态空间保护红线。强化水资源管理"三条红线"刚性约束,实行水资源消耗总量和强度双控行动。

2017年　推进农业清洁生产。深入推进化肥农药零增长行动,开展有机肥替代化肥试点。建立健全化肥农药行业生产监管及产品追溯系统,严格行业准入管理。大力推行高效生态循环的种养模式。以县为单位推进农业废弃物资源化利用试点,探索建立可持续运营管理机制。推进国家农业可持续发展试验示范区创建。集中治理农业环境突出问题。实施耕地、草原、河湖休养生息规划。深入实施土壤污染防治行动计划,继续开展重金属污染耕地修复及种植结构调整试点。推进耕地轮作休耕制度试点。支持地方重点开展设施农业土壤改良,增加土壤有机质。

2018年　增加农业生态产品和服务供给。乡村生态优势转化为发展生态经济的优势,提供更多更好的绿色生态产品和服务,促进生态和经济良性循环。加快发展森林草原旅游、河湖湿地观光、冰雪海上运动、野生动物驯养观赏等产业,积极开发观光农业、游憩休闲、健康养生、生态教育等服务。创建一批特色生态旅游示范村镇和精品线路,打造绿色生态环保的乡村生态旅游产业链。

3. 特色化与融合发展

2005年　大力发展特色农业。发挥区域比较优势,建设农产品产业带,发展特色农业。选择具有地域特色和市场前景的品种作为开发重点,尽快形成有竞争力的产业体系。建设特色农业标准化示范基地,筛选、繁育优良品种,把传统生产方式与现代技术结合起来,提升特色农产品的品质和生产水平。加大对特色农产品的保护力度,加快推行原产地等标识制度,维护原产地生产经营者的合法权益。整合特色农产品品牌,支持做大做强名牌产品。提高农产品国际竞争力,促进优势农产品出口,扩大农业对外开放。

2007年　发展新型农用工业。积极发展新型肥料、低毒高效农药、多功能农业机械及可降解农膜等新型农业投入品。优化肥料结构,加快发展适合不同土壤、不同作物特点的专用肥、缓释肥。加大对新农药创制工程支持力度,推进农药产品更新换代。重点发展大中型拖拉机、多功能通用型高效联合收割机及各种专用农机产品。推进生物质产业发展。加快开发以农作物秸秆等为主要原料的生物质燃料、肥料、饲料,启动农作物秸秆生物气化和固化成型燃料试点项目,支持秸秆饲料化利用。加强生物质产业技术研发、示范、储备和推广,组织实施农林生物质科技工程。鼓励有条件的地方利用荒山、荒地等资源,发展生物质原料作物种植。大力发展特色农业。因地制宜地发展特而专、新而奇、精而美的各种物质、非物质产品和产业,特别要重视发展园艺业、特种养殖业和乡村旅游业。支持"一村一品"发展。

2008年 探索建立促进城乡一体化发展的体制机制。加快破除城乡二元体制,努力形成城乡发展规划、产业布局、基础设施、公共服务、劳动就业和社会管理一体化新格局。健全城乡统一的生产要素市场,逐步实现城乡基础设施共建共享、产业发展互动互促。完善各级行政管理机构和职能设置,逐步实现城乡社会统筹管理和基本公共服务均等化。

2009年 增强县域经济发展活力。增加对县乡财政的一般性转移支付,探索建立县乡财政基本财力保障制度。推进省直接管理县(市)财政体制改革,将粮食、油料、棉花和生猪生产大县全部纳入改革范围。稳步推进扩权强县改革试点,探索省直接管理县(市)的体制。依法赋予经济发展快、人口吸纳能力强的小城镇在投资审批、工商管理、社会治安等方面的行政管理权限。

2010年 推进城镇化发展的制度创新。重点加强中小城镇发展。深化户籍制度改革,加快落实放宽中小城市、小城镇特别是县城和中心镇落户条件的政策,促进符合条件的农业转移人口在城镇落户并享有与当地城镇居民同等的权益。鼓励有条件的城市将有稳定职业并在城市居住一定年限的农民工逐步纳入城镇住房保障体系。着力解决新生代农民工问题。抓住产业转移有利时机,促进特色产业、优势项目向县城和重点镇集聚,提高城镇综合承载能力,吸纳农村人口加快向小城镇集中。完善加快小城镇发展的财税、投融资等配套政策，安排年度土地利用计划要支持中小城市和小城镇发展。

2014年 开展村庄人居环境整治。加快编制村庄规划，改善村庄人居环境。实施村内道路硬化工程，有条件的地方建立住户付费、村集体补贴、财政补助相结合的管护经费保障制度。制定传统村落保护发展规划。提高农村饮水安全工程建设标准，加强水源地水质监测与保护，有条件的地方推进城镇供水管网向农村延伸。以西部和集中连片特困地区为重点加快农村公路建设，加强农村公路养护和安全管理，推进城乡道路客运一体化。加快农村互联网基础设施建设，推进信息进村入户。

2015年 推进农村一、二、三产业融合发展。立足资源优势，以市场需求为导向，大力发展特色种养业、农产品加工业、农村服务业，扶持发展一村一品、一乡（县）一业。积极开发农业多种功能，挖掘乡村生态休闲、旅游观光、文化教育价值。扶持建设一批具有历史、地域、民族特点的特色景观旅游村镇，打造形式多样、特色鲜明的乡村旅游休闲产品。

2016年 推动农产品加工业转型升级。加强农产品加工技术创新，促进农产品初加工、精深加工及综合利用加工协调发展，提高农产品加工转化率和附加值，增强对农民增收的带动能力。促进主产区农产品加工业加快发展，形成一批优势产业集群。建设农产品加工技术集成基地。大力发展休闲农业和乡村旅游。依托农村绿水青山、田园风光、乡土文化等资源，大力发展休闲度假、旅游观光、养生养老、创意农业、农耕体验、乡村手工艺等，使之成为繁荣农村、富裕农民的新兴支柱产业。积极扶持农民发展休闲旅游业合作社。加强乡村生态环境和文化遗存保护，发展具有历史记忆、地域特点、民族风情的特色小镇，建设一村一品、一村一景、一村一韵的魅力村庄和宜游宜养的森林景区。有规划地开发休闲农庄、乡村酒店、特色民宿、自驾露营、户外运动等乡村休闲度假产品。实施休闲农业和乡村旅游提升工程、振兴中国传统手工艺计划。支持有条件的地方通过盘活农村闲置房屋、集体建设用地、"四荒地"、可用林场和水面等资产资源发展休闲农业和乡村旅游。

2017年 推进农村电商发展。促进新型农业经营主体、加工流通企业与电商企业全面对接融合，推动线上线下互动发展。加快建立健全适应农产品电商发展的标准体系。支持农产品电商平台和乡村电商服务站点建设。推动商贸、供销、邮政、电商互联互通，加强从村到乡镇的物流体系建设，实施快递下乡工程。深入实施电子商务进农村综合示范。鼓励地方规范发展电商产业园，聚集品牌推广、物流集散、人才培养、技术支持、质量安全等功能服务。全面实施信息进村入户工程，开展整省推进示范。完善全国农产品流通骨干网络，加快构建公益性农产品市场体系，加强农产品产地预冷等冷链物流基础设施网络建设，完善鲜活农产品直供直销体系。推进"互联网＋"现代农业行动。加快发展现代食品产业。在优势农产品产地打造食品加工产业集群。鼓励食品企业设立研发机构，围绕"原字号"开发市场适销对路的新产品。大力发展方便食品、休闲食品、速冻食品、马铃薯主食产品。加强新食品原料、药食同源食品开发和应用。大力推广"生产基地＋中央厨房＋餐饮门店""生产基地＋加工企业＋商超销售"等产销模式。加强现代生物和营养强化技术研究，挖掘开发具有保健功能的食品。培育宜居宜业特色村镇。围绕有基础、有特色、有潜力的产业，建设一批农业文化旅游"三位一体"，生产生活生态同步改善，一、二、三产业深度融合的特色村镇。打造"一村一品"升级版，发展各具特色的专业村。支持有条件的乡村建设以农民合作社为主要载体、让农民充分参与和受益，集循环农业、创意农业、农事体验于一体的田园综合体。深入实施农村产业融合发展试点示范工程，支持建设一批农村产业融合发展示范园。做大做强优势特色产业。实施优势特色农业提质增效行动计划，把地方土特产和小品种做成带动农民增收的大产业。大力发展木本粮油等特色经济林、珍贵树种用材林、花卉竹藤、森林食品等绿色产业。实施森林生态标志产品建设工程。开展特色农产品标准化生产示范，建设一批地理标志农产品和原产地保护基地。打造区域特色品牌，引入现代要素改造提升传统名优品牌。大力发展乡村休闲旅游产业。利用"旅游+""生态+"等模式，推进农业、林业与旅游、教育、文化、康养等产业深度融合。丰富乡村旅游业态和产品，打造各类主题乡村旅游目的地和精品线路，发展富有乡村特色的民宿和养生养老基地。鼓励农村集体经济组织创办乡村旅游合作社，或与社会资本联办乡村旅游企业。

  2018年 构建农村一、二、三产业融合发展体系。大力开发农业多种功能，延长产业链、提升价值链、完善利益链，通过保底分红、股份合作、利润返还等多种形式，让农民合理分享全产业链增值收益。支持主产区农产品就地加工转化增值。重点解决农产品销售中的突出问题，建设现代化农产品冷链仓储物流体系，打造农产品销售公共服务平台，大力建设具有广泛性的促进农村电子商务发展的基础设施，鼓励支持各类市场主体创新发展基于互联网的新型农业产业模式，深入实施电子商务进农村综合示范。实施休闲农业和乡村旅游精品工程，建设一批设施完备、功能多样的休闲观光园区、森林人家、康养基地、乡村民宿、特色小镇。对利用闲置农房发展民宿、养老等项目。发展乡村共享经济、创意农业、特色文化产业。

参考文献

一 译著

《马克思恩格斯选集》(第1卷),人民出版社1995年版。

马克思:《资本论》(第1卷),人民出版社2004年版。

马克思:《资本论》(第3卷),人民出版社1975年版。

[美]布朗芬伯伦纳:《收入分配理论》,方敏译,华夏出版社2009年版。

[美]斯蒂格利茨:《不平等的代价》,张子源译,机械工业出版社2013年版。

[美]约翰·马德莱:《贸易与粮食安全》,熊瑜妤译,商务印书馆2005年版。

二 报刊论文

白暴力、白瑞雪:《物价总水平上涨系统模型的构建——以马克思理论为基础的因素与原因分析》,《中共中央党校学报》2014年第2期。

白暴力、梁泳梅:《世界价值与国际价格的形成与效应——劳动价值理论基础上的分析》,《福建论坛》(人文社会科学版)2008年第2期。

白文周、吴义周:《中国特色农业现代化道路的内涵及实现途径》,《经济问题探索》2008年第5期。

蔡昉:《中国经济如何跨越"低中等收入陷阱"?》,《中国社会科学院研究生院学报》2008年第1期。

蔡文著、黄中伟:《国际粮食价格波动根源及其对我国的启示》,《价格理论与实践》2008年第9期。

陈廉、林汉川:《新型农业经营体系:农业现代化的有效组织载体》,《江苏农业科学》2016年第9期。

陈彦斌、唐诗磊等:《货币供应量能预测中国通货膨胀吗?》,《经济理论与经济管理》2009年第2期。

丁守海:《工资与物价会螺旋波动吗?》,《统计研究》2010年第9期。

段禄峰、魏明:《以色列基布兹农业合作社演进历程及经验借鉴》,《世界农业》2017年第11期。

高帆、龚芳:《国际粮食价格是如何影响中国粮食价格的》,《财贸经济》2012年第11期。

高强、刘同山等:《家庭农场的制度解析:特征、发生机制与效应》,《经济学家》2013年第6期。

高树印:《资源价格形成基础与资源价格改革》,《贵州财经学院学报》2008年第4期。

郭庆海:《新型农业经营主体功能定位及成长的制度供给》,《中国农村经济》2013年第4期。

郭熙保:《"三化"同步与家庭农场为主体的农业规模化经营》,《社会科学研究》2013年第3期。

韩长赋:《科学把握农业农村发展新形势》,《求是》2013年第7期。

贺雪峰:《农业问题还是农民问题?》,《社会科学》2015年第6期。

侯石安、赵和楠:《中国粮食安全与农业补贴政策的调整》,《贵州社会科学》2016年第1期。

胡草、范红忠:《高房价抑制新企业进入了吗?——来自于中国工业企业的经验证据》,《华东师范大学学报》(哲学社会科学版)2017年第1期。

胡培兆:《中等收入"陷阱"与高收入"黑洞"》,《经济学动态》

2012年第11期。

胡晓春：《我国高收入群体消费结构探析》，《西北师大学报》（社会科学版）2010年第5期。

胡雪枝、钟甫宁：《农村人口老龄化对粮食生产的影响——基于农村固定观察点数据的分析》，《中国农村经济》2012年第7期。

黄季焜、王晓兵等：《粮食直补和农资综合补贴对农业生产的影响》，《农业技术经济》2011年第1期。

黄季焜、杨军等：《新时期国家粮食安全战略和政策的思考》，《农业经济问题》2012年第3期。

黄仕伟、王钰：《中国特色家庭农场：概念内涵与阶段特征》，《农村经济》2014年第10期。

黄延廷：《现阶段我国农地规模化经营的最优模式：家庭农场经营——兼谈发展家庭农场经营的对策》，《理论学刊》2013年第10期。

黄祖辉：《居民收入倍增的难点与现实路径》，《改革》2012年第11期。

惠国琴：《农业现代化：模式之争与路径整合》，《学习与探索》2014年第3期。

江维国：《我国农业供给侧结构性改革研究》，《现代经济探讨》2016年第4期。

金鑫：《关于欠发达地区发展县域经济的思考》，《中国特色社会主义研究》2007年第5期。

孔泾源：《"中等收入陷阱"的国际背景、成因举证与中国对策》，《改革》2011年第10期。

孔祥智：《新型农业经营主体的地位和顶层设计》，《改革》2014年第5期。

李斌：《从流动性过剩（不足）到结构性通胀（通缩）》，《金融研究》2010年第4期。

李春海、郭昆：《加快农业发展方式转变的路径选择和机制设计》，《江西财经大学学报》2011年第2期。

李尚勇：《农民合作社的制度逻辑——兼谈其发展存在的问题》，《农业经济问题》2011年第7期。

李首涵、杨萍等：《中国粮食生产降本增效潜力——基于中美日的比较分析》，《世界农业》2016年第10期。

李卫华：《均衡价格理论剖析》，《科学经济社会》2012年第3期。

刘超、朱满德等：《美国农业国内支持与WTO规则一致性分析》，《世界农业》2017年第1期。

刘德娟、周琼等：《日本农业经营主体培育的政策调整及其启示》，《农业经济问题》2015年第9期。

刘洁、祁春节：《我国农业合作社制度创新的动力机制及完善对策》，《农业现代化研究》2011年第2期。

刘骏民、李宝伟：《劳动价值论与效用价值论的比较——兼论劳动价值论的发展》，《南开经济研究》2001年第5期。

刘亮、章元等：《劳动力转移与粮食安全》，《统计研究》2014年第9期。

楼栋、孔祥智：《新型农业经营主体的多维发展形式和现实观照》，《改革》2013年第2期。

鲁靖、邓晶：《中国粮食贸易特征的原因分析与对策》，《国际贸易问题》2006年第5期。

鲁可荣、朱启臻：《对农业性质和功能的重新认识》，《华南农业大学学报》（社会科学版）2011年第1期。

罗英：《劳动价值论和效用价值论之比较》，《当代经济研究》2004年第11期。

马草原：《非农收入、农业效率与农业投资——对我国农村劳动力转移格局的反思》，《经济问题》2009年第7期。

马晓河：《中国农业收益与生产成本变动的结构分析》，《中国农村经济》2011年第5期。

孟延春：《省直管县要合理划定行政区划》，《中国党政干部论坛》2014年第7期。

倪慧、龚春明：《新型农业经营主体培育实践中的几个关键问题》，

《农业经济》2015年第8期。

宁阳.《马克思生产劳动理论与现代服务经济发展》,《毛泽东邓小平理论研究》2014年第4期。

潘石:《"工资—物价螺旋上升"之机理、效应及对策》,《学术月刊》2011年第12期。

彭彦强:《区域经济一体化、地方政府合作与行政权协调》,《经济体制改革》2009年第6期。

钱克明、彭廷军:《关于现代农业经营主体的调研报告》,《农业经济问题》2013年第6期。

秦愚:《农业合作社的资本问题——基于相关理论与实践的思考》,《农业经济问题》2015年第7期。

宋洪远:《关于农业供给侧结构性改革若干问题的思考和建议》,《中国农村经济》2016年第10期。

宋亚平:《规模经营是农业现代化的必由之路吗?》,《江汉论坛》2013年第4期。

孙立平:《"中等收入陷阱"还是"转型陷阱"?》,《开放时代》2012年第3期。

孙新华:《农业经营主体:类型比较与路径选择——以全员生产效率为中心》,《经济与管理研究》2013年第12期。

孙新华:《我国应选择哪种农业经营主体?》,《南京农业大学学报》(社会科学版)2013年第6期。

唐啸:《绿色经济理论最新发展述评》,《国外理论动态》2014年第1期。

仝志辉、温铁军:《资本和部门下乡与小农户经济的组织化道路——兼对专业合作社道路提出质疑》,《开放时代》2009年第4期。

万宝瑞:《当前我国农业发展的趋势与建议》,《农业经济问题》2014年第4期。

王春来:《发展家庭农场的三个关键问题探讨》,《农业经济问题》2014年第1期。

王军:《中国农民合作社变异的经济逻辑》,《经济与管理研究》2015

年第 1 期。

王石、王华等：《资源价格波动、资源依赖与经济增长》，《统计与信息论坛》2015 年第 2 期。

王宋涛、温思美等：《市场分割、资源错配与劳动收入份额》，《经济评论》2016 年第 1 期。

王香花：《后老人农业时代中国粮食安全问题探讨》，《理论探讨》2015 年第 6 期。

王雅龄、刘玉魏等：《劳动成本变动对物价总水平的影响——基于刘易斯拐点的纵深回顾》，《广东社会科学》2012 年第 6 期。

翁伯琦、张伟利：《试论生态文明建设与绿色农业发展》，《福建农林大学学报》（哲学社会科学版）2013 年第 4 期。

吴晨：《不同农业经营主体生产效率的比较研究》，《经济纵横》2016 年第 3 期。

吴遵杰、陈勇：《一般均衡理论批判》，《政治经济学评论》2016 年第 1 期。

伍开群：《制度变迁：从家庭承包到家庭农场》，《当代经济研究》2014 年第 1 期。

伍业兵、覃聪：《关于当前我国农业补贴的思考》，《农村经济》2013 年第 10 期。

武彦：《沙特自主农业 40 年回到起点》，《环球时报》2018 年 7 月 26 日第 13 版。

肖斌、付小红：《关于发展家庭农场的若干思考》，《当代经济研究》2013 年第 10 期。

许有伦：《劳动价值论与效用价值论的辩证关系——与卫兴华、晏智杰教授交流》，《经济评论》2006 年第 3 期。

杨光勇、计国君：《构建基于三重底线的绿色供应链：欧盟与美国的环境规制比较》，《中国工业经济》2011 年第 2 期。

杨俊青、王淑娟：《马克思劳动价值论与西方经济学效用价值论的根本分歧》，《山西财经大学学报》2001 年第 6 期。

杨林生、论卫星：《论我国农业经营主体的经济属性及其企业化升级》，《现代经济探讨》2014年第6期。

杨培源：《农业功能拓展与城乡融合》，《中共福建省委党校学报》2012年第9期。

杨晓东：《危机后世界粮食贸易发展及其对中国粮食安全的影响》，《内蒙古社会科学》（汉文版）2017年第3期。

余芳东：《国际价格水平的趋同效应及其成因分析》，《统计研究》2016年第2期。

余陶生、胡爽平：《评"劳动价值论与效用价值的统一"论》，《经济评论》2007年第3期。

余莹、汤俊：《美国粮食战略主导下的粮食贸易规则》，《国际观察》2010年第1期。

苑鹏：《中国特色的农民合作社制度的变异现象研究》，《中国农村观察》2013年第3期。

张德荣：《"中等收入陷阱"发生机理与中国经济增长的阶段性动力》，《经济研究》2013年第9期。

张光、吴进进等：《农业福利国家的理论与经验》，《湘潭大学学报》（哲学社会科学版）2015年第4期。

张紧跟：《从区域行政到区域治理：当代中国区域经济一体化的发展路向》，《学术研究》2009年第9期。

张利库、张喜才：《我国农业产业链中价格波动的传导与调控机制研究》，《经济理论与经济管理》2011年第1期。

张群群、王振霞：《2013年中国物价形势分析与应对策略》，《宏观经济研究》2013年第1期。

张习宁：《成本视角下中国通货膨胀的成因与治理研究》，《金融发展研究》2011年第8期。

张艳清、林野：《企业绿色管理障碍分析与绿色战略联盟的构建》，《企业经济》2012年第1期。

张屹山、张可等：《美国货币政策与中国物价水平关系的经验研究》，

《财经问题研究》2015 年第 7 期。

张予、林惠凤等:《生态农业:农村经济可持续发展的重要途径》,《农村经济》2015 年第 7 期。

张照新、赵海:《新型农业经营主体的困境摆脱及其体制机制创新》,《改革》2013 年第 2 期。

张正斌、徐萍等:《粮食安全应成为中国农业现代化发展的终极目标》,《中国生态农业学报》2015 年第 10 期。

赵黎:《欧洲农业合作社的制度创新及其对中国的启示》,《农村经济》2017 年第 11 期。

赵司空:《金融资本、食利者意识与劳动观念的回归》,《探索与争鸣》2015 年第 8 期。

郑祥江、杨锦秀:《农业劳动力转移对农业生产的影响研究》,《华南农业大学学报》(社会科学版)2015 年第 2 期。

钟甫宁:《正确认识粮食安全和农业劳动力成本问题》,《农业经济问题》2016 年第 1 期。

钟勉:《发展现代农业和农业现代化的几点思考》,《农业经济问题》2012 年第 8 期。

钟水映、王雪等:《中国农业现代化的再思考与顶层制度设计》,《武汉大学学报》(哲学社会科学版)2013 年第 6 期。

周批改、何柳:《农业劳动者利益保护与惠农政策完善研究》,《社会主义研究》2012 年第 5 期。

朱萌、齐振宏等:《新型农业经营主体农业技术需求影响因素的实证分析——以江苏省南部 395 户种稻大户为例》,《中国农村观察》2015 年第 1 期。

朱启臻、胡鹏辉等:《论家庭农场:优势、条件与规模》,《农业经济问题》2014 年第 7 期。

邹心平:《论家庭农场在新型农业经营体系中的主体地位》,《求实》2017 年第 2 期。

后　记

我在农村长大，农村的生产和生活经历留给我永久的记忆。党的十九大报告中提出实施乡村振兴战略，强调坚持农业农村优先发展。作为一名研究人员，从最"熟悉"的领域思考学术问题或许是最接地气的，正是抱有对农村的感情和对"三农"事业的热忱，我于2017年初开始琢磨就农业农村方面写点东西，开始关注并思考农业转型与主体变迁，基于对农业发展转型的大背景、大环境的不断认识，确定了本书写作与研究的主题与框架。

本研究也是基于湖南省社科基金项目立项课题"湖南省'四化'同步的逻辑基点与充要条件研究"（13YBB137）、"绿色发展背景下湖南县域经济的结构转型与体制创新研究"（16YBA253），以及湖南省社会科学院智库课题"高收入挑战与湖南经济生态优化研究"（17ZHB10）、"多重结构下的农业农村充分发展的实现机理研究"（18ZHB14）等，成书时对这些项目的部分研究成果加以吸纳，也补充了一些后续研究成果。

我在写作时围绕设定的专题，开展学术性分析，力争让每个专题能获得学术专家认可，有些部分曾反复修改，部分成果曾以独著学术论文形式发表在国内核心学术期刊上，其中多篇获国研网、中国干部学习网全文转载。为完成本书写作任务，本人放弃了许多应用型课题研究，书稿终于2019年5月完成并定稿。

在此，感谢湖南省社会科学院提供较好的研究平台以及产业经济研究所给予的宽松自由的写作环境，感谢妻子女儿的支持，免去了我许多家务活，习惯于我的加班生活。最后特别感谢中国社会科学出版社对本书出版的支持，感谢出版社编辑对书稿提出的宝贵的修改意见，感谢他们辛苦的编校！

曹前满

2019年8月于长沙跃进湖畔